111 GRÜNDE, HANNOVER 96 ZU LIEBEN

AF627934

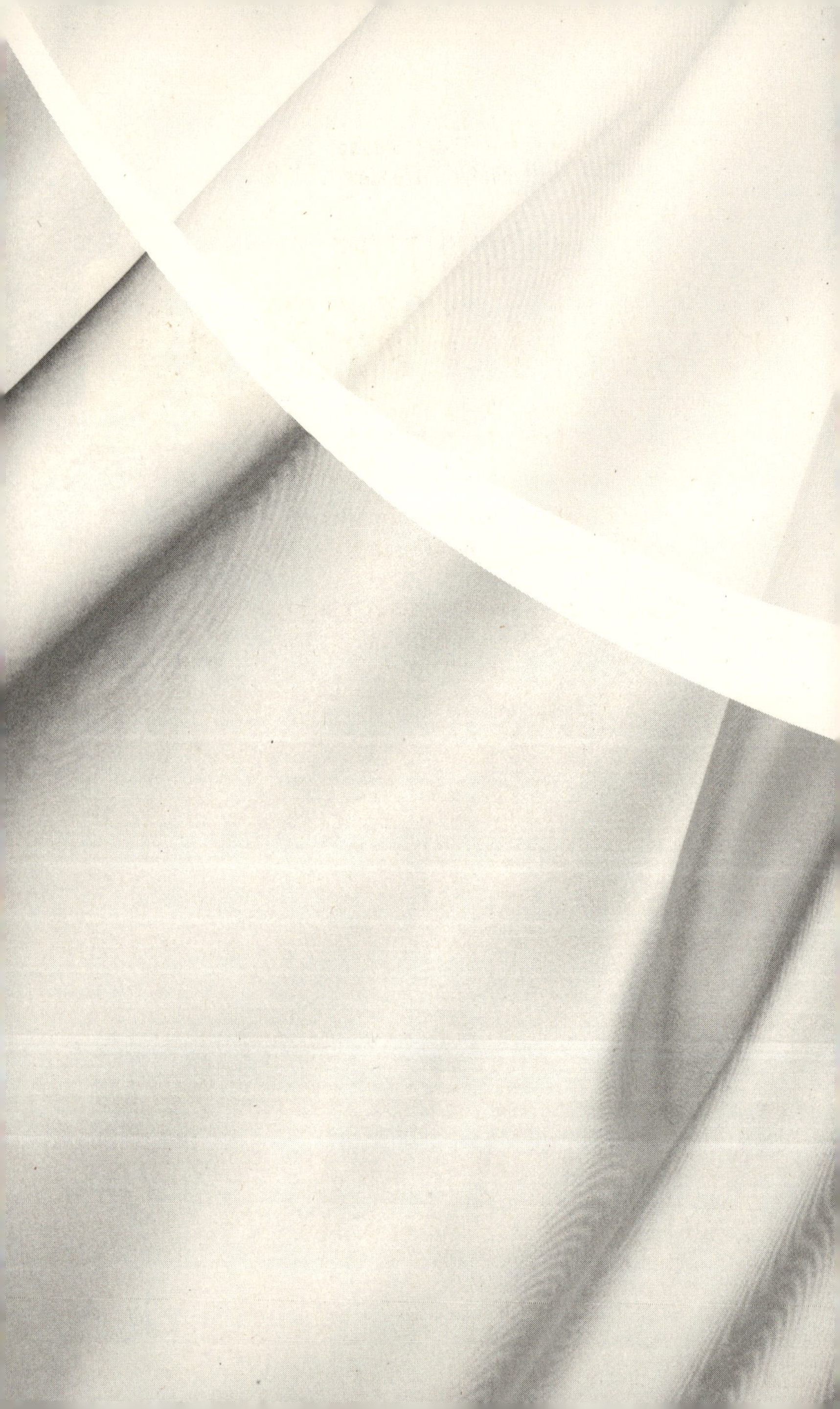

Stephanie Ristig-Bresser
und Michael Bresser

111 GRÜNDE, HANNOVER 96 ZU LIEBEN

Eine Liebeserklärung an den
großartigsten Fußballverein der Welt

Aktualisierte und erweiterte Neuausgabe
mit elf Bonusgründen

WIR SIND DER ZWÖLFTE MANN,
FUSSBALL IST UNSERE LIEBE!

INHALT

Hannover 96 – Deutscher Meister 2022

Vorwort zur erweiterten Neuausgabe

Liebe Fans, vor fünf Jahren erschien die Erstausgabe dieses Buches. Für unseren Lieblingssport ist diese Zeitspanne eine gefühlte Ewigkeit: Der HSV beschäftigte währenddessen zehn Trainer, Lothar Matthäus brachte sich bei 18 Bundesligisten ins Gespräch, und Bayern München wurde fünf Mal Deutscher Meister. Wir Roten wähnten uns als Euroligist bereits als Dauergast in der Ligaspitze. Doch leider konnten wir das Niveau nicht halten und stürzten dank einiger unglücklicher Personalien 2015/16 in die 2. Liga ab. Da sich das Drama frühzeitig in der Saison abzeichnete, reagierten die meisten Fans gefasst, doch Tränen flossen trotzdem.

Zum Glück ließ sich das Malheur rasch beheben. Seit der Saison 2016/17 spielen wir wieder in der Beletage und schlagen uns nicht schlecht. Zwischenzeitlich schnupperten wir an den Europokalplätzen, doch leider fehlte die Beständigkeit. Aber damit klagen wir auf hohem Niveau. Zu keinem Zeitpunkt befanden wir uns in der Nähe der Abstiegsplätze, wo sich in dieser Saison etablierte Vereine wie der HSV und Köln um die rote Laterne stritten.

Diese positive Entwicklung werden wir im Kapitel Bonusgründe vertiefen. Was ist alles in der Leine-Metropole möglich? Präsident Kind spricht von einem Dreijahresplan, dann wollen wir in der Spitze etabliert sein. Davon träumen viele Bundesligisten, aber mit unserem Personal wie Trainer Breitenreiter und Manager Heldt wird vieles möglich werden.

Leider ist Horst Heldt laut Presseberichten bei diversen anderen Vereinen ein Kandidat. Stand Mai 2018 arbeitet er für uns, und das hoffentlich noch lange. Und warum sollten wir nicht in naher Zukunft den Bayern das Abonnement auf die deutsche Meisterschaft streitbar machen? Ohne große Ziele erreicht man nichts, erzählen die einschlägigen Erfolgstrainer. Lasst uns klotzen und nicht kleckern. Hannover wird das Bayern der 2020er-Jahre. Das versprechen wir euch. 2022 werden wir Meister! Und sollten wir uns irren, haben wir zu tief ins Lüttje-Lage-Glas geschaut. Das werdet ihr uns sicherlich verzeihen.

Natürlich ist selbst in der schönsten Stadt der Welt nicht alles Gold. Wir müssen uns auch kontrovers diskutierten Themen wie dem Stimmungsboykott im Stadion und der 50+1-Regel widmen. Doch insgesamt sehen wir die Zukunft unseres Vereins sehr positiv. Wir freuen uns auf die sportlichen Abenteuer der nächsten fünf Jahre, niemals allein, wir gehen Hand in Hand.

Stephanie Ristig-Bresser und Michael Bresser

1. KAPITEL

WEIL JEDER AN DIESE »ROTEN« MOMENTE UND MENSCHEN DENKT …

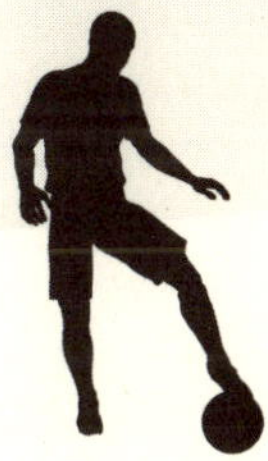

1. GRUND

Weil jeder 96-Fan Gänsehaut bekommt, wenn er oder sie unsere Stadionhymne hört, und weil Interpret Dete Kuhlmann ein echter Roter ist

Prolog – Samstag im Stadion, 15.20 Uhr. Ich taste mich zusammen mit meinem Partner Osssy etwas zögerlich durchs Marathontor des Stadions. Jedes Mal dasselbe. Obwohl schon etwa 50–60 Auftritte mit der *Alten Liebe* hinter uns liegen, vibriere ich am ganzen Körper. Lande dann wie in Trance vor der Nordkurve beim Tontechniker, der uns die Mikros in die Hand drückt. Kurzer Soundcheck – Osssy brüllt »9«, ich kreische »6« – Na bitte, geht doch, alles klar!

Jetzt spüre ich die geballte Wucht der Fans in der Nordkurve. Es erschlägt mich fast. Diese Kraft, diese Emotionen … Mit einer Mischung aus Ergriffenheit und Stolz, dabei zu sein, schwanke ich durchs Einlasstor in den Fanblock. Hände strecken sich mir entgegen, Abklatschen, Umarmungen, Schulterklopfen: Alles echte Fans, Leute, die ich im Laufe der Zeit richtig lieb gewonnen habe. Menschen, die »egal, ob's regnet oder schneit« dem Verein die Treue halten. Hier fühl ich mich wohl, hier bin ich zu Haus.

Der Stadionsprecher ist inzwischen mit der Mannschaftsaufstellung durch und dann ertönt es: »Fans von 96 – Schals hoch und lasst uns zusammen mit Dete und Osssy die Hymne *Alte Liebe* singen.« Jetzt bin ich frei, tauche in die Musik ein und schwebe geradezu. Ein großes Gefühl der Dankbarkeit durchrieselt mich.

Das Spiel beginnt!

Dete Kuhlmann, Stadionsänger des *Alte Liebe*-Songs

Schon bevor jedes Heimspiel begann und uns in seinen Bann zog, sorgten die beiden Stadionsänger Dete und Osssy für Gänsehaut-Momente. Von der Saison 2010/11 bis Ende der Saison 2016/17 sangen sie zu jedem Heimspiel die Stadionhymne *96 – Alte Liebe* live, inmitten von Fans in der Nordkurve. Seit 2017 singt ihn Osssy mit Anca Graterol. Den Song in der jetzigen Form haben Martin Hylla, Kai Hoffmann, Osssy Pfeiffer und Dete Kuhlmann geschaffen. »Als der NDR mich damals gefragt hat, wo wir den Song denn präsentieren wollen, war ganz klar: Präsentierteller geht nicht. Die Hymne gehört dahin, wo sie am meisten gefühlt wird. Und das ist in der Nordkurve.«

»Ich bin einfach ein Roter – und gut ist.« Dete Kuhlmann ist das von Kindesbeinen an. Sein erstes Spiel besuchte er 1956, damals noch auf der alten Pferderennbahn, als noch nicht an die Bundesliga zu denken war und die Roten in der Oberliga Nord gemeinsam mit dem HSV, Arminia Bielefeld, dem VfL Osnabrück, Werder Bremen und Eintracht Braunschweig kickten. Seitdem sind die Roten für Dete nicht mehr wegzudenken. Mal war die Liebe stärker, dann ruhte sie ein wenig, insbesondere in den Siebziger- und Achtzigerjahren als Detes Liebe zur Blues- und Rockmusik auch berufliche Ausmaße annahm und Tourneen in ganz Deutschland mit sich brachte. Doch die rote Liebe entflammte immer wieder – und 96 ging sowieso immer mit, weil Detes Schwager der Frank Hartmann war, der bei 96 und später bei Bayern und dann wieder bei 96 spielte und schließlich auch in der Geschäftsführung der Roten mitmischte. Deswegen war Dete immer bestens im Bilde, erlebte Höhen und Tiefen mit, die Roten als Fahrstuhlmannschaft, auch wenn er nicht immer live dabei sein konnte. Einen neuen Schub hat Detes 96-Liebe übrigens bekommen, seit Detes Sohn Hardcore-Fan ist. Der besucht fast jedes Spiel der Roten, ob auswärts oder im Heimstadion, »ob's regnet oder schneit«.

»Gemeinsam im Fanpulk unterwegs zu sein, ist schon etwas sehr Kraftvolles – faszinierend, aber auch fast beängstigend zugleich. Einmal, vor vielen Jahren, bin ich gemeinsam mit einer ganzen Horde Fans nach Bielefeld zum Auswärtsspiel bei Arminia gefahren. In Bielefeld angekommen, sind wir auf dem Weg ins Stadion durch einen Tunnel gegangen, da fingen einige Fans an zu singen:

›Hurra, Hurra, jetzt ist Hannover da.‹ Viele stimmten mit ein. Das war so erhebend und verbindend, dass es mir fast Angst gemacht hat. Man hat dann das Gefühl, alles und noch viel mehr zu können. Wenn da ein paar Bielefelder dagegengesungen hätten, hätte das ganz leicht kippen können«, schildert Dete seine Erlebnisse. »Deswegen glaube ich wirklich, dass Fans eine Mannschaft zum Sieg tragen können.«

Zur Entwicklung von Hannover 96 sagt Dete: »Was in den letzten Jahren passiert ist, ist nicht zu toppen. Ich hätte nie gedacht, dass ich noch erlebe, dass wir in der Europa League mitkicken. Dadurch hat sich natürlich auch 96 weiter entwickelt, ist professioneller geworden. Die alten Fans aber sind geblieben, es sind vielleicht ein paar neue dazugekommen. Jetzt ist es wichtig, wieder ein Gleichgewicht zu finden, damit sich alle wohlfühlen. Der Hardrocker und der Gärtner, der Ultra und der Familienvater mit zwei Kindern. Der muss sich auch mal zwischendurch eine Wurst holen können, ohne Angst um seine Kinder haben zu müssen. Und es ist auch wichtig, dass das für ihn erschwinglich bleibt. Es müssen mehr Kinder ins Stadion, nicht nur wir alten Säcke. Die Kinder bilden das Fundament für später.« Nach Detes Ansicht gibt es deshalb in der kommenden Zeit einiges zu tun: »Für einige Menschen, die ich kenne, ist 96 ihr Lebenselixier, auch wenn wir uns das nicht vorstellen können. Auch für diese Fans muss der Stadionbesuch nach wie vor erschwinglich bleiben. Denn Fußball, das ist wie ein soziales Auffangbecken. Fußball ist nicht nur ein Wirtschaftsfaktor.«

Doch zurück zur *Alten Liebe*: »Ich bin zwar ein alter Sack, der schon Jahrzehnte Musik macht, aber vor jedem Auftritt im Stadion bin ich extrem aufgeregt. Man hat ja nur drei bis vier Minuten. Die müssen aber sitzen.« Und sie sitzen. Jedes Mal. Nun ist Dete 70 geworden und hat das Mikrofon an Anca übergeben. Wir werden ihn nie vergessen.

2. GRUND

Weil es ohne diesen Streit die roten 96-Fußballer wohl nie gegeben hätte

»Die Geschichtsbücher müssen umgeschrieben werden«, mit diesen bedeutungsschwangeren Worten kommentierte Dr. Wolf-Dieter Mechler, seines Zeichens Mitarbeiter im Historischen Museum Hannover und Kurator einer Ausstellung rund um Hannover 96, im Frühjahr 2012 einen denkwürdigen Fotofund: Die Enkelin einer ehemaligen Schatzmeisterin hatte ihn beim Aufräumen entdeckt.[1] Die Fotos zeigen unter anderem die ersten Gehversuche der Roten, als sie den Ball noch mit den Händen beförderten. Denn wo seit der Gründung im April 1896 nämlich exakt »Hannoverscher Fußballclub von 1896« draufstand, war zu Beginn nur Rugby drin. Diese Tatsache war aber natürlich hinlänglich bekannt und insofern keine Sensation – bis auf einige Datierungen, die hierdurch verändert werden mussten.

Hätte Herr Dr. Mechler geahnt, was ich letztes Wochenende beim Ausmisten unseres Dachbodens entdeckt hatte, hätte er sich solche Äußerungen für meine Speicherjuwelen aufgehoben. Neben einem der ersten Original-Grammofone, von Emil Berliner selbst liebevoll entwickelt und gefertigt, stapelten sich Hunderte Schellackplatten: Richard Tauber, Duke Ellington, Arthur Preil, Claire Waldoff, Rudi Schuricke, Marian Anderson und wie sie alle heißen – die Musik der Zwanziger, Dreißiger- und Vierzigerjahre buhlte um meine Beachtung. Und inmitten dieser musikalischen Prachtstücke versteckte sich eine schlichte, unbeschriftete Hülle mit einer ebenso unbeschrifteten Platte: Beim Anhören staunte ich nicht schlecht. Es war ein Interview, das ein gewisser Hermann Löns, damals Reporter beim *Hannoverschen Anzeiger*, mit einem gewissen Herrn Ferdinand Wilhelm Fricke führte, der sich ganz schön wichtig nahm und genauso aufgebracht klang. In der Sitzung, nach der dieses Gespräch aufgezeichnet wurde, schien wohl etwas nicht nach seinem Plan gelaufen zu sein. Exklusiv für Sie, liebe Leserin, lieber Leser, habe ich dieses Gespräch vom 19. April 1901 transkribiert, denn es ist ein wahrhaft historisches Tondokument:

»Löns: Herr Fricke, heute hat der Hannoversche Fußballclub darüber abgestimmt, welche Ballsportart in Ihrem Club dominieren soll. Können Sie uns etwas darüber verraten, wie die Abstimmung ausgegangen ist?

Fricke: Lieber Herr Löns, was da heute passiert ist, ist eine bodenlose Frechheit, ja bodenlos. Ach, was sag ich, bodenlos? Eher am Boden, ganz unten angekommen ist unser Verein. Jetzt soll es sich zukünftig nur noch um den einfachen Fußball drehen, den Fußball, der am Boden stattfindet. Ich finde dafür keine Worte. Ein Ball wird mit Füßen getreten, beschmutzt. Meine eindeutige entschiedene Meinung dazu ist: Das gehört sich schlicht nicht. Fußball, ich meine Rugby, ist da viel eleganter und umsichtiger mit dem Ball. Handfester einfach …

Löns: Nun ja, die Redewendung lautet doch aber, etwas hat ›Hand und Fuß‹. Ließe sich denn nicht beides kombinieren?

Fricke: Wo denken Sie hin? Das eben war eine Kampfabstimmung, es ging nur um entweder oder … Das war bewusst in die Wege geleitet und inszeniert von meinem Vereinskollegen Fritz Schlüter. Wenn ich den zu fassen kriege, der kann sich von mir was anhören. Allein wie man auf die Idee kommen kann, mit einen runden Ball zu spielen, der in ein eckiges Tor muss. Schauen Sie sich unseren Ball an: stromlinienförmig, wie das Ei das Kolumbus eben, so formschön.

Löns: Nun, Herr Fricke, das Ei des Kolumbus bezeichnet ja eine einfache Lösung für ein komplexes Problem. Wäre es nicht eine Lösung, wenn sich beide Disziplinen nebeneinander im Verein etablieren würden?

Fricke: Nein, Herr Löns, so einfach ist dann nun wiederum nicht. Es gab da ein eindeutiges Votum und als kleiner aufstrebender Verein müssen wir uns auf eines konzentrieren. Ich muss sagen, für den Moment bin ich maßlos enttäuscht. Aber nun ja, immerhin kann ich jetzt noch immer von mir sagen, ich sei der Begründer des Rasensports in Hannover gewesen. Das kann mir keiner mehr nehmen, auch wenn ich selbst Rugbyspieler bleibe. Zu gerne würde ich Mäuschen spielen und wissen, was da in hundert Jahren über uns geschrieben wird. …

Plötzlich mischt sich ein weiterer junger Mann ins Gespräch ein: Das kann ich dir ganz genau sagen, lieber Freddy …

Löns: Moment, wer sind denn Sie und was wollen Sie uns mitteilen?

Der junge Mann: Ich bin Fritz Schlüter und ich sage Ihnen: Dieser Umschwung bedeutet einen Markstein in der Geschichte des HFC von 1896 und damit sind Erfolge in ganz anderen Dimensionen möglich.«

Liebe Leserin, lieber Leser, so ähnlich mag sich diese Momentaufnahme zugetragen haben. Denn: Bei diesem Gespräch wie auch bei meinem vermeintlichen Dachbodenfund handelt es sich um pure Fantasie: kein Grammofon, keine Schellackplatten, kein Interview. Schade eigentlich. In den wahren Geschichtsbüchern ist aber festgehalten: Hermann Löns praktizierte dieser Tage tatsächlich als Journalist in Hannover, Ferdinand Wilhelm Fricke ging wirklich als Begründer des Rasensports in die Annalen ein und wurde 1924 zum Ehrenpräsident von Hannover 96 – trotz dieses Streits, der den Verein entzweite. Und es ist verbürgt, dass 96 zunächst Rugby spielte, bis im April 1901 die Entscheidung für den »richtigen Fußball« fiel. Verzeihen Sie Ferdinand Wilhelm Fricke seinen emotionalen Ausbruch, verzeihen Sie mir meinen fantastischen Ausflug – und freuen wir uns gemeinsam, dass auch für den Rugby-Fußball seit einigen Jahren bei Hannover 96 gilt: »It's coming home, football's come home.« Denn nach dem Umbau im Jahr 2004/05 fanden die Rugby-Europameisterschaften im Heim-Stadion der Roten statt. Ein Kreis hat sich geschlossen.

3. GRUND

Weil beim Gewinn der ersten Meisterschaft 1938 der zwölfte Mann mit spielentscheidend war

Wir schreiben den 26. Juni 1938. Um den Titel im Berliner Olympiastadion ringen: der niedersächsische Gaumeister Hannover 96 – man beachte den »gleichgeschalteten Titel« – und der mehrmalige Deutsche Meister Schalke 04. Veranstaltet werden die Meisterschaften übrigens vom Deutschen Reichsbund für Leibesübungen. In der gesamten Saison haben die 96er mit »Elan, Kampfkraft und einem Sturm, der zu schießen versteht« überzeugt. »Dieser Sturm fackelt nicht lange.«[2] Und doch: Die Schalker, die seit 1934 drei Meisterschaften für sich gewinnen konnten, scheinen allzu überlegen zu sein. Die Roten können nur mit Zweierlei punkten: ihrer unvoreingenommenen Spielbegeisterung – und einem Publikum, das komplett hinter ihnen steht. Der zwölfte Mann wurde schon damals ganz großgeschrieben und auch die ersten Ansätze von Fan-Devotionalien scheint Hannover 96 erfunden zu haben: Das Stadionbild ist bestimmt von Regenschirmen in Schwarz-Weiß-Grün. Zudem haben sich die Fans der Roten ausstaffiert mit Trompeten und Schellen, mit denen sie sich lautstark Gehör verschaffen.

Gehör verschafft sich dann zunächst mal der Herr Reichssportführer Hans von Tschammer. Denn erst einmal müssen natürlich Hakenkreuz-Gedöns und Hitlergruß sein, man darf ja keine Chance verstreichen lassen, das gemeine Volk mit nationalsozialistischen Ritualen zu indoktrinieren. Schließlich ist Fußball ja auch nicht zum Spaß gedacht, sondern »das erwachte Deutschland verlangt, dass die Jugend nicht nur aus Freude am Spiel und um der eigenen Gesundheit willen Sport treibt; dieses Deutschland verlangt, … dass die gesamte Erziehung und Ausbildung für ein Volk mit einem ausgeprägten Wehrgeist erfolgt.«[3] Kriegspläne, ick hör dir trapsen. Kleiner Nebenkriegsschauplatz – geben wir außerdem zu Protokoll:

Alle Sportler, alle Schiedsrichter, schlicht jeder, der aktiv dieses Spiel mitgestaltet, ist Arier. Juden dürfen – zumindest bei 96 – schon seit 1933 nicht mehr Mitglied im Verein sein (den Verein sanieren dürfen sie trotzdem gern, dazu in einem anderen Kapitel mehr).

Doch zurück zum Spiel. Auch wenn es ausgemacht zu sein scheint, dass Schalke mit seinem technisch anspruchsvollen Kurzpassspiel – dem berüchtigten »Schalker Kreisel«, wohl einem Vorläufer des späteren Tiki-Taka – die Meisterschaft in den Pott holt, kommen zunächst die Roten besser ins Spiel. Doch der Spieß dreht sich um. Nach einer knappen halben Stunde steht es nach einem Elfmeter 1:0 für Weiß-Blau, wenige Minuten später kann Schalke auf 2:0, den Pausenstand, erhöhen. In der Halbzeit hat Trainer Fuchs die Roten offenbar wieder aufgebaut. Zumindest spielen jetzt die 96er nach der Pause motiviert auf – und schaffen es, rasch auf 1:2 zu verkürzen. 96 stürmt weiter aufs Schalker Tor, sodass Schalke den Ball abstauben und ungestört einnetzen kann; Schalke führt mit 3:1. Irgendwie schaffen es die Roten fast in letzter Minute, zum 3:3 auszugleichen. In der Verlängerung sind beide Mannschaften zu erschöpft, um noch etwas zuwege zu bringen.

Also muss das Spiel neu aufgelegt werden, so ist es damals die Regel. Am 3. Juli 1938 kommt es zur Wiederholung. Dabei treiben die Schalker gewisse Vorahnungen um. Es geht um Voodoo, der aus Hannover kommt. Ihr Spruch »Trotz Spuk und böser Geister, Schalke bleibt doch deutscher Meister«. Leider haben sie die Rechnung ohne den genannten Spuk und die bösen Geister gemacht. Denn die Roten beweisen ordentlich Moral und entzaubern die Weiß-Blauen und deren Tiki-Taka. Zwei Minuten vor Spielschluss ist das Glück auf 96er Seite, sie erhalten einen Elfmeter und können glücklich ausgleichen und sich damit in die Verlängerung retten. Und auch hier ist der Dusel (wieder gewürzt mit ein wenig Voodoo?) wieder auf der Seite der Roten. Am Schluss steht es 4:3 für Hannover 96 und der Lorbeerkranz, den es damals tatsächlich anstatt eines Pokals gab, wandert an die Leine.

4. GRUND

Weil am 24.05.54 nach dem Gewinn der Deutschen Meisterschaft 200.000 Fans auf dem Bahnhofsvorplatz in Hannover warteten

Das Wunder war vollbracht. Jesus war über den See Genezareth getappt, in Lourdes wurde Blinden das Augenlicht geschenkt, und Kronsbeins No-Name-Truppe hatte den *Roten Teufeln* aus Kaiserslautern die Hörner gestutzt. Kenner der Wunder-Branche mögen einwenden, dass diese drei Ereignisse nicht ganz auf einer Ebene liegen. Doch, sagen wir. Und ebenso die 200.000, die ihre Mannschaft am Hannoveraner Bahnhof erwarteten.

Bereits um zehn Uhr morgens platzte die Stadt aus allen Nähten. Dabei wurde die Mannschaft erst gegen 17 Uhr aus Hamburg zurückerwartet. Jeder wollte einen Blick auf den Deutschen Meister 1954 erhaschen. Ein schwieriges Unterfangen, schließlich drängte sich fast die halbe Stadt vor dem Bahnhof. Die Niedersachsen fühlten sich stolz wie Bolle. Hannover war Messestadt und wirtschaftswunderte fleißig. Dennoch lechzten die Niedersachsen nach nationaler Anerkennung, die der wunderbaren Leinestadt noch heute völlig unberechtigt oft verwehrt wird. Hannover war wer, Deutscher Meister nämlich und das gegen eine Truppe voller Nationalspieler, gegen die Roten Teufel. Und die Menschenmasse vor dem Bahnhof war Hannover. Auch die Spieler waren stolz über das Erreichte. Wegen des Geldes allein spielte in den Fünfzigern keiner Fußball. Damals war eine gute Ausbildung wichtiger als geschickte Beine. Jeder der Meisterjungs erhielt eine Prämie von 20.000 Mark brutto und eine Urlaubsreise auf die Seychellen. Kleiner Spaß. Natürlich nur 1000 Mark und eine Butterfahrt nach Borkum und nach Waging am See. Lediglich Erfolgstrainer Fiffi Kronsbein erhielt einen VW; schließlich hatte sich der geschäftstüchtige Meistermacher Prämien für norddeutsche und deutsche

Meisterschaft im Vertrag zusichern lassen. Aus heutiger Sicht Bescheidenheit einer anderen Welt.

Als die Mannschaft eintraf, dauerte es gefühlte Stunden, bis sie sich einen Weg durch die jubelnde Menschenmasse gebahnt hatte. Freudentränen flossen. Mit Pferdedroschken fuhr die Mannschaft im Schneckentempo zur Maschsee-Gaststätte. Die Polizei war überfordert, den Weg zu räumen. Aber wer wollte sich an diesem Tag aufregen. Die Menschen standen auf den Balkonen und jubelten ihren Roten zu. Selbst die Hunde sollen sich das Fell rot gefärbt haben, um die Mannschaft zu feiern. Schließlich gelangte der Konvoi zum Ziel. Hannover 96 und Victoria Linden, der deutsche Rugbymeister, wurden von den Stadtoffiziellen geehrt. Ein großer Tag, den die Meisterkicker ihr ganzes Leben nicht vergessen haben dürften.

Der einzige Wermutstropfen: Dieses Ereignis, das ganz Hannover einte, liegt fast 60 Jahre zurück. Wir hätten nichts gegen ein neues Freudenfest in der Hannoveraner Innenstadt. Bei den Prämien würden wir dem Verein auch unter die Arme greifen. In Charlys Eck zahlen wir an jedem Spieltag einen Euro in die Reisekasse, damit wir Schlaudraff und Kollegen bei Gewinn der Meisterschaft in den verdienten Urlaub nach Wernigerode schicken können. Leider ereignen sich Wunder nur alle Jubeljahre. Doch Hoffen ist wohl noch erlaubt.

5. GRUND

Weil keine Mannschaft so fulminant und torreich in die 1. Liga zurückstürmte, wie Hannover 96 das 1985 gelang

Erfolgstrainer Biskup wurde 1985 das »Goldene Lüttje-Lage-Gedeck der Stadt Hannover« verliehen. Denn die Leistung der Mannschaft in dieser Saison kann nur mit Superlativen angemessen beschrieben werden.

Das Team hatte 1984 knapp die Klasse halten. Angesichts leerer Kassen wurde auch in der Saison 1984/85 wenig von den Roten erwartet. Zur Entschuldung wurden wieder dringend mehr Zuschauer benötigt als die 3600, die in der Vorsaison im Schnitt die Tore des Niedersachsenstadions passierten. Doch warum sollten diese kommen? Das Ziel der Biskuptruppe lautete Klassenerhalt, was von Experten als schwierig genug eingeschätzt wurde. Der einzige bekannte Neuzugang hieß Franz Gerber, der sich eigentlich in den USA gemächlich in den Ruhestand kicken wollte. Zudem wurde die Mannschaft mit einigen Nachwuchskräften wie unter anderem Michael Gue und Maximilian Heidenreich vom Lokalrivalen Arminia ergänzt. Die Presse hängte schon vor Saisonbeginn die rote Laterne in Hannover auf.

Der Start verlief verheißungsvoll. Die ersten drei Spiele gegen Bürstadt, Nürnberg und den MSV Duisburg wurden gewonnen. Gegen Angstgegner Freiburg erreichten die Roten nur ein torloses Remis, ließen sich aber wenig von diesem Ergebnis beeindrucken. Die vor der Saison als »Kindergarten« belächelten Kicker wurden auf einmal respektvoll als »Rasselbande« tituliert. Zum Ende der Halbserie belegten die 96er Platz 4. Der Klassenerhalt schien bereits jetzt sicher, die Aufstiegsplätze lagen in Sichtweite. Auch die Zuschauer fanden wieder ihren Weg ins Stadion.

Doch es gab eine Durststrecke. Der Erfolg weckte Begehrlichkeiten bei den Spielern. Die Aufstiegsprämie sollte verdreifacht werden. Außerdem wollte das Team an den gestiegenen Zuschauerzahlen finanziell partizipieren. Doch Präsident Henze ließ nicht mit sich handeln. Die Öffentlichkeit war durch die Querelen und Beinahe-Pleiten der Vorjahre genug frustriert. Das neue, positive Bild des Clubs sollte nicht durch unvernünftiges Wirtschaften sofort wieder zerstört werden. Zum Glück besann sich die Mannschaft eines Besseren. Vor dem letzten Spieltag konnten Kassel, Nürnberg, Hannover und Saarbrücken aufsteigen. Ein Herzschlagfinale stand bevor. Dabei lag der Vorteil auf Seiten von 96. Nürnberg und Kassel spielten gegeneinander. Wenn die Roten ihr Spiel gegen Hertha BSC gewannen, würden sie in die Bundesliga aufsteigen.

Am letzten Spieltag strömten 60.000 Zuschauer ins Niedersachsenstadion. Die Sterne standen dabei exakt zwölf Jahre nach dem Wunder von Wuppertal gut für ein weiteres Wunder. In der 41. Minute half den Roten der Berliner Timme mit einem Eigentor. Als Hartmann kurz vor Schluss zum 2:0 einnetzte, kannte der Jubel keine Grenzen. Hannover hatte mit 50 Punkten und den meisten Saisontoren den Aufstieg geschafft. Biskup hatte durch seine ansteckende Begeisterung eine Truppe geformt, die Fußballdeutschland begeisterte. Nach neun kargen Jahren kehrte Hannover auf die große Fußballbühne Bundesliga zurück.

Wir erinnern uns gerne an Biskups »Rassler« und trinken einen Tomatensaft auf den Erfolgstrainer.

6. GRUND

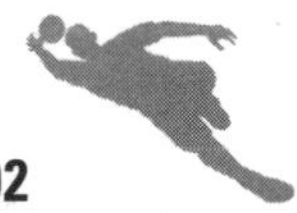

Weil das Wunder von Dortmund im DFB-Pokal 1992 fast die Schande beim DFB-Pokal von 2012 wettmachte

Das war ein Albtraum: Am 19.12.2012 demontierte der BVB im Achtelfinale unsere heiß geliebten Roten in ihre atomaren Bestandteile und spaltete anschließend die Kerne. Deprimierend. Wir weinten uns noch Tage später in den Schlaf, müssen aber festhalten: Das 5:1 war eine spielerische Glanzleistung der Westfalen, zudem wirkten die 96er verängstigt wie Sextaner bei der Standpauke ihres Direktors. Schwamm drüber. Es gibt Tage, die sind so gebraucht, dass sie nicht einmal der Fourth-Hand-Autohändler vom Mittellandkanal in sein Sortiment nehmen würde.

Dabei war das Westfalenstadion der Ort einer der glanzvollsten Auftritte in der hannöverschen Fußballhistorie. Und zwar am 03.09.1991. Dort stand man in Dortmund einer Mannschaft gegenüber, die am Ende der Spielzeit nur knapp den Meistertitel verfehlen sollte. Die Borussen hatten zu Saisonbeginn Ottmar Hitzfeld von den Grashoppers Zürich verpflichtet. Ein großer Stratege, der später alleine sieben Mal Deutscher Meister werden sollte. Die Mannschaft hatte zwar (noch) keine großen Stars, aber Stéphane Chapuisat, Michael Zorc oder Flemming Povlsen waren vielversprechende Spieler, deren Stern in den nächsten Jahren Fußballdeutschland erhellen sollte.

Was konnte ein solider Zweitligist gegen diese Mannschaft ausrichten? Der *Lüttje-Lage-Ticker* berichtet …

03.09.1991, Westfalenstadion in Bierstadt, 14.100 Zuschauer:
0. Minute: Ottmar Hitzfeld hat die Parole ausgegeben: Keine Überraschungen. Einige seiner Spieler sind davon nicht überzeugt. Michael Henke hat daraufhin die Spinde kontrolliert und alle Ü-Eier konfisziert. Aus Dortmunder Sicht sollte heute nichts mehr schiefgehen können. Hannovers Trainer Lorkowski setzt auf Geschlossenheit. Jörg Sievers hat daher die Torwand des »Sportstudios« vor seinem Kasten aufgebaut. Da wird sich zeigen, wie treffsicher Schappi und Konsorten wirklich sind. Einfach kann jeder.
20. Minute: Abwehrrecke Bodo Schmidt fasst sich ein Herz. Nach einer Ecke von Schappi hält er einfach mal drauf. Sievers und die ganze Abwehr träumen noch. 1:0 für den Favoriten. Auf geht's, Hannover.
28. Minute: Schappi doppelpasst mit Flemming Povlsen. Die beste dänisch-schweizerische Kombination seit Carlsberg mit Toblerone-Aroma. Schappi verwandelt, und Lorkowskis Taktik geht schiefer als sämtliche misslungenen Bauwerke in Pisa. 2:0. Wir erkundigen uns nach einer früheren Verkehrsverbindung Richtung Hannover. Das muss man sich nicht über 90 Minuten antun.
45. Minute: Halbzeit. Der Favorit dominiert das Match nach Belieben. So haben wir uns das nicht vorgestellt. Vielleicht zeigt

Lorkowski unseren Kickern Bilder von 1938 und 1954, als Hannover die Fußballwelt auf den Kopf stellte. Ohne ein Wunder geht hier heute gar nichts.
71. Minute: Dortmund spielt bisher die Hannoveraner wie Hütchen im Trainingsspiel aus. Nur Sievers hält, was es zu halten gibt. Ganz starke Vorstellung des Torwarts. Dann eine Ecke für die Roten. Die Dortmunder Abwehr krabbelt unsortiert durch den eigenen Strafraum und Patrick Grün stellt per Kopf den Abschluss her. Nur noch 1:2. Verwunderung auf allen Seiten. Geht hier etwa doch noch was? Wir telefonieren mit Mama, dass wir doch zur ursprünglich geplanten Zeit nach Hause kommen.
82. Minute: Kopfballstafette im Dortmunder Strafraum. Ein Dortmunder köpft zu einem Roten, der wiederum zurück. Wir verlieren den Überblick. Die Spieler auch. Schulz lässt den Ball abtropfen, vor Breitenreiters Füße. Der kann sein Glück nicht fassen und erzielt den Ausgleich. 2:2. Berlin, Berlin, wir fahren nach Berlin. Vielleicht. Die mitgereisten 1000 Hannoveraner stürmen die Bierbuden, während die Dortmunder wie schockgefroren auf ihren Plätzen erstarren.
88. Minute: Gekonnter Freistoß von Chapuisat, doch Sievers fliegt in die richtige Ecke. Es riecht nach Verlängerung. Lorkowski reißt vor Nervosität die Eckfahne aus dem Boden und winkt seinen Spielern hektisch zu: Jetzt nur keinen Gegentreffer fangen. Nur keinen Gegentreffer. Nur …
88. Minute: Hannover kontert. Jörg-Uwe-Klütz hält aus gut 25 Metern einfach mal drauf. Warum auch nicht. Jeder Ball in der gegnerischen Hälfte kann nicht in Sievers Tor einschlagen. So einfach ist Fußball. De Beer geht im Kopf schon das Elfmeterschießen durch und überlegt, wie er Groths Strafstoß halten wird. Am besten einen Salto schlagen und die Pille mit einem gedrehten Fallrückzieher in den Dortmunder Abendhimmel katapultieren. Aber so weit ist es noch nicht. Da ist der Ball auch schon im Netz. 2:3 für Hannover. Und nur noch wenige Minuten zu spielen.

89. Minute: Um die Dortmunder zu verwirren, tanzt Lorkowski Lambada hinter dem Hannoveraner Tor. Knut Reinhardt möchte Lorkowski durch das Tor umschießen, aber er kommt nicht mehr an den Ball.
90. Minute: Schlusspfiff. Hannover hat die Sensation gegen spielerisch überlegene Dortmunder geschafft. Hitzfeld denkt in diesem Moment, dass Lehrer oder Schweizer Nationaltrainer bessere Jobalternativen wären. Henke tobt über die Leistung von Schiedsrichter Schmidt. Da fällt ihm ein, dass es gar keine strittige Entscheidung gab. Egal. Der Schiri ist an Niederlagen immer schuld. Hannover bereitet sich mental auf die Heimfahrt vor. Leider wurden keine alkoholischen Getränke für die Rückfahrt besorgt. Mit dem Sieg hatte keiner vorher gerechnet. Doch Feiertier Lorkowski weiß einen Ausweg: Jede Autobahnraststätte ein Bier. Somit startet das hannöversche Straßenfest entlang der A2. Ein großer Tag für die Roten.
Während die Dortmunder sich auf die Liga konzentrieren konnten, gewannen die Roten bekanntermaßen den Pott. Die restlichen Spiele waren ein Klacks für die Lorko-Jungs verglichen mit dem Dortmund-Match. Und damit geht's weiter mit einem Fußballkrimi, der da heißt: DFB-Pokal 1992.

7. GRUND

Weil die Roten in einem Fußballkrimi den DFB-Pokal für sich entschieden

23.05.1992. Die Lütje-Lage-Redaktion hat es sich auf der Pressetribüne mit Berliner Weiße und Buletten bequem gemacht. Heute spielt die Kämpfertruppe aus Hannover in der Bundeshauptstadt gegen die Mönchengladbacher Fohlen. Wir sind begeistert und freuen uns auf erfolgreiche 90, 120 oder 130 Minuten. Nehmen wir's mal nach dem Motto: Dabei sein ist alles: Die Roten dürfen einmal mehr die Luft der 1. Liga schnappen. Ansonsten scheint alles ausgemacht: Die Fohlen werden den Pott nach Mönchengladbach holen.

15. Minute: Das erstaunt uns: Gladbach versucht, seiner Favoritenrolle gerecht zu werden, es bleibt aber beim Versuch. Klütz weicht Criens nicht von der Seite, Sundermann klammert Max, aber alles fair. Die Gladbacher wünschen bereits jetzt, am Niederrhein geblieben zu sein. Sie können sich hier nur blamieren, während die Niedersachsen unbekümmert nach vorne spielen. Trotzdem bestimmt das Mittelfeld das Spiel. Die Parole lautet Strafraumverbot. Sievers liest in der HAZ, Kamps die Rheinische Post. Noch sind die Torleute nicht gefordert.

45. Minute: Pfiff. Ach ... das war der Halbzeit-Pfiff. Entschuldigung, die Redaktion war kurz eingenickt. Nur zu Ihrer Beruhigung: Wir haben nichts verpasst! Es steht nach wie vor 0:0.

67. Minute: 96 beherrscht mittlerweile das Spiel. Welcher Prophet hätte das vorhergesagt. Allerdings sind Torraumszenen seltener als Waren im DDR-Konsum. Vielleicht Đelmaš. Der fummelt sich durch die Gladbacher Abwehr und schießt. Kamps wirft seine Zeitung in die Torecke und pariert.

90. Minute: Spielstand 0:0. Verlängerung. Bisher hatten die Roten das Spiel gut im Griff, versäumten es aber, ein Tor zu erzielen. Hoffentlich rächt sich das nicht. Uns dreht sich vom Berliner Limonaden-Bier-Mix der Magen um. Da können wir eigentlich gleich auf Alkohol verzichten und Kölsch trinken.

105. Minute: Die Gladbacher wirken jetzt stärker. Es scheint sich auszuzahlen, dass Trainer Jürgen Gelsdorf seine Fohlen auf der Mönchengladbacher Trabrennbahn Kondition bolzen ließ. Insbesondere Kalla Pflipsen ist fit wie ein gedopter Turnschuh und packt die Trickkiste aus. Die Hannoveraner wirken manchmal verwirrt, doch tödliche Pässe können unterbunden werden. Ein Tor fällt auch nicht. Noch halten die hannöverschen Wälle.

120. Minute: 0:0 nach Verlängerung. Ein großer Erfolg für unsere Roten. Doch jetzt wollen wir den Pott. Die Gladbacher Spieler besprechen die Reihenfolge der Elfmeterschützen. 96-Trainer Lorkowski mimt den Kevin Costner und tanzt wie ein Eingeborenenschamane um die Mannen vom Niederrhein. Diese zeigen sich beeindruckt. Insbesondere Fach scheint für Störungen anfällig. »Alta, ich sach dir. Wenn ich meine Brüders hole …«, lesen wir von seinen Lippen ab. Es kann aber auch einfach »Ich will nach Hause. Mama, hol mich ab« heißen.
0:1: Kastenmeier rennt wie Attila der Hunne auf Sievert zu. Klatsch. Keine Chance für Colt.
1:1: Miloš Đelmaš hat die Regenerationsphase eingeläutet und verwandelt aus dem Stand zum Ausgleich. Für Kamps hat's gereicht.
1:2: Criens. Der Mann trifft zuverlässig wie meine Brotschneidemaschine. Zum Glück darf Hans-Jörg nur einmal schießen.
2:2: Wójcicki will es spannend machen. Wie beim Zwei-Band-Billard trifft er zunächst den Pfosten, dann pustet er, und der Ball kullert ins Netz.
2:2: Pflipsen geht belastet zum Punkt. »Wat hat der Lorko nur gesungen? War dat wat von Dschingis Khan?« Sievers hält. »Nee, dat war der Karnevalssong von de Toni Polster. Verdammte Kiste.«
2:2: Freund eifert seinem Vorbild Pflipsen nach. Kamps hält.
2:2: Sievers fixiert Fach. Dessen Herz rutscht in die Hose und kullert auf den Rasen. Colt hält. Einfach genial.
3:2: Kretzschmar hat Nerven aus Stahl und Eis im Blut. Volltreffer. So geht Elfmeter, Gladbach!
3:3: Neuns Schuss ist auch nicht schlecht. Zum Glück zählt der Treffer nur für ein Tor. Wenn Schjønberg jetzt trifft, brennt der Maschsee.
4:3: Schiedsrichter Heynemann macht es spannend. Da der Ball nicht zu 100 Prozent mittig auf dem Punkt ruht, muss der Däne zwei Mal korrigieren. Da haben sich schon ganz andere von aus der Ruhe bringen lassen. Aber nicht der Micha. Links an

Kamps vorbei schießt Schjønberg die Hannoveraner in ein Meer der Glücksgefühle. Der hannöversche Sänger Klaus Meine pfeift eine Jubelmelodie und denkt über einen Wind des Wechsels in Fußballdeutschland nach. Gut, dass er die Hymne für diesen Tag schon zwei Jahre zuvor komponiert hat. Ein Skorpion muss auf alles vorbereitet sein. Niedersachsens Ministerpräsident Schröder träumt: »Wenn Hannover DFB-Pokal kann, kann ich auch Bundeskanzler. Memo an mich selbst: Wenn's passt, kandidiere ich.« Die anderen 96-Fans denken an gar nichts mehr und verwandeln Berlin in ein rotes Jubelmeer.

8. GRUND

Weil keine Mannschaft so viele Trainer verschlissen hat wie 96

Fußballtrainer ist oft ein kurzfristiger Job. Die Bezahlung liegt zwar deutlich über dem Hartz-IV-Satz, doch hat sich der Fußballlehrer gerade in seiner schmucken Villa mit Swimmingpool in bester Lage eingerichtet, steht bereits der Umzugswagen vor der Haustür. Ein Kollege verspricht, der Mannschaft stärkere Impulse zu geben, das Letzte aus den verwöhnten Kickern herauszuholen, trotz 20 Punkten Rückstand noch den Champions-League-Platz zu erreichen. Die Hoffnung stirbt zuletzt, und es ist einfacher, den Übungsleiter zu wechseln, als kurzfristig die Mannschaft auszutauschen. Also greifen die Mechanismen des Geschäfts, wie eine beliebte Fußballreporterphrase weiß.

Dabei zahlt sich eine langfristige Zusammenarbeit aus. Otto Rehhagel und Thomas Schaaf saßen jeweils 14 Jahre auf Bremens Trainerbank und feierten beachtliche Erfolge.

Doch bei 96 weht ein deutlich anderer Wind: Seit Bestehen der Bundesliga wechselte Hannover in 50 Jahren 46 Mal den Übungsleiter, was eine durchschnittliche Jobdauer von einem guten Jahr bedeutet. Eine Hausnummer, auf die man nicht unbedingt stolz sein kann. Fiffi Kronsbein durfte immerhin vier Mal in der schönsten Stadt der Welt anheuern.

Wen haben wir noch auf Hannovers Trainerbank gesehen? Feuerwehrleute mit oft leeren Schläuchen wie Jörg Berger, Peter Neururer oder Rolf Schafstall. Diethelm Ferner mit Schlafwagenfußball (1979–1982). Oder Bayern-Startrainer Tschik »Bin nix Lehrer für Deutsch, sondern für Futball« Čajkovski, der an den Kränzen von Vorschusslorbeeren fast erstickte. Wer kennt eigentlich noch Bernd Laube? Der betreute die Mannschaft 1989 satte zwölf Tage als Interimstrainer.

Doch natürlich gab es auch gute Übungsleiter. Gerne erinnern wir uns an Werner Biskup, Reinhold Fanz oder Ralf Rangnick, die spannenden Offensivfußball spielen ließen. Ewald Lienen blieb zwar nur ein gutes Jahr an der Leine, konnte aber mit solider fußballerischer Hausmannskost überzeugen. Trainerfuchs Michael Lorkowski formte aus einer durchschnittlichen Zweitligamannschaft den DFB-Pokalsieger 1992.

Erst in den letzten Jahren wurde wieder Wert auf eine langfristige Zusammenarbeit mit den Trainern gelegt. Dieter Hecking durfte die Roten ganze drei Jahre betreuen (2006–2009).

Die meisten Bundesligaspiele hat Übungsleiter Mirko Slomka mit den Roten absolviert (135).

Eine Mannschaft mit einzigartigem Spielsystem entwickelt ein Trainer nicht in einer Saison. Die erst nach einigen Spielzeiten erzielten Erfolge von Jürgen Klopp bei Borussia Dortmund und Jupp Heynckes bei Bayern München demonstrieren das Erfolgspotenzial einer auf Vertrauen bauenden Ehe zwischen Trainer und Verein. Wir Roten können uns natürlich nicht mit den Möglichkeiten der Großen Zwei des Deutschen Fußballs messen. Never give up dreaming …

9. GRUND

Weil wir Robert Enke nie vergessen werden

»11 Freunde: Im Sommer 2010 könnten Sie sogar Weltmeister werden.
Robert Enke: Ich weiß nicht, was bis dahin passiert.«
(aus einem Interview mit dem Magazin
»11 Freunde« im Dezember 2008)

Dieses wird wohl die schwierigste Passage dieses Buches. Flachsen geht gut, Hannover 96 und die Eigenarten und Schrägheiten seiner Spieler auf die Schippe nehmen, die größten Triumphe feiern ebenso. Auch Talfahrten lassen sich schreibend gut meistern. Aber welche Worte gibt es für diesen Tod, diesen selbst gewählten Tod von Robert Enke? Die Frage nach dem Warum wird immer bleiben, die Frage danach, was die ausschlaggebenden Punkte waren, die Robert Enke zu diesem letzten Schritt geführt haben: War es die Diskussion um ihn als möglichen Torwart der Fußball-Nationalmannschaft? War es der vermeintliche Konkurrenzdruck, dem sich Robert Enke ausgesetzt fühlte? Waren es die Empfehlungen, ein Weltklassetorwart müsse möglichst viele Erfahrungen in einem Weltklasseverein machen, und ihre Empfehler, die Robert Enke einen Wechsel zu einem anderen, renommierteren Fußballklub nahelegten? War es die Angst, was nach diesem möglichen Wechsel passieren könnte? War es die Wertung eines sehr bekannten Fußballtrainers, auf den viele hörten, Robert Enke sei ein Torwart ohne Ausstrahlung? War es vielleicht eine Mixtur von alldem, vermengt noch mit der Trauer um seine verstorbene kleine Tochter Lara? Wir werden es nie erfahren, und es ist letztlich auch nicht wichtig.

»Robert Enke ist tot, und sie glauben, es war Selbstmord«, begrüßte mich Michael, als ich am Abend des 10. November von einer Businessveranstaltung nach Hause kam. Von welcher, weiß ich nicht mehr; das ist auch nicht mehr wichtig. Aber Michaels versteinerte

Miene und seine Fassungslosigkeit und Traurigkeit habe ich noch sehr gut abgespeichert. Wir alle haben unsere Robert-Enke-Erinnerungs-Geschichten vor unserem geistigen Auge. Und sie werden immer bleiben, weil diese Tage so einschneidend für uns waren wie unser ganz persönlicher 11. September. Gemeinsam trauern, sich in den Armen liegen, im Dunkeln durch die Stadt marschieren, vorm Stadion Kerzen anzünden, persönliche Devotionalien ablegen, Robert Enke die letzte Ehre erweisen.

Was bleibt, ist ein trauriges und aufrichtiges Danke.

Danke, Robert Enke, du warst ein großartiger Fußballer und Sportler. Deine Glanzparaden, aber vor allen Dingen deine Einstellung, deine Präsenz, deine Ausstrahlung und dein Mannschaftsgeist haben Hannover 96 über Jahre getragen. Die Mannschaft, der Verein und die Fans haben dich gebraucht. Du warst unsere Integrationsfigur. Und vermutlich hätte dich die Nationalmannschaft auch ebenso gut brauchen können. Die Einschätzungen der Spieler der Fußballbundesliga sprechen ja eine deutliche Sprache: Sie wählten dich mehrmals zum besten Torwart der Bundesliga. Für viele 96-Fans bleibst du mit Sicherheit für immer die »Torwart-Nummereins der Herzen«.

Danke, Robert Enke, du warst ein wundervoller Mensch. Deine Bescheidenheit und deine respektvolle, faire und ruhige Art haben wir bewundert. Und dein nachdenkliches, manchmal melancholisches Wesen hat uns gut getan. Dein Stolz, deine offen gezeigte Liebe und später deine Trauer um deine Tochter Lara haben uns berührt. Das zeigte uns, dass Helden nicht immer toughe Supermänner sein müssen.

Danke, Robert Enke, für dein Engagement. Viele Jahre hast du dich aktiv im Tierschutz engagiert und warst Botschafter für die Tierschutzorganisation PETA. Nach dem Tod deiner Tochter hast du eine Stiftung gegründet, die Kinder unterstützt, die an ähnlichen Herzerkrankungen leiden und litten wie deine verstorbene Tochter Lara.

Und was bleibt? Neben diesem traurigen und aufrichtigen Danke bleibt und wächst hoffentlich die Erkenntnis mit ihren Konsequenzen, dass es im Fußball und auch im Leben nicht immer nur um das bedingungslose »Höher, schneller, weiter« geht. Es geht um uns Menschen mit unseren Stärken und Schwächen, und es geht darum, dass wir gut miteinander leben und gut miteinander umgehen. Es geht darum, dass wir uns gestatten, uns wohlfühlen zu dürfen, ganz wie jeder von uns mag, und nicht den Erwartungen anderer gerecht werden zu müssen. Es geht um Toleranz und Respekt. Um Respekt und die Menschenfreundschaft, die Robert Enke anderen Menschen gegenüber stets gezeigt hat.

»Das sind die Starken, die unter Tränen lachen, eigene Sorgen verbergen und andere glücklich machen«, dichtete vor 200 Jahren ein großer deutscher Denker. Er kannte wohl Robert Enke ziemlich gut, denn genau das konnte er ziemlich hervorragend. Der Beste muss nicht immer der Glücklichste sein – und vor allen Dingen darf auch ein richtig Guter einmal Schwächen zeigen und sogar scheitern, ohne sich damit gleich selbst zu demontieren. Weil er genau an diesen Zweifeln, Schwächen und Niederlagen weiter wachsen wird. Wenn er sie zeigen darf. Vielleicht bleibt zumindest diese Erkenntnis. Und vielleicht schaffen wir es, aus dieser Erkenntnis eine Haltung zu entwickeln – zum Leben wie zum Fußball. Dass ein Mensch sich auch einmal schwach zeigen darf, ohne gleich dafür verurteilt zu werden. Vielleicht schaffen wir es irgendwann, so stark zu sein.

»Hoffnung ist nicht die Überzeugung, dass etwas gut ausgeht, sondern die Gewissheit, dass etwas Sinn hat, egal wie es ausgeht.« Mit diesen Worten des ehemaligen Präsidenten Václav Havel verabschiedete sich Teresa Enke in ihrer Traueranzeige von Robert. Und so ist es auch: Alles hat einen Sinn, und es ist gut so. Danke, Robert Enke, dafür, dass du so warst, wie du warst. Auch ganz zum Schluss.

10. GRUND

Weil wir in dieser Ausnahmesaison in Bochum 2010 mit vereinten Kräften dann doch den Klassenerhalt gepackt haben

Tränenausbrüche in Interviews, Niederlage um Niederlage, eine torreicher als die andere – nach dem Tod von Robert Enke stand das traumatisierte Hannover 96 selbst ganz am Abgrund. Wie sollte es jetzt noch weitergehen? Gab es selbst noch »Lebenswillen«, jetzt nachdem die Integrationsfigur verschwunden war? Viele Wochen sah es nicht so aus, als könnten sich die Roten nicht mehr vor dem Abstieg in die 2. Liga retten. Doch dann geschah etwas, was sich wohl niemand in dieser Dimension hätte träumen lassen. Mannschaft wie Fans erwachten aus ihrem Trauerschlaf, begannen langsam zu begreifen, dass es darum ging, den Klassenerhalt zu sichern begannen zu kämpfen.

»Zusammen sind wir stark und groß wie eine Wand.« Jemand, der bei diesem Mysterium nicht dabei gewesen ist, wird nicht nachspüren können, wie sich ein wirkliches Wir zwischen Fans und Mannschaft entwickelt hat. »Manchmal geht es nicht, so wie man will, aber unsere Liebe steht deswegen noch nicht still. Tränen können fließen, doch in unserer größten Not rudern wir gemeinsam im roten Fußballboot.« 96 ruderte gemeinsam, in einem Kraftakt von Fans und Mannschaft wurde geschafft, was niemand mehr für möglich erachtete: Die Roten sicherten sich im letzten Saisonspiel im direkten Absteigerduell mit dem VfL Bochum in einer dramatischen Partie den Klassenerhalt. Mit 12.000 Fans im Rücken, die den Weg nach Bochum auf sich genommen hatten. Die Helden des Tages waren Bruggink, Hanke und Pinto.

Unvergessen für alle, die das miterlebten, bleiben die Momente nach dem Spiel, in der sich Ekstase und Trauer paarten. Keeper Fromlowitz, der hemmungslos weinte, Kocka Rausch von seinen

Gefühlen übermannt, wild tanzende 96er und Momente der Stille, als ein riesiges Transparent zu Gedenken von Robert Enke aufgerollt durchs Stadion getragen und schließlich vor der Fankurve abgelegt wurde.

Danke, 96, diese bewegenden Momente sind auf ewig in unseren mentalen Geschichtsbüchern abgespeichert! Spätestens seit diesem Zeitpunkt wusste jeder Rote, dass es einfach etwas Besonderes war, ein Roter zu sein.

11. GRUND

Weil die Roten endlich wieder in Europa mitmischen

Europäische Auftritte der Roten sind eine Rarität. Natürlich spielten sie sieben Mal im Messepokal. Allerdings mussten sich die Mannschaften für diesen Wettbewerb nicht sportlich qualifizieren. Es reichte, als Vertreter einer Handelsstadt ausgewählt zu werden. Dies minderte die sportliche Bedeutung dieser Konkurrenz erheblich. Die einzige ernst zu nehmende Europapokalteilnahme fand in der Saison 1992/93 statt. Da kam es zu einer Begegnung mit Werder Bremen statt zu Europapokalexotik, aber dafür ist an anderer Stelle Platz.

Dann war für viele Jahre Fahrstuhlfahren angesagt, Anfang 2000 hieß es, sich mit dem mausgrauen Mittelfeld zu begnügen, bis sich die Roten 2009/10 einmal mehr vor dem Absturz in die 2. Liga retten konnten. Für die kommende Liga 2010/11 peilte man wieder das sichere Mittelfeld an. Doch die schwachen Testspiele vor Saisonbeginn gaben wenig Anlass zur Freude. Als dann noch das erste Pflichtspiel im Pokal gegen Regionalist Elversberg verloren wurde, standen die Zeichen auf Sturm. Es schien nur eine Frage von Tagen zu sein, bis Trainer Slomka den Stuhl vor die Tür gesetzt bekam. Gott sei Dank hielt das Präsidium an Slomka fest.

Das Eröffnungsspiel gegen Eintracht Frankfurt wurde 2:1 gewonnen. Zufall? Eher nicht, denn auch Schalke wurde durch Tore von Kocka Rausch und Moa Abdellaoue in der Veltins-Arena mit 2:1 niedergerungen. Und das auch noch verdient. Am dritten Spieltag erkämpften sich die Roten gegen Leverkusen mit 2:2 ein Remis. Einer Niederlage gegen Wolfsburg folgte ein souveräner 4:1-Sieg gegen Werder Bremen. Hannover belegte den vierten Platz und setzte sich in den höheren Tabellenregionen fest. Es war dabei offensichtlich, dass sich die Truppe taktisch, konditionell und spielerisch enorm verbessert hatte. Dennoch hieß das Ziel noch immer Klassenerhalt. Zu oft waren die Leinestädter mit überzogenen Hoffnungen aufs Hinterteil gefallen.

Es gab auch Rückschläge wie die Niederlage gegen den FC St. Pauli, wo die Roten das zweifellos vorhandene Potenzial nicht abrufen konnten. Dennoch fingen sie sich immer rasch und besannen sich auf ihre Tugenden. Großen Anteil an diesem Aufschwung hatte der eigentlich schon ausgemusterte Ex-Bayer Jan Schlaudraff. Der oft etwas phlegmatisch und zweikampfschwach wirkende Stürmer hebelte an Sahnetagen die gegnerischen Abwehrreihen nach Lust und Laune auseinander. Am Ende der Hinrunde standen die Roten auf einem sensationellen vierten Platz. In dieser Saison schien etwas zu gehen. Etwa die Champions-League?

Doch Mannschaft und Trainer hielten weiterhin den Ball flach. Erst einmal sollte der Klassenerhalt gesichert werden, dann konnte man sich über höhere Ziele Gedanken machen. Das war klug. Warum sollte man sich selbst durch übersteigerte Erwartungen unter Druck setzen? Der Fast-Abstieg der letzten Saison war noch präsent.

Doch der Erfolg hielt an. Ein Grund hierfür lag in der von Slomka entwickelten 10-Sekunden-Taktik. Nach Balleroberung in der Abwehr schalteten die 96er blitzschnell um und tauchten innerhalb von zehn Sekunden vor dem gegnerischen Tor auf. Dort verwandelten die Stürmer Didier Ya Konan und Moa Abdellaoue mit überraschender Präzision. Zudem stand ein junger Torwart namens Ron-Robert Zieler zwischen den Pfosten, der so manchen Punkt rettete. Am 29. Spieltag fand ein Endspiel um die Europapokalteilnahme gegen Mainz statt. Die Roten gewannen 2:0. Damit stand fest: Hannover spielte wieder europäisch. Zumindest Europa-League.

Sogar die Champions League war noch möglich. Allerdings verloren unsere Roten die nächsten beiden Begegnungen, und Bayern München überholte Hannover. Aber das nahm den Kickern keiner übel. Sie hatten für Hannoversche Verhältnisse eine Saison der Superlative abgeliefert und spielten im europäischen Konzert mit. Ob erste Geige oder Ersatzmusiker sollte sich bald zeigen. Ganz Hannover tanzte über das Parkett der Georgstraße einen Freudenwalzer. Dass wir es in der darauffolgenden Saison sogar ins Achtelfinale der Europa League schaffen würden, konnte damals noch niemand ahnen.

2. KAPITEL

MEIN VEREIN IST NICHTS OHNE SEINE FANS UND FANPROJEKTE

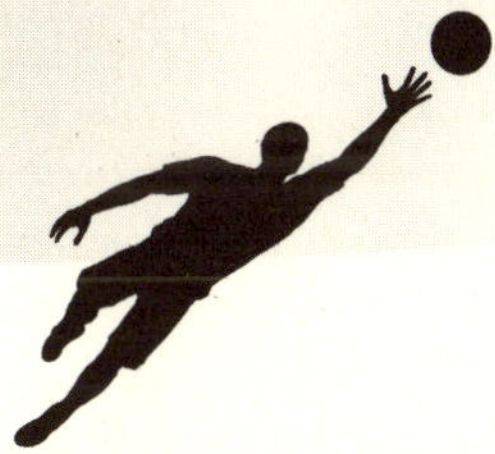

12. GRUND

Weil ein Roter ein Roter ein Roter ist

»Ein Fan ist ein Mensch, der längerfristig eine leidenschaftliche Beziehung zu einem für ihn externen, öffentlichen, entweder personalen, kollektiven, gegenständlichen, abstrakten oder sportlichen Fanobjekt hat und in die emotionale Beziehung zu diesem Objekt Ressourcen wie Zeit und/oder Geld investiert.« *Wikipedia*[4]

Wann ist ein Roter ein richtiger Roter? Wie viel muss er über die Roten wissen? Muss er Namedropping beherrschen (Siemensmeyer, Kronsbein, Rodekamp, Biskup, Schjønberg, Sievers und wie sie alle heißen), muss er die größten Triumphe (DFB-Pokal, zwei Meisterschaften 1938 und 1954, Bundesligaeinstieg 1964 usw.) und Niederlagen (Drittklassigkeit 1996, Niederlage gegen Energie Cottbus, Niederlage gegen Bremen im Europacup …) draufhaben, gar die Endstände wichtiger Begegnungen im Schlaf herunterbeten können? (Wie haben die Roten noch mal in der Saison 2004/05 gegen die Bayern gespielt?) Wo sitzt ein Fan im Stadion? In der Nordkurve? Ist ein Fan erst Fan, wenn er einen Stehplatz einnimmt, im Stadion ausharrt, egal ob es regnet oder schneit, in guten wie in schlechten Zeiten? Oder ist ein Fan auch Fan, wenn er es sich im Schnittchenblock bequem macht und davor, zwischendrin und danach ordentlich reinhauen und »Networking« betreiben kann? Oder »reicht« es sogar aus, in der Kneipe zu gucken, oder ist das »untendurch«? Ist ein Fan richtiger Fan, wenn er mit Kutte aufläuft oder »darf« er auch normal? Ist ein Fan ein richtiger Fan, wenn er schon »seit Jahren« ins Stadion rennt, den Roten die Treue hält, egal ob in der Regionalliga, Bundesliga oder gar in Europa, jemand, der keine Kosten und Mühen scheut? Ist ein Fan ein besserer Fan, wenn er sich permanent Choreos ausdenkt?

Nichts von dem ist eigentlich wichtig. Entscheidend ist die Leidenschaft, die rote Liebe. Und die hat viele Formen und Spielarten, genauso wie es unterschiedliche Fußballertypen gibt. Es gibt die schillernden wie Jan Šimák, die Stillen wie Robert Enke, die Charismatischen wie Mame Diouf, die Kämpfer wie Sérgio Pinto, die Leidenschaftlichen wie Kocka Rausch, die Effizienten wie Moa Abdellaoue, die Integrativen wie Steven Cherundolo. Sie werden alle gebraucht. Fußball ist Teamwork. Und so sollte es auch bei den Fans sein. Jeder nach seiner Fasson, jeder so wie er mag. Ein Business-Lounger muss kein schlechterer Fan sein, genauso wenig wie jemand, der es vorzieht, allwöchentlich gemütlich in der Kneipe um die Ecke die Spiele unserer Roten zu verfolgen. Natürlich leisten die aktiven Nordkurvler mit ihren Choreos und Fangesängen einen ganz besonderen Beitrag. Aber Fans sind wir ja alle, jeder, wie er oder sie es mag.

13. GRUND

Weil 96 die Rote Kurve gekriegt hat, die hoffentlich noch mal die Kurve kriegt

Mit vereinten Fankräften – Die »Rote Kurve«, der offizielle 96-Supporters Club – Immer weiter, immer weiter? Schreiben wir noch Gegenwart oder (leider) schon Vergangenheit? Das ist die große Frage, die sich bei diesem Abschnitt stellt. Der »Rote Kurve – 96 Supporters Club e. V.« wurde am 12. April 2004 von engagierten 96-Fans aus den verschiedensten Teilen der Fanszene gegründet und bildet seitdem den offiziellen, aber unabhängigen Dachverband für alle Fans von Hannover 96. Die Rote Kurve mit ihren über 5000 Mitgliedern versteht sich als Schnittstelle zu Hannover 96 und vertritt die Interessen der derzeit 135 gelisteten Fanclubs. Neben dieser »politischen Dimension« gehört allerhand handfestes Tagesgeschäft dazu: der Fantreff am »Zwingerclub«, ein Fanladen, das Fanhaus am Eilenriedestadion, die Organisation von Fanfahrten zu den Auswärtsspielen, eine wöchentliche Sprechstunde, die Organisation des

Musikfestivals »Spaß gegen Stumpf« am ersten Heimspieltag der Saison im Stadion unter dem Motto »96-Fans gegen Rassismus«, die Veranstaltung des Fanstammtisches mit Spielern und Verantwortlichen von 96, die Teilnahme an der Fanliga-Hannover mit eigenem Rote-Kurve-Team und, und, und. Die Rote Kurve ist also eine Anlaufstelle für alle Fans. Und ein Stück Heimat.

Doch zurück zur »politischen Dimension« und der Frage von Vergangenheit oder Gegenwart. Gerade in den letzten Monaten sind die kommunikativen Drähte zum Verein, insbesondere zur Vereinsspitze, dünner geworden. Beide Parteien reden offenbar aneinander vorbei. Die Fehlkommunikation eskalierte – die Spitze des Eisberges: 70.000 Euro Strafe musste Hannover 96 zahlen dafür, dass während des DFB-Pokal-Spiels Bengalos eingesetzt wurden. Hannover 96 will sich das Geld zurückholen – bei der ehrenamtlich tätigen Führungsspitze der Roten Kurve, die Vereinspräsident Kind pauschal dafür verantwortlich machte.[5] Die Konsequenz: Nach der vergangenen Mitgliederversammlung wird sich der Verein zum Jahresende auflösen und in Form einer Interessengemeinschaft weiterführt werden.[6] Verständlich, denn die – und es ist noch einmal zu wiederholen: ehrenamtlich tätige – Vereinsspitze der Roten Kurve hat ja nun die Bengalos nicht gezündet und kann kaum dafür kaum zur Rechenschaft gezogen werden. Vielmehr haben sich die Köpfe des Vereins, allen voran Christian Behm und Andreas Beck, um die Fans und auch um Hannover 96 verdient gemacht, haben Strukturen und Anlaufstellen geschaffen, Veranstaltungen organisiert. Bleibt abzuwarten, wie es nun mit der Roten Kurve weitergeht. In jedem Fall geht ein großes Dankeschön an alle Rote-Kurve-Aktiven, die in den vergangenen Jahren dem Verein mit so viel Enthusiasmus und Engagement Leben eingehaucht haben. Was aber nicht einem »Tschüss, danke und weiter geht's ohne euch« gleichkommen soll. Heute wird die Rote Kurve als IG Rote Kurve – 96 Supporters Club geführt.

14. GRUND

Weil das Fanprojekt von Hannover 96 sich bereits seit 1985 für mehr Toleranz im Stadion und Drumherum einsetzt

»Die Probleme, die wir beim Fußball haben, fangen doch nicht beim Fußball an, die haben ihren Ursprung in der Gesellschaft«, sagte 96-Fanbeauftragter Frank Watermann in einem Interview mit dem Magazin *11 Freunde*. Recht hat er.

Das heißt aber nicht, dass dann dem Verein alles egal sein muss und die Verantwortung an die Gesellschaft »abgeschoben« wird. Gewalt und Rassismus sind meistens Ausdruck von Verzweiflung, weil keine andere Ausdrucksform mehr da zu sein scheint. Vielleicht sind sie auch da, weil es nicht anders gelernt wurde. Verurteilen ist eine Sackgasse, lässt den Menschen, der da etwas verbockt hat, blöd da stehen, macht eine Tür zu, wo sich vielleicht eine andere Tür auftun könnte. Verurteilen ist zu kurz gedacht, macht das Ganze nur noch schlimmer, gerade wenn es sich um junge Menschen handelt, die es vielleicht einfach noch nicht besser wissen. Sie könnten an die Hand genommen, Teil einer toleranten Gemeinschaft werden – heraus aus dem, was Frust macht und Gewalt und Rassismus produziert. Gerade der Fußball ist eine gute Plattform, um jungen Menschen, die ein wenig auf die schiefe Bahn geraten sind, es anders vorzumachen: Umlenken ist möglich! Dass dies hervorragend funktioniert, zeigt das Fanprojekt von Hannover, das bereits seit dem Jahr 1985 – übrigens eines der ersten derartigen Fanprojekte in Deutschland – mit unterschiedlichen Aktionen jugendliche Fußballfans in ihrer Orientierung unterstützt.

Einmal in der Woche ist das Fanprojekt für alle Fans geöffnet, auch an den Samstagen nach den Heimspielen. Der Fancontainer im Zwingerclub, die Möglichkeit zu Einzelgesprächen, Angebote für männliche und weibliche Jugendliche, Busfahrten zu den Auswärtsspielen, ein Fanradio, eine Fanliga, Infoveranstaltungen gegen

Rassismus, das jährlich zum Saisonauftakt stattfindende »Spaß gegen Stumpf«-Open-Air gegen Rassismus und weitere ähnliche Konzerte, T-Shirts und Schals und eine fest installierte Bande gegen Rassismus bieten vielseitige Andockpunkte für Jugendliche.

Doch damit nicht genug: Die Mitarbeiter des Fanprojektes warten nicht nur darauf, dass junge Menschen zum Fanprojekt kommen, sie sind aktiv »in der Szene« unterwegs – in Clubs und auf Treffpunkten wie auch im Internet. Außerdem sind sie natürlich bei allen Heim- und Auswärtsspielen von 96 dabei. Dabei arbeitet das Fanprojekt eng verzahnt mit unterschiedlichen Einrichtungen zusammen: mit Schulen und Jugendeinrichtungen, der Stadt, Polizei und Ordnungsamt, der Leibniz-Universität, diversen Gremien, Ausschüssen und Arbeitsgemeinschaften sowie natürlich mit dem Verein Hannover 96 selbst.

Das Projekt findet guten Anklang: Beim 25-jährigen Jubiläum des Fanprojektes im Jahr 2010 war sogar DFB-Präsident Theo Zwanziger zu Besuch. Wir sagen: So geht's gut! Daumen hoch für ein tolles Projekt, das unbedingt weitere Unterstützung und Aufmerksamkeit braucht.

15. GRUND

Weil man sich auf Krökel-Orakel und Street Art gefasst machen kann, wenn ausgerechnet ein Aktions-Künstler 96-Fan ist

Zur Expo 2000 ein schwimmendes Recyclingfloß, »future raft« genannt, zahlreiche Events an der Kröpcke-Uhr, dem Wahrzeichen im Herzen Hannovers, ein »Europateppich« zur Erweiterung der EU, die ASAP-islands im indischen Goa als Kompensations-Symbol für schwindende Lebensräume in Zeiten des Klimawandels – der hannöversche Künstler Joy Lohmann steht für Kunst im öffentlichen Raum, für Kunst, die jeder, der mag, mitgestalten kann, für Kunst, die sich verändert, für Kunst, die Fragen aufwirft und zur Diskussion stellt. Keine »fertige Kunst«, die präsentiert, sondern: Kunst direkt aus dem Leben zu den Fragen des Lebens.

Zu Joys Leben gehören Fußball und »die Roten« seit seiner Jugend unbedingt dazu. Als dann vor knapp zehn Jahren die WM vor der Tür stand, denn Hannover war ja auch ein Austragungsort, war es schnell klar, dass Joy Lohmann sich auch künstlerisch mit diesem Ereignis auseinandersetzen wollte, zumal Fußball in einer gewissen Kunstszene noch gar nicht angekommen war. In Form von Graffiti griff der Street-Art-Künstler typische Fußballszenen auf und brachte sie an die Walls of Fame – frei verfügbare und legal besprühbare Flächen – aller zwölf Austragungsorte der Fußball-WM 2006. »Mir war es wichtig, die Kraft und Ästhetik von Fußball zu zeigen. Also habe ich mich in erster Linie für Siegerposen, für Jubel- und Dribbelszenen entschieden.« Das Echo war beachtlich: Die überregionalen Medien berichteten, in einigen Mannschaftshotels gab es Ausstellungen mit den Graffitimotiven, vor allem aber griff die Street-Art-Szene das Thema Fußball auf. Es wurde »hoffähig«. Joy Lohmann war gewissermaßen ein Botschafter für den Fußball in die alternative Kunstszene hinein.

In seiner Wahlheimat Hannover direkt inszenierte Joy Lohmann in Kooperation mit den meisten hannöverschen Fußballvereinen im Vorfeld der Fußball-WM das Event »Stadt-Ball« – eine Hommage an den Straßenfußball, der so viele großartige Fußballer hervorgebracht hat. Bei »Stadt-Ball« ging es darum, 400 Fußbälle vom Anstoß an der Kröpcke-Uhr bis ins »SteinTor« zu befördern – quer durch die ganze Innenstadt über Rolltreppen und viele weitere Hindernisse hinweg. Viele Passanten wurden so zu Mitspielern. Den Anstoß gab der WM-Beauftragte Klaus Timaeus, Oberbürgermeister Herbert Schmalstieg kickte ebenfalls mit.

Doch kommen wir mal direkt auf die Roten zu sprechen und gehen zurück zur Street Art: Die gute Resonanz auf die Graffiti-Serie zur WM inspirierte den 96-Fan Joy Lohmann, das Thema weiterzuverfolgen und auch die Profis der Roten entsprechend in Szene zu setzen. An Joys als Kunstwerkstatt umfunktioniertem Hühnerstall spazierte regelmäßig der damalige Nachbar und Nationaltorwart Robert Enke vorbei. Also begann Lohmann, ein Porträt des Torwarts anzufertigen. Der ermunterte ihn weiterzumachen. In der Saison 2010/11 stellte der Künstler schließlich im VIP-Bereich der 96-Arena seine »h96art« aus. Die Spielszenen und Porträts stießen bei den Profis auf großes Hallo – O-Ton Jan Schlaudraff: »Ist das geil!« – und erhielten von ihnen eine zweite Signatur. Später stellte Lohmann die Werke an einigen weiteren Orten aus.

Auch das Thema »Kunst im öffentlichen Raum« und die Verbindung zum Fußball trieb den Aktionskünstler weiter um. So inszenierte er gemeinsam mit den »Hannover Kickers«, einem Hannoverschen Tischfußballclub, ebenfalls in der Saison 2010/11 im Vorfeld des Heimspiels gegen Bayern München ein »Krökel-Orakel«, das die hannöversche Krökel-Crew 9:3 für sich entschied. Im direkt anschließenden Heimspiel gewannen die Roten übrigens 3:1. »Das Orakel war also wirklich ein gutes Omen für die spätere Begegnung.«

Auch das Thema Fankultur beschäftigt Joy Lohmann: »Bei Hannover 96 hat sich in den vergangenen Jahren vieles geändert, gerade seit 96 wieder in der ersten Liga spielt. Aus den Roten ist auch ein knallhartes Wirtschaftsunternehmen geworden. Das ist natürlich berechtigt; gleichzeitig muss aber auch das Vereinsgefühl erhalten bleiben und sich gerade in diesen Zeiten neu etablieren. Dafür braucht es Aktionen, die Gemeinsinn schaffen. Vereine wie etwa St. Pauli machen das vor – zum Beispiel mit ihrer »Viva con Agua-Aktion«, die nach und nach auch andere Fußballvereine übernommen haben. Ich finde es sehr spannend, soziale Fanprojekte und kulturelle Interaktionen zu beobachten, und mich juckt es in den Fingern, da auch für die Roten wieder aktiv zu werden.«

16. GRUND

Weil mit ganz viel Fußball-Leidenschaft eine ganz besondere Sammlung entstanden ist: die Sportsammlung Saloga

Die Archivare der Fußball-Leidenschaft: Jeder Bierdeckel, jeder Zeitungsausschnitt, jede Eintrittskarte, jedes Paninibildchen, jedes Programmheft, jeder Schal, jedes Cap, jedes Trikot hat eine Bedeutung. Weil sie alle eine Geschichte erzählen. Peter Salogas Fußball-Leidenschaft begann vor 50 Jahren. Fußball ist sein Leben und wird komplett danach ausgerichtet: Urlaube für Länderspiele oder Spielbesuche seines geliebten FC Liverpool oder des Wimbledon-Stadions, regelmäßige Spielbesuche der lokalen Kicker im Umland, natürlich auch von Hannover 96, Banner malen, damit zum deutschen Botschafter in der europäischen Fußballwelt werden. »Springe grüßt Warschau« steht etwa auf einem Transparent, das er bei einem Spiel der deutschen Nationalmannschaft gegen die Polen in die Fernsehkameras gehalten hat. Jede freie Minute war und ist Peter Saloga Fußballfan und Archivar seiner Leidenschaft, die er von Beginn an festhält. Er sammelte alles zum Thema, was er zwischen die Finger bekam, zeichnete Bundesliga-Reportagen mit Kassetten auf, ließ sich Autogramme geben, hob selbst Coladosen mit Fußballmotiven auf, spitzte Verwandte, Bekannte, Arbeitskollegen an, ihn mit diesem und jenem zu versorgen, trug alles in seinem Keller in Springe zusammen.

Was mit einer kleinen Ecke begann, füllte später weit mehr als 70 Quadratmeter: 6500 Ordner, 6000 Kassetten mit Aufnahmen von Fußballreportagen, 1000 Wimpel und vielerlei Schätze mehr. Ein Keller voll Fußball-Geschichten in der ganz eigenen Ordnung von Peter Saloga. Eine Sammlung, mit wahrer Leidenschaft erfüllt, die kein Museum der Welt in dieser Einzigartigkeit so kunterbunt zusammenbekäme; ein Schatz, der drauf wartete, gehoben zu werden. Ganz Springe kannte den Fußballverrückten und seinen berüchtigten »Fußballkeller«, dem irgendwann ein Licht aufging, dass seine Sammlung vielleicht auch für die Öffentlichkeit und für andere Fans von Interesse sein könnte. Sie ist es. Wahrlich.

Als gesundheitliche Gründe Peter Saloga vor zehn Jahren zwangen, seine Sammlung in dieser Form aufzugeben, fand sich gemeinsam um Peter Saloga herum ein Team, allen voran Wilfried Liebhold, das in unermüdlichem ehrenamtlichen Engagement und mit finanzieller Unterstützung unter anderem des Niedersächsischen Fußballverbandes und der Niedersächsischen Lottostiftung diesen Schatz zu heben begann. Mittlerweile ist daraus auf dem Dachboden der »Roten Schule« in der Innenstadt Springes auf rund 250 Quadratmetern eine wohl sortierte Sammlung entstanden. In zehn Themenbereiche aufgegliedert, lässt sich hier »Fankultur pur« erleben – vom Heimatsport, über den deutsch-deutschen Fußball, das Thema Frauenfußball und natürlich auch über unsere Roten von Hannover 96. Neben dieser »Dauerausstellung« ist mittlerweile ein Raum für wechselnde Ausstellungen geschaffen. Gerade bereiten die »Hobbymuseasten« und Fußballfans um Wilfried Liebhold herum eine Ausstellung zum Thema »Fußball und Gewalt« vor.

Eine Sammlung also, die sich sehen lassen kann und sich nicht mehr nur auf die Devotionalien Salogas beschränkt. Denn mittlerweile haben diese Räume »lebende Geschichte« geatmet: Martin Kind, »Stumpen-Fredo«, Hans Siemensmeyer, die Schiedsrichterin Bibiana Steinhaus – sie alle haben schon die Sportsammlung Saloga besucht und sich begeistert gezeigt. Viele, auch internationale, Medien berichteten über diese ganz besondere Sammlung; jüngst empfahl *11 Freunde*, das Magazin für Fußballkultur, das Museum. Ein Ritterschlag. Jetzt müssen sich Peter Saloga und seine Kollegen die Sammlerstücke übrigens nicht mehr nur noch suchen: Sie kommen zu ihnen. Besondere Dinge. Per Mertesackers Mutter etwa lieferte einen Wäschekorb voller Erinnerungen: Fotos aus alten Tagen, erste Fanpost, Pokale und, und, und. Hannover 96 stiftete eine ganze Wand mit Fotos zum Thema Europa League. Schiedsrichterin

Bibiana Steinhaus schenkte der Sportsammlung 30 Wimpel von Spielen, in denen sie auf der ganzen Welt im Einsatz war: Welt- und Europameisterschaften, Champions League, Bundesliga. Viele der Devotionalien hatten mittlerweile prominente Einsätze als Requisite: Im hannöverschen *Tatort* etwa, der im Fußballmilieu spielte, oder kürzlich in einer Fußballreportage.

Auch das »lebende Fußball-Lexikon« Peter Saloga trägt nach wie vor dazu bei, dass die Sammlung wächst und an wertvollen Stücken gewinnt. Vor einigen Jahren etwa besuchte Fußballer Uwe Seeler die Eröffnung einer Fußballausstellung im hannöverschen Umland. Auch die Sportsammlung Saloga war dabei. »Ach, ich habe doch die Eintrittskarte vom allerersten Länderspiel von uns Uwe aufgehoben«, fiel es Peter Saloga kurz vor dem Aufbruch ein. Zielsicher kramte er sie aus einem der vielen noch ungesichteten Ordner hervor. Jetzt ist die Eintrittskarte unterschrieben. Mit einer Widmung von Uwe Seeler. Wer weiß, welche Schätze noch in der Sportsammlung schlummern …

17. GRUND

Weil der »Fever Pitch« auch in Hannover zu Hause ist

»Ich verliebte mich in den Fußball, wie ich mich später in Frauen verlieben sollte: plötzlich, unerklärlich, unkritisch und ohne einen Gedanken an den Schmerz und die Zerrissenheit zu verschwenden, die damit verbunden sein würden.« *Nick Nornby in »Fever Pitch: Ballfieber – Die Geschichte eines Fans«*

Es war einmal ein Mann, der schrieb eine Liebeserklärung an seinen Fußballverein. Er beschrieb seine eigene Geschichte, sie war fast wirklich wahr, zumindest der Teil, der von seiner Leidenschaft für den Fußball erzählte. Dieser Mann heißt Nick Hornby und seine Fanliebe gilt dem FC Arsenal. Arsenal London, das klingt nach Weltfußball, nach Champions League, 13 englischen Titeln, zehn FA-Cup-Siegen. FC Arsenal – das sind Per Mertesacker, Thierry Henry, Ashley Cole, Cesc Fàbregas und Robin van Persie. FC Arsenal, das sind die »Gunners«, die Unbesiegbaren. Klar, dass ein Mann diesen Verein toll findet. Wobei: Damals, als »der kleine Nick« zum Fan des FC Arsenal wurde, war dieser Verein so ganz und gar nicht cool, hatte so ein ähnlich blasses und langweiliges Image wie unsere Roten. Und doch verliebte er sich in diesen Verein – für seinen Vater und um mit ihm in wortloser Eintracht zusammen sein zu können.

Und dann gibt es noch den Fantypus des Lokalpatrioten. »Er hat sich seinen Klub nicht ausgesucht. Er wurde für ihn geboren. Zu dieser in den Augen der Erfolgs- und Kultklub-Fans provinziellen Spezies gehöre ich …« Diese Zeilen schreibt Danyel Reiche in seinem zauberhaft lockeren Buch *Verrückt nach den Roten. Aus dem Leben eines Hannover 96-Fans*. Ja, auch wir von den Roten haben unseren Nick Hornby. Er lebt zwar nicht mehr hier bei uns in Hannover, sondern tingelt als Professor für vergleichende Politikwissenschaft in der großen weiten Weltgeschichte herum und lehrt derzeit im Libanon. Doch wir sind uns sicher, er wird jede Chance nutzen, ein Spiel der Roten in irgendeiner Form zu verfolgen. Wie er während seiner Auslandsaufenthalte hierfür kreative Strategien entwickelte, davon berichtet er unter anderem in seinem lesenswerten Buch.

Das Tolle ist: Wir müssen uns in Hannover nicht nur mit einem Nick Hornby begnügen. Wir haben gleich mehrere davon! Von Februar 1997 bis zum Ende des Jahres 2011 erschien alle paar Monate lang das Fanzine *Notbremse*, das ein ganzes Autorenteam ehrenamtlich auf die Beine stellte. Insgesamt 56 Ausgaben der *Notbremse* sind herausgekommen mit einer kontinuierlichen Auflage von 1500 bis 2000 Exemplaren. Doch Fluktuationen und familäre Veränderungen führten dazu, dass die *Notbremse* schließlich eingestampft werden musste. Vielleicht lebt sie ja irgendwann wieder auf.

Auch Hardy Grüne hat sich durch Bücher zur Geschichte von Hannover 96 um den Verein verdient gemacht. Für uns als Autoren waren diese Bücher wundervolle Recherchequellen. Man merkt: Da hat jemand über Jahrzehnte hinweg Fußballwissen angehäuft. Chapeau dafür, Hardy Grüne! Schließlich machen die Profis von 96 die Sache rund: Helmut Kronsbein, Fritz Willig, die Biografie über Robert Enke und zuletzt die Biografie über Gerald Asamoah liefern viel Lesestoff. Spannend wird es sicherlich, wenn einmal Martin Kind seine Memoiren verfasst – und die 1001. Anekdote vom Tafelmann Peter Neubauer würden wir natürlich auch zu gerne lesen. Doch dazu ist es ja leider nicht mehr gekommen …

In jedem Fall: Danke, danke, danke an alle Nick Hornbys aus Hannover für so viel interessanten Lesestoff und spannende Inspirationsquellen!

18. GRUND

Weil wir immer besser sein werden als jede Braunschweiger Eintracht – jawoll!

Jetzt sind sie also wieder drin, in der ersten Fußballbundesliga: unsere Erzrivalen, die Braunschweiger Löwen. Seit unserem Aufstieg in die 1. Liga konnten wir uns so gut von der Eintracht abgrenzen. Wir waren eben im Oberhaus, während ihr Braunschweiger viel weiter unten kicken musstet. Das hat auch die Schmach von 1963 wieder wettgemacht. Und ja: Euren Triumph im DFB-Pokal vom Herbst 2003, als ihr uns bereits in der zweiten Runde rausgekickt habt, gönnen wir euch. Wir konnten ja aus der 1. Liga auf euch herab lächeln. Aber jetzt? Jetzt müssen wohl wieder die direkten Duelle her – auf dem Platz wie auf den Rängen.

Und ich muss sagen, da war ich ja schon ein wenig empört, was ich da jetzt in einem Online-Fanmagazin von euch Blau-Gelben entdeckt habe. Ihr startet also eine Kampagne »Mein Freund ist Roter«. Unter dem Motto »Eintracht ist alles, Gewalt ist nichts!« heißt es da in eurer Fangazette: *Mit frenetischer Unterstützung hilft man dem Verein – mit Gewalt schadet man ihm. Wer sich bügeln will, soll es gern tun, aber dann bitte nicht unter dem Deckmantel unseres Lieblingssports. … Mach mit! Für gewaltfreie Derbysiege und eine Stimmung, die den Roten die Füße verknotet!*[7]

So, so, so – das war aber nicht abgesprochen. So geht das nicht. Mein Fanclub und ich, wir hatten doch so eine ähnliche Aktion am Start. Das ist ja dreist, ihr habt uns die Pointe geklaut! Aber soll ich euch was sagen? Das interessiert mich einen feuchten Kehrricht, was ihr da schreibt. Wir Roten werden es nämlich einfach besser machen! Jawoll! Ihr und eure Spieler, ihr werdet euch warm anziehen müssen, wenn wir bei den Derbys aufeinandertreffen! Ich garantiere euch: Da werdet ihr Löwen zu verzagten Miezekätzchen, die um ihre Spielanteile betteln. Ihr werdet nur noch in Schwarz-Weiß-Grün denken können, so hypnotisiert werdet ihr vom Spiel unserer geliebten Roten und von unseren Choreos sein. Das und noch viel mehr verspreche ich euch!

Sorry, jetzt sind aber die roten Pferde mit mir durchgegangen, und ich bin abgewichen. Eigentlich wollte ich euch von unserer Gegenkampagne berichten, die noch viel krasser ist als euer wortschwalleriger Friede-Freude-Eierkuchen-Kram. Wir roten Fans sind eher direkt und machen nicht viel Aufhebens. Unsere Kampagne heißt deswegen schlicht und einfach: »Alte rote Liebe sieht niemals rot«. Alles klar? Sonnenklar, bei uns gibt's Grenzen – schon allein, weil wir uns einer »roten Liebe« verpflichtet fühlen. Da ist jede Menge Platz für Leidenschaft, frenetische Gesänge, Skandierungen, Trommeleien, rhythmische Sportgymnastik und allerlei lustige Fanspielereien, eben für Ausdrucksformen der Liebe – aber natürlich so gar nicht für jedwede Form der Gewalt oder auch nur die Gefährdung anderer Menschen, etwa durch Pyros. Ihr werdet schon sehen, in welche hinterletzten Tabellenränge euch unsere Ausdrucksformen der Liebe treiben. Und es wird euch nicht gefallen.

Aber, Blau-Gelbe, da wir ja jetzt schon miteinander kommunizieren, was wir so lange nicht getan haben: Ich habe da noch ein ganz anderes Anliegen, bei dem wir unbedingt an einem Strang ziehen müssen – so ungern wir das auch tun. Ich habe so einen Verdacht, dass sich zwischen unsere gepflegte Fanrivalität unliebsame Krawallmacher drängen, die denken, sie könnten unsere Erzfeindschaft nutzen, um auf diesem Rücken ihre Gewaltlust auszutragen und damit unseren Lieblingssport zu beschmutzen. Das liest man ja in den Gazetten rauf und runter. Und ich sag euch, das gefällt mir gar nicht. Weil sie damit nämlich unsere Fanfeindschaft kaputt machen und Misstrauen säen, wo keines hingehört. Bis jetzt habe ich noch keine zündende Idee gehabt, wie man Hooligans und andere Krawallbürsten vertreiben könnte. Habt ihr vielleicht was? Los, kommt schon, mit eurer »Mein Freund ist Roter«-Aktion wart ihr ja auch schneller als wir! Und ich glaube, in der Sache drängt die Zeit ein wenig, deswegen macht mal hinne.

In jedem Fall glaube ich: Wir müssen reden!

19. GRUND

Weil die 96-Fans sogar einen Kaiser von Hannover ihr Eigen nennen

Au-pair-Boy, Hüte-Hunde-Show-Moderator und Open-Front-Service-Desk-Assistent-Manager im Erlebnis-Zoo, Food- and Beverage-Stage-Hand-Logistik-Controlling-Assistent-Manager im GOP-Varieté-Theater an der Georgstraße – diese und viel mehr Jobs hat der gelernte Koch und Betriebswirt ausgeübt, bis er auf der Straße vor etwa zehn Jahren von einem Theatermacher als Comedian und Walk Act entdeckt wurde. Seit 2006 ist sein Beruf

»Comedy-Künstler« zumindest konstant, auch wenn er dazu in komplett unterschiedliche Rollen seines reichhaltigen Repertoires schlüpft – wie etwa die des selbst ernannten »Kaisers von Hannover«, oder auch als »Hausmeister Heinrich Bloch«, »Professor Jans Jansen«, »Monsieur Malheur«, »Eventmanager Winnfried Weber«, »Moderator Dieter Thomas Schreck« und »Schlagerstar Don Pedro«.

Doch es gibt eine Konstante in Pedro Prüsers Leben, die bisher am längsten währt: die Liebe zu Hannover 96. Sie begann spätestens, als der gebürtige Hannoveraner Ende der 90er-Jahre bei einer Verlosungsaktion vom NDR einen kompletten 96-Dress gewann. »Da war es quasi ein Auftrag und eine Pflicht, mich näher mit den Roten zu befassen. Vorher habe ich 96-Spiele zwar interessiert verfolgt und unseren Roten auch immer die Daumen gedrückt, aber eben nur am Rande mitbekommen, was da so läuft.« Zumindest anno 1998 war die Nähe und Informiertheit über die 96er bei Pedro Prüser noch nachweisbar rudimentär: Prüser war gerade als Reporter für den Lokalsender H1 in der Innenstadt unterwegs, als die 96-Spieler im Autokorso an ihm vorbeirauschten, um gemeinsam mit ihren Fans den Wiederaufstieg von Hannover 96 in die 2. Bundesliga zu feiern. Eine der Begleitpersonen konnte der fußballuninformierte Moderator Prüser abfangen und ihm einige Namen der 96-Spieler entlocken. »Mensch, Sie kennen sich aber gut aus«, lobte Prüser den auskunftsfreudigen Menschen mit dem markanten Kinn. Der lachte. Gnädig, wie Pedro Prüser im Nachhinein interpretierte. Denn kurze Zeit später trat jener Mann gemeinsam mit den 96-Spielern auf dem Balkon des Neuen Rathauses auf, um sich von den Fans gebührend für den Aufstieg feiern zu lassen, der auch mit sein Verdienst war. Es war: Martin Kind.

Auch einige 96-Spieler hat der Comedian bei Veranstaltungen getroffen und kennengelernt – »in beruflicher Mission, es war immer sehr nett«. Steven Cherundolo, Gerald Asamoah oder auch Mirko Slomka. Mit Robert Enke hat Pedro Prüser sogar ein Hörspiel aufgenommen, das die Geschichte *Gustav vor, noch ein Tor!* von Ingo Siegner aufbereitet. Darin mimt Prüser einen Spatzen, der mit seinen Tierfreunden aus dem Zoo ein Match gegen die Profi-Fußballer von Hannover 96 bestreitet. Auch eine Fußball-Hymne hat der Comedian übrigens in seinem Programm: Anlässlich der Fußball-WM spielte seine Figur »Schlagerstar Don Pedro« den Song *Zur WM nach Hannover* ein. Auch mit den Hit-Helden von Hannover 96, Osssy Pfeifer und Dete Kuhlmann, die zu Heimspielen regelmäßig als Stadionsänger die Hymne *96 – Alte Liebe* intonieren, ist er wohl bekannt. »Da geht nichts drüber.«

96-Spiele schaut Pedro Prüser meistens in der Fankneipe »Nordkurve«. »Da ist es immer super, gerade weil das Stadion direkt in der Nähe liegt und die Stimmung von dort mitschwingt.« Wichtige Spiele werden natürlich im Stadion mitverfolgt. »Das ist Gänsehaut pur, wenn unsere Roten gewinnen.« Und Rituale? »Ich pflege keine, aber ich fänd es toll, wenn es prinzipiell vor jedem Spiel eine Schweigeminute geben würde für mehr Fairplay und Toleranz. Dabei sollten die Nationen aufgezählt werden, aus denen die vertretenen Spieler stammen, einfach um ein Zeichen zu setzen gegen Rassismus. Auch Schlägereien und Böller sind doof und haben beim Fußball nichts zu suchen. Hier spielen Freunde gegen Freunde, und ebenso sind die Fans irgendwie Freunde miteinander. Genauso wenig wie die »Haarmann-Transparente« der Ultras, da bin ich absolut auf Martin Kinds Seite. Mörder-Liebhaber gehören nicht ins Stadion.« Auch einige weitere Wünsche hat Pedro Prüser an seinen Verein: »Ein absoluter Traum von mir ist es, unser Stadion einmal einige Stunden für mich ganz allein zu haben und dann auf das leere Tor zu schießen. Vielleicht auch mal als »Hausmeister Heinrich Bloch«, der macht dann den Rasen hübsch, reinigt die Toiletten – und nach getaner Arbeit hat er sich dann eine Auszeit verdient – auf der großen, grünen Liegewiese im Stadion unterm Sonnenschirm.«

Ach ja, und einen winzig kleinen Wunsch hat Pedro Prüser noch – er, der für die Stadtentwässerung Hannover schon die Figuren Paul Pümpel und Klothilde Klobürste oder den »Entdecker« des Entdeckertages erfunden hat: »Ich würde gerne ein Maskottchen für die Roten kreieren. Eine Idee habe ich da schon …«

20. GRUND

Weil die 96-Fans die besten Songs der Liga singen

Wenn mein Kumpel Joe und ich im Stadion mitfiebern, spielen wir Walter-Rodekamp-Bingo, das wir euch nicht vorenthalten möchten:

96 – Alte Liebe	*Nieder-sachsen-lied*	*Rock You Like a Hurricane*	*In den Teichen schwimmen Leichen*
Wir sind Rote	*Felsen aus Granit, so wie einst Real Madrid*	*Wir schlagen Leeds, wir schlagen Rom*	*Wen lieben wir? HSV*
We Hate Eintracht Braunschweig	*Und wir trinken das schäumende Bier*	*In Peru in den Anden fliegt 'ne Kuh*	*Jedes Jahr ein Kind, bis es 96 sind*
Wir sind dabei bei jedem Spiel	*Am Tag, als Eintracht Braunschweig starb*	*Wir sind die Roten, wir sind die Besten*	*Hier fliegt der Norden*

Spielregeln: Kreuze die Lieder auf deiner Karte ab, wenn sie im Stadion erklingen. Sobald du eine vollständig ausgefüllte Reihe, Spalte oder Diagonale vorweisen kannst, renne zum Stadion-

Imbiss, besorge dir ein Walter-Rodekamp-Gedächtnisgedeck bestehend aus einem Becher süffigem Gilde und einem Doornkaat. Balanciere beides auf dem Kopf zu deinem Platz zurück, genieße die Getränke und intoniere fehlerfrei *96 – Alte Liebe*. Glückwunsch, du bist ein waschechter Roter.

21. GRUND

Weil auch im »Schnittchen-Block« die »Alte Liebe« textsicher mitgegrölt wird

»Wenn in Sachen Lebenszufriedenheit München in dieser Studie einen Rang vor Hannover liegt, dann ist das alles ganz gut und schön. Es kann sich aber sehr schnell ändern. Nicht ohne Grund haben unsere Roten erst letztes Wochenende Bayern München bezwungen.« Diesen locker-flockigen Spruch, der für viel Gelächter und Applaus sorgte, sagte die Unternehmerin Jasmin Arbabian-Vogel zu einem denkwürdigen Moment vor Hunderten Honoratioren der Hannoverschen Stadtgesellschaft, nämlich als sie den Stadt-Hannover-Preis bekam, mit dem alljährlich eine aufsteigende hannöversche Unternehmerin geehrt wird. Auf diesen Satz wird sie heute noch angesprochen. Er kam aus dem Herzen, er entsprach ihrer Leidenschaft für die Roten.

Nachdem Jasmin Arbabian-Vogel, die in Hannover den Interkulturellen Sozialdienst mit 70 Mitarbeiterinnen und Mitarbeitern leitet, Ende 2008 mit dem Preis ausgezeichnet worden war, prasselten Einladungen zu verschiedenen Netzwerken auf sie ein. Jeder wollte sie haben und sie probierte vieles aus. Parallel dazu entschied sie als langjähriger Fan der Roten, sich auch in den Businessbereich von Hannover 96 einzumieten. »Hier kann man sich auf einer ganz anderen Ebene austauschen, eben mal nicht im Pinguin-Look, sondern in Jeans oder eben auch mal in Fantracht.«

Ein Fan der Roten ist Jasmin Arbabian-Vogel aber schon länger. »Im Iran, aus dem ich stamme, ist Volleyball ein sehr populärer Sport. Aber durch meinen Sohn, der in der G-Jugend von Hannover 96 kickte, bin ich schließlich mit Fußball in Berührung gekommen, und der Funke ist schnell übergesprungen. Die Fußball-WM 2006 und die tolle Stimmung in Hannover haben ihr Übriges dazu beigetragen, dass die Unternehmerin endgültig zum Fan wurde.

Seitdem hat Jasmin Arbabian-Vogel fast kein Spiel der Roten versäumt, im Stadion auf normalen Rängen oder auch im Businessbereich, zu Hause vorm Fernseher oder zur Not auch per mobile App. Doch ihrer Ansicht nach geht nichts über die Stimmung im Stadion. »Die *Alte Liebe* singe ich textsicher mit, auch wenn mich dafür im Businessbereich einige schräg anschauen.« Besondere Rituale für sie sind es, 96-Devitionalien zu tragen. Der obligatorische 96-Schal ist immer dabei. Bei wichtigen Spielen schwört sie auf ein besonderes mit Svarowski-Steinen besetztes Fanshirt. »Das hat den Roten schon viel Glück bereitet.«

Mit Hannover 96 und dem FC Bayern verbindet die Unternehmerin übrigens eine ganz besondere Erinnerung: Bei einer Heimspiel-Begegnung mit den Bayern spazierte tatsächlich Uli Hoeneß durch den hannöverschen Businessbereich. Jasmin Arbabian-Vogel ergriff die Gelegenheit beim Schopf und bat den Bayern-München-Präsidenten um ein Autogramm. Dessen entsetzter Blick fiel auf ihr 96-Fanshirt. Völlig unbedarft reagierte Arbabian-Vogel mit dem Ausspruch: »Bitte denken Sie sich das Fanshirt einfach weg.« Der Bayer lächelte: »Aber bitte, das habe ich gar nicht vor«, und erfüllte anstandslos den Autogramm-Wunsch.

22. GRUND

Weil wir den kleinen HSV wohl ebenso lieben wie unseren großen

»Du sollst keinen anderen Verein haben neben mir.« So lautet das erste Fußballfangebot. Der wahre Fan ist monogam, sucht sich höchstens in unteren Klassen seiner Heimat oder im Ausland einen anderen Verein, dem er sein Herz schenkt. Doch es gibt sie noch, die Fanfreundschaften zwischen Vereinen, die irgendwann vor geraumer Vorzeit in den 1970ern oder 1980ern entstanden und hauptsächlich von den älteren Fans gelebt werden. Zum Glück.

Ich persönlich war heilfroh, als mich zwei Wattenscheider Fans des Fanclubs »Hosenträger« aus den Klauen 15 Bielefelder Hooligans retteten, die mich und meine kleine Schwester Mitte der 1990er ohne ersichtlichen Grund in den Boden stampfen wollten. »Echt nett von euch, Jungs«, bedankte ich mich, als ich mich vom ersten Schock erholt hatte. »Kein Ding«, sagte der eine. »Wir müssen doch zusammenhalten. Außerdem finden wir es ziemlich dumm, andere Fans zu verprügeln. Ohne Gegner findet nun mal kein Fußballspiel statt. Das ist Grundschulmathematik.«

Jüngere Fans sehen das anders. Mein Kollege Tim ist Fan des Hamburger SV, wogegen prinzipiell nichts zu sagen ist. Die roten HSVler und den kleinen HSV aus Hamburg verbindet eine lange Freundschaft. »Was interessiert mich das?«, fragt Tim jede Woche. Er gönnt den Roten nicht den Dreck an den Stollen und besucht – obwohl er in Hannover lebt – noch nicht mal den Auftritt der Hamburger in der 96-Arena, weil er die Roten nicht mit seinem Eintrittsgeld sponsern will. Auch eine Einstellung.

Viele Fanfreundschaften entstanden historisch betrachtet in der Hooligan-Szene und bedeuteten nur, dass man die Fans der befreundeten Clubs nicht verdrosch. Ob diese Freundschaft wirklich eine tiefere Basis hat, weiß man erst, wenn es einem der Clubs schlecht geht. Und in diesem Punkt zeigten die Hamburg-Fans, dass die Roten auf sie bauen können. Als Hannover in der Saison 2009/10 im Abstiegskampf steckte, präsentierten die Hamburger beim Gastspiel der Hannoveraner ein Plakat »96, du wirst niemals untergehen«. Das war groß und bewegte die Herzen der 96-Fans.

Auch nach dem Last-Minute-Klassenverbleib durch das furiose 3:0 in Bochum sangen die Hamburger bei ihrem Gastspiel in Bremen: »Oh, 96 olé, du wirst niemals untergehen.«

Das herzliche Miteinander der Fans wurde und wird auch vonseiten der Vereine unterstützt. In der Hamburger Imtech-Arena wird regelmäßig bei Spielen gegen 96 die Hannoveraner Hymne *96 – Alte Liebe* gespielt, umgekehrt erklingt in Hannover Lotto King Karls *Hamburg, meine Perle.* Da fühlt sich Fan sofort gut aufgenommen. Kaffeeplausch in Uwe Seelers Wohnzimmer.

Für Gänsehaut sorgen auch die Wechselgesänge beider Fangruppen »Wen lieben wir?« – »Den HSV.« Mir persönlich gefällt der Schlachtgesang »Ob Schwarz-Weiß-Grün, ob Schwarz-Weiß-Blau, ein Leben lang HSV!« besonders gut. Schließlich macht ein Stadionbesuch am meisten Spaß, wenn man nicht um Gesundheit und Leben fürchten muss.

»Kommst du nächstes Mal mit mir ins Niedersachsenstadion?«, frage ich Tim.

»Niemals, es gibt nur einen HSV«, grinst der.

Schade, aber abgesehen von seinem Fanatismus ist Tim ein feiner Kerl. Vielleicht fahre ich beim nächsten Auswärtsspiel nach Hamburg. Als Roter fühle ich mich dort wie bei einem schönen Sonntagnachmittagsschnack bei Onkel Otto und Tante Hilde. Danke, HSV.

3. KAPITEL

DIE SPIELER DER HERZEN: WELCHE SPIELER HANNOVERS AM MEISTEN AUFTRUMPFTEN

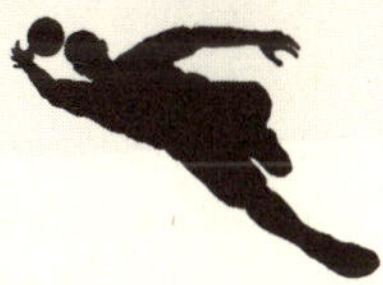

23. GRUND

Weil Jörg »Colt« Sievers immer die wichtigsten Bälle hielt, nicht nur 1992

Steffi hat mich zum Edeka geschickt. Am Ostersamstag. An solchen Tagen stehen die Menschen von der Wursttheke bis zum Maschsee. Als würden nach Ostermontag keine Lebensmittel mehr hergestellt. Das macht mir Spaß, und ich freue mich wie Baschar al-Assad aufs Jüngste Gericht. Jetzt hilft nur noch ein Wunder, aber ist Ostern nicht die Zeit für Außergewöhnliches? Mein Blick schweift vom Gemüsestand zu den Waschmitteln. Moment, da war doch was. Mein Blick wandert zurück. Da steht er und legt liebevoll eine Ananas in den Einkaufswagen. Jesus? Nein, aber fast eine genauso große Lichtgestalt. Für Hannover. »Sind Sie es wirklich, Herr Sievers?«

»Pst, nicht so laut. Du kannst mich auch Jörg nennen. Viele nennen mich Colt in Anlehnung an die Fernsehserie. Das mag ich aber nicht so sehr.«

»Wenn ich einem Fußballer ein Denkmal bauen dürfte, wäre das Ihres, Herr Sievers.«

»Mach kein Fass auf, Junge. Ich habe nichts Besonderes geleistet. Ich war nur manchmal am richtigen Ort. Auch das Glück stand mir bisweilen Pate.«

Jörg Sievers wurde 1965 in Römstedt in der Nähe von Uelzen geboren. Er startete seine Karriere als Torwart beim Lüneburger SK und wechselte 1988 zum VfL Wolfsburg in die Oberliga Nord. Nach nur einem Jahr zog es ihn weiter westlich zum damaligen Zweitligisten Hannover 96. Noch wusste er nicht, dass er dort erst nach 384 Spielen 2003 seine Karriere beenden würde.

»Wie haben Sie es eigentlich so lange bei den Roten ausgehalten? Die Zeiten waren doch manchmal ziemlich hart an der Leine.«

»Weißt du, mir hat es hier gefallen, und ich habe immer daran geglaubt, dass wir wieder in die Bundesliga aufsteigen«, sinniert er.

In der Tat. In den 14 Jahren bei Hannover sah Sievers Mitspieler und Trainer kommen und gehen. Er war eine der wenigen Konstanten und ist wahrscheinlich deswegen eine Identifikationsfigur für die Fans, der Konterpart zum viel geschimpften Legionär.

Der Karrierehöhepunkt war sicherlich die Pokalsaison 1992. Jeder 96-Fan weiß genau: Ohne Colt wäre der Pokal nie in Hannover gelandet. Im Halbfinale gegen Bremen überwand er Rollmann und parierte anschließend gegen Bode. Das Ticket nach Berlin trug Sievers Unterschrift. Im Finale gegen Gladbach hielt Sievers die Strafstöße von Pflipsen und Fach. Obwohl dann Michael Schjønberg den entscheidenden Strafstoß versenkte, wussten alle, wem dieser Erfolg zu verdanken war.

»Denken Sie heute noch oft an das Pokalfinale?«

»Eher weniger. Das wichtigste Spiel meiner Karriere war eigentlich das Aufstiegsspiel 1998 gegen Tennis Borussia Berlin.«

Dies war in der Tat eine Partie von existenzieller Bedeutung für den Verein. Aus finanziellen Zwängen mussten die Roten in die 2. Liga wiederaufsteigen. Leider ging das Hinspiel in Berlin 0:2 verloren. Im Rückspiel brachte Asamoah die 96er bereits früh in Führung. Optimismus machte sich bei den 50.000 Zuschauern breit. Leider gelang es nicht, trotz optischer Überlegenheit, weitere Treffer zu erzielen. Erst kurz vor Ende der regulären Spielzeit traf Vladan Milovanović in die Berliner Maschen. Verlängerung. Diese endete torlos. Es musste wieder ein Elfmeterschießen die Entscheidung bringen. Und bei diesem überragte wieder einer: Jörg Sievers. Er hielt die Strafstöße von Akrapović und Copado. 3:1, Hannover war wieder ein Profiverein. Dieses Ereignis rettete den Verein vor weiteren trostlosen Drittligajahren, denn die Hoffnungsträger wie Ernst, Asamoah und Addo drängten bereits in die große weite Fußballwelt. Wahrscheinlich wäre es bei einer weiteren Saison in der Regionalliga nicht gelungen, eine schlagkräftige Aufstiegstruppe zusammenzustellen. Sievers befreite an diesem Tag Hannover von einer riesigen Last.

»Es war natürlich auch schön, noch mal Bundesliga zu spielen. Da habe ich immer dran geglaubt. Als es so weit war, musste ich mir trotzdem die Augen reiben.« Sievers prüft Melonen, nimmt sich schließlich zwei Stück. Im Aufstiegsjahr kam Sievers noch auf 17 Einsätze. Im letzten Saisonspiel gegen Arminia Bielefeld brachte ihn Trainer Rangnick zwei Minuten vor Spielende. Ein würdiger Abgang. Er wurde frenetisch von den mitgereisten Fans gefeiert.

»So, mein Freund. Ich muss weiter.« Sievers klopft mir freundschaftlich auf die Schulter. Er ist so ruhig und sympathisch, wie ich ihn eingeschätzt habe.

»Wo geht's denn noch hin?«

»Arbeiten. Du weißt, dass ich noch als Torwarttrainer bei 96 ackere. Das macht mir auch Spaß. Zu sehen, wie sich meine Schützlinge weiterentwickeln. Wir sehen uns irgendwann«, verabschiedet er sich. »Spätestens, wenn ich mein Denkmal bauen lassen will.«

In diesem Moment wache ich auf. Mist, nur ein Traum. Wenn auch ein schöner.

»Weißt du, dass ich gerade von Colt Sievers geträumt habe, unserem Pokalhelden?«, frage ich Steffi.

»Steh lieber auf. Du musst einkaufen. Es ist Ostersamstag und die Geschäfte sind voll.«

Manchmal ist das Leben ungerecht. Aber vielleicht treffe ich Jörg ja doch noch einmal in diesem Leben.

24. GRUND

Weil Dieter »Schatzi« Schatzschneider unser Torschützenkönig ist

»Denn wo dein Schatz ist, ist auch dein Herz«, behauptet bereits die Bibel. Dieter Schatzschneider, einer der größten Schätze im Herzen der Hannoveraner Fans, wurde 1958 geboren und wuchs in

Hannover-Vahrenheide auf. Keine Gegend, die eine große Karriere vermuten lässt. In dem Stadtteil zwischen Mittellandkanal und A2 tragen selbst die Dackel schusssichere Westen. Fürsorgliche Eltern melden ihre Kinder bereits bei der Geburt zum Boxtraining an. So erreicht immerhin die Hälfte ohne größere körperliche Schäden das Erwachsenenalter. Falls jemand meinen sollte, die Vahrenheider wären intellektuell einfach strukturiert, der irrt gewaltig: Auch ohne handwerkliche Ausbildung lernt dort jeder Jugendliche, wie man Schlösser knackt und die Stromleitung des Nachbarn anzapft.

Vielleicht verdankte Schatzschneider auch diesem rauen Klima seinen späteren Erfolg, denn der junge Dieter lernte bereits früh, sich durchzukämpfen. In frühen Jahren wurde sein angeborenes Talent sichtbar, besonders treffsicher das Runde ins Eckige zu befördern. Über Fortuna Sachsenross Hannover und den Hannoverschen SC landete er beim OSV Hannover, einem etablierten Regionalligisten. Dort erzielte er in 67 Spielen 40 Tore. In seinem letzten Jahr beim OSV wurden die Bothfelder aus dem Osten der Stadt mit 5 Punkten Vorsprung Meister. Allerdings konnte sich die Mannschaft in der Aufstiegsrunde zur 2. Liga nicht durchsetzen. Daher wechselte Schatzschneider zum großen Lokalrivalen 96.

Dies sollte sich als Glücksfall für die 96er erweisen. Gleich in seiner ersten Saison erzielte Schatzschneider 23 Treffer und wurde Zweiter der Torschützenliste der Nordstaffel. Insgesamt erzielte er bis 1982 in 161 Spielen 131 Tore für die Roten. In der Folgesaison wurde er Torschützenkönig der 2. Liga. Bis heute führt er die ewige Torschützenliste der 2. Liga an und ist auch Hannovers bester Torschütze aller Zeiten. Diese Torquote reicht an die des Jahrhundertstürmers Gerd Müller heran. Nur bombte Schatzschneider eine Ligaetage tiefer als der Bayernsturmtank.

Dabei zeichnete sich der Lange weder durch filigrane Ballartistik noch durch intensive Laufarbeit aus. Er lauerte im Strafraum und setzte sich durch robustes Zweikampfverhalten durch; schwerer vom Ball zu trennen als der Westfale von der Schnapsflasche.

Leider dümpelte die Mannschaft trotz Schatzschneider-Toren im Mittelfeld der Liga herum und war genauso weit vom Bundesligaaufstieg entfernt wie die TSG Hoffenheim vom Meistertitel. So wechselte der Leinebomber 1983 zu Fortuna Köln und wurde auf Anhieb mit 31 Einschlägen Torschützenkönig. 14 Treffer erzielte er davon noch für die Roten.

Mittlerweile war die Beletage auf den Vahrenheider aufmerksam geworden. Der kleine HSV aus Hamburg suchte einen Nachfolger für den nach Lüttich wechselnden Horst Hrubesch. Dort wurde der Niedersachse aber trotz stattlicher 15 Treffer in der höchsten Klasse nicht glücklich. Zu belastend war der Vergleich mit dem Vorgänger. Schatzschneider äußerte sich selber anschließend selbstkritisch: Nach Magaths Vorlagen hätte er wesentlich mehr Tore schießen müssen. Trotz Vizemeisterschaft wechselte er in den Pott nach Schalke. Auch dort war er zunächst der torgefährlichste Spieler, dann klebte das Verletzungspech an ihm wie Eulenexkremente. Über die Stationen Fortuna Köln und Grazer AK kehrte er 1988 nach Hannover zurück.

Dort wurde er mit offenen Armen empfangen, denn sein Heimatverein steckte im Abstiegskampf der Bundesliga. Jeder Ballkontakt des Hoffnungsträgers wurde frenetisch bejubelt. Doch auch an der Leine plagten den Langen weitere Verletzungen. Er kam lediglich auf 18 Einsätze und erzielte drei Tore. Die Roten konnte er auch nicht retten. Sang- und klanglos stiegen sie als Schlusslicht in die Niederungen der 2. Liga ab. Eine durchaus große Karriere neigte sich dem Ende entgegen. 1989 hängte Schatzschneider die Fußballschuhe an den Nagel.

Dem Fußball blieb er erhalten. Nach Trainerstationen bei den Sportfreunden Ricklingen und dem FC Augsburg verfasste er Artikel für die lokalen Medien und die Sportfachpresse. Die Roten dabei immer im Fokus. 2008 wurde er bei 96 als Leiter der Scoutingabteilung angestellt; ein Posten, den er bis heute ausübt. Wir freuen uns, dass verdiente Spieler in die aktuelle Vereinsarbeit miteinbezogen werden. Schatzschneider ist einer der Verdienstvollsten, der immer zeigte, wie sehr sein Herz an Hannover und dem Verein hängt. Gerade deshalb lieben ihn die Fans.

25. GRUND

Weil in den 96-Eigengewächsen ordentlich Musik drinsteckt

Gerald Asamoah, Fabian Ernst und Per Mertesacker – klangvolle Namen für 96-Fans, auf die wir ordentlich stolz sein können. Martin Kind beschwört zwar, dass die Nachwuchsarbeit bei 96 noch verbesserungswürdig ist, und spricht immer wieder von einem Nachwuchsleistungszentrum, das die Roten nötig haben. Mit Asamoah, Ernst und Mertesacker zeigen wir aber der großen weiten Fußballwelt, dass es auch einige Rote ordentlich weit bringen können – so weit, dass sie mit einer Zugehörigkeit in der Nationalmannschaft geadelt werden.

Bei dem einen, dem Asa, da wissen wir, dass er freilich erst mal deutscher Staatsbürger werden musste, bevor er der »schwärzeste Deutsche« wurde, der im Nationaltrikot auflaufen durfte. Trotzdem: Seine Fußballkarriere startete er schon 1994 von der Schulbank weg im roten Dress. Insbesondere jener Asa hat es ja in der Nationalmannschaft ordentlich weit gebracht: Er hat sozusagen fast im Alleingang das Sommermärchen von 2006 möglich gemacht. Nicht auf dem Platz, wie wir wissen, sondern an viel entscheidenderer Stelle. Klinsmann ist ja bekannt dafür, dass er Mentalcoaches beschäftigte. Zumindest einen konnte er sich sparen und bekam ihn komplett kostenfrei. DJ Asa heizte regelmäßig vor den Spielen in der Mannschaftskabine ein, pushte Klinsis Jungs aber ordentlich und machte sie heiß aufs Spiel. »Ich hab super Lieder! Zuletzt hören wir ›Dieser Weg wird kein leichter sein‹. Dann gehen wir raus – und hauen die anderen weg«, sagte er dazu in einem denkwürdigen Interview mit der *Süddeutschen Zeitung*[8], die damit den *11 Freunde*-Style derart imitierten, dass sie den Guttenberg'schen Plagiaten vorgriffen.

Lieber Asa: Daumen hoch! Ohne dich wären die Jungs gnadenlos untergegangen. Denn: Niemand geht motivierter ins Stadion, als nachdem er *Dieser Weg wird kein leichter sein!* gehört hat. Kleiner Tipp, Asa, vielleicht hättest du damals vor dem Spanien-Spiel mehr Lokalpatriotismus beweisen und *Rock You Like a Hurricane* von den Scorpions reinschmeißen sollen. Dann wäre unser Sommermärchen vielleicht wirklich wahr geworden …

Jetzt aber mal Scherz beiseite, lieber Asa, deine Hacke-Spitze-eins-zwei-drei-Tricks macht dir niemand so leicht nach – so wie einst gegen den 1. FC Köln. Dafür werden wir dich nie vergessen.

Doch zurück zum Thema Musik. Auch dein bester Kumpel Fabian Ernst, gerühmt als einer der besten deutschen Sechser, macht musiktechnisch von sich reden. Die bereits zitierten *11 Freunde* schreiben über ihn, er sei »auf dem Platz eher der Bass-Typ, wirke im Hintergrund, treibe das Spiel im Ganzen nach vorn und schließe Lücken, wo sie sich auftäten«[9]. Fabian Ernst lässt sich im Interview die aufschlussreichen Zitate entlocken, im Kreis der Nationalmannschaft hätte er *Lose Yourself* von Eminem gehört. Warum er dann bei der WM 2006 nicht mit dabei war, wird wohl auf immer rätselhaft bleiben. Auch bezüglich Schalke 04 hatte Fabian Ernst im Interview vom Herbst 2006 interessante Vorahnungen, er sagte: »In Bremen habe ich für Tim Borowski öfters CDs mit R&B zusammengestellt. Hier in Schalke würde ich damit ziemlich auf den Bauch fallen.« Wir wissen ja, wo er schließlich gelandet ist …

Und Per Mertesacker? Mit 90 Spielen im Nationaltrikot unsere Konstanz in Schwarz-Weiß? Da gibt's doch nichts anderes, als darüber zu schreiben, wie überaus fair der »Saubermann« Per spielt, wie hervorragend und besonnen sein Stellungsspiel ist, wie ausgeprägt sein Gefühl für den Raum und seine Spielintelligenz und wie stark manche Spieleröffnungen durch ihn schon gewesen sind. Unser Per, der seit zwei Jahren im Fever-Pitch-Team spielt. Und doch hat auch er gewissermaßen Musikgeschichte geschrieben. Beim FC Arsenal gibt es folgendes Aufnahmeritual für die Profis: Sie müssen sich auf einen Stuhl stellen und ein Lied singen. Bei good old Per war das *Hey Baby* von DJ Ötzi. Die gutturalen Uhs und Ahs haben ihm aber Gott sei Dank bisher nicht geschadet.

Und zum guten Schluss gibt's jetzt noch was fürs Herz. Ja, sie sind ja so liebenswert, unser Per und unser Asa. Und sie mögen Hannover noch immer so sehr. »Wenn ich den Anhängern etwas zurückgeben kann, tue ich das gerne. Ich will nicht das Klischee vom arroganten Profi erfüllen, sondern mich auch an Aktionen neben dem Platz beteiligen. Es ist wunderbar für einen Jungen wie mich, der aus der Gegend kommt, daran teilzuhaben«, ließ Per Mertesacker verlautbaren, als einst Trainer Ewald Lienen zur Verstärkung der Abwehr auf ihn setzte[10]. Und Gerald Asamoah sagte erst im April 2013, als er in Hannover seine Biografie präsentierte: »Für mich ist Hannover das Beste, was mir je passiert ist. Hannover war mein Sprungbrett. Früher bin ich hier stundenlang in der Goethestraße gejoggt, um Gewicht zu verlieren. Als ich in die sechste Klasse gekommen bin, war dann Fabian Ernst mein Sitznachbar. Es ist schon seltsam, dass man jemanden so früh kennenlernt und dann mit ihm durchstartet.«[11] Ja, lieber Asa, das hören wir gerne und werden dich nicht vergessen. Und dazu kann es nur einen passenden Song mit ordentlich viel Musik und Lokalkolorit drin geben: *Won't Forget These Days.*

26. GRUND

Weil uns »der Blonde« Hans Siemensmeyer das Wunder von Wuppertal und vieles mehr gebracht hat

Gestatten, jetzt kommt schon wieder eine Legende. Jetzt ist die Rede von einem, den der Niedersächsische Fußballverband in seine »Jahrhundertliga« einberufen hat und der auch die goldene Ehrennadel angesteckt bekam. Der 278 Bundesligaspiele lang für die Roten im Einsatz war, dabei 72 Tore erzielte und damit bis heute Bundesliga-Rekordtorschütze der Roten ist. Ansonsten verdient Siemensmeyer das Prädikat Mustersportler, keine Saufgelage wie Doornkaat-Walter, keine Currywurst-Cola-Ausflüge samt Disco-Ausschweifungen wie der bereits beschriebene »Lange« Dieter Schatzschneider. Hans Siemensmeyer war einfach vorbildlich, deshalb auch lange Mannschaftskapitän. Gekämpft und geackert hat er, nie hat er ein Spiel verloren gegeben, auch wenn es noch so aussichtslos schien. Deswegen bleiben wir jetzt mal fachlich, bei Legenden kommt es sowieso immer ganz gut, ehrfürchtig zu bleiben.

Ja, Hans Siemensmeyer war Rekordtorschütze. Und er hat einige wichtige Tore für 96 eingenetzt. Ganz besonders bei einem denkwürdigen Spiel in Wuppertal: Wir schreiben den 9. Juni 1973. Hannover 96 droht, in die 2. Bundesliga abzusteigen. Das letzte Spiel gegen die Wuppertaler muss es richten – und der unmittelbare Gegner Eintracht Braunschweig, der einen Punkt vor den Roten rangiert, muss ebenfalls mitspielen und sein Spiel verlieren. Nur dann kann Hannover 96 den Klassenerhalt schaffen. Siemensmeyer zeigt mal wieder gleich Moral und treibt die Roten unermüdlich an. Dann trifft Kollege Stiller tatsächlich zum 1:0, später netzt Siemensmeyer zum 2:0 ein und schafft die wichtige Grundlage für den Gewinn. Jetzt spielen die Roten wie im Rausch und machen alle Pleiten der letzten Monate vergessen. Ein Doppelpack von Willi Reimann besiegelt Wuppertals 0:4-Heimpleite. Nun banges Warten auf das Ergebnis aus Braunschweig, bis die Erlösung folgt; 1:2 verloren. Hannover bleibt erstklassig, der Erzrivale und Meister von 1967 muss eine Klasse runter. Was für eine Genugtuung. Danke, Hans Siemensmeyer!

Doch leider klappte es nicht immer so. Den Abstieg in die 2. Bundesliga in der darauffolgenden Saison kann Hans Siemensmeyer nicht mehr verhindern und steigt dann aus dem aktiven Fußballgeschäft als Profi aus. Auch bei einem denkwürdigen internationalen Einsatz war den Roten das Glück so ganz und gar nicht hold, und der blonde Hans machte seinem Beinamen keine Ehre: Im Jahr 1966 trafen die Roten in der dritten Runde des Messepokals auf den FC Barcelona, schlugen sich beachtlich – und lagen mit der Mannschaft mit Weltruf gleichauf. Nach Toren herrschte nach drei Begegnungen Gleichstand, und da es damals noch keinen Entscheid im Elfmeterschießen gab, entschied eine Münze, wer denn weiterkäme: Das Wurfglück war leider den Katalanen hold.

Nachdem Siemensmeyer sich aus dem Profifußball verabschiedet hatte, blieb er Hannover und auch den 96ern treu – als Fan wie später auch als Trainer der Jugend. Zwischenzeitlich war er für den TSV Havelse als Trainer tätig. Die Verbundenheit zum Verein scheint inzwischen einige Risse bekommen zu haben. In einem Interview mit dem Fußballmagazin *11 Freunde* zeigte sich Siemensmeyer enttäuscht über den Verein: »Ich hatte seit 2002 immer eine Ehrenkarte bekommen und die hat man mir dann 2009 gestrichen – ich glaube aus steuerlichen Gründen. Ich habe zwar keinen Anspruch auf eine Ehrenkarte, aber es tut schon weh.« Und weiter: »Die verantwortlichen Leute von Hannover 96 wissen heute gar nicht, was wir früher für den Verein getan haben. … Ich brauche keine VIP-Karte, essen und trinken kann ich zu Hause. Ich möchte nur das Fußballspiel sehen, egal, wo ich sitze. Mit dieser ganzen Art und Weise hat man mir ein Stück meines roten Herzens rausgerissen. Ich war nicht nur hundert Prozent 96, ich war tausend Prozent 96.«[12] Liebe wichtige Menschen bei 96, hoffentlich klingelt's jetzt mal bei euch. Hier hat eine Legende gesprochen und ich werde jetzt auch mal zum Fürsprecher dieser Legende: Gebt ihm seine Ehrenkarte zurück. Er wird es euch danken und wieder netter über euch reden. Danke schön auch!

27. GRUND

Weil Jan Šimák für immer unser größter Auf- und Absteiger sein wird

Ich sitze mit meinem Kumpel Joe im Mephisto. Dabei ertränken wir unseren Frust über die klägliche 2:0-Niederlage unserer Roten in Bremen mit tröstendem Gilde-Pils.

»Das war gar nichts«, mault Joe. »Keine Kreativität, keiner, der den magischen Pass spielen kann. Weißt du, was uns fehlt, vor allem auswärts?«

»David Copperfield?«, frage ich ratlos.

»Quatsch.« Joe kippt frustriert seinen Ouzo hinunter. »So ein Genie wie der Šimák. So einen haben wir nie wieder bekommen. Der hätte die Fischköppe schwindelig gespielt.

In der Tat. Einen weiteren Spieler mit Jan Šimáks Fußball-Genie findet man in der 96-Historie kaum. Im Alter von 22 Jahren kam der gebürtige Tscheche von FK Chmel Blšany an die Leine. Bereits in der ersten Zweitligasaison deutete das Talent seine in ihm schlummernden Fähigkeiten an. Mit neun Treffern wurde er bester Torschütze der Roten, die aber trotzdem am Ende der Saison nur einen bescheidenen neunten Platz belegten und alle Aufsteiger in der Tabelle passieren lassen mussten.

Doch in der Folgesaison explodierte die Leistung von Šimák unter Trainer Rangnick und Assistent Slomka kometenartig. Mit 18 Buden und 19 Vorlagen wurde er der herausragende Offensivspieler der Zweitligasaison. Doch auch die Mannschaft zog mit und wurde mit zehn Punkten Vorsprung auf den Zweitplatzierten Bielefeld und sagenhaften 93 Einschlägen im gegnerischen Gehäuse souverän Zweitligameister.

»Leider ist Šimák dann ausgeflippt.« Joe winkt den Kellner zu uns und ordert neues Bier.

»Leider«, gebe ich zu. Denn Šimáks Zauberfüße blieben natürlich den finanzkräftigen Altbundesligisten nicht verborgen. Durch provozierende Äußerungen versuchte Šimák, einen frühzeitigen Wechsel zu erzwingen. Den Aufstiegsfeierlichkeiten nach dem Heimspiel gegen Schweinfurt blieb er fern. Ein Affront gegen Verein und Fans. Schließlich wechselte er nach Leverkusen, um den nach München abgewanderten Mittelfeldstar Michael Ballack zu ersetzen. Doch dies gelang ihm nicht. In Leverkusen schoss er in 22 Einsätzen schlappe drei Treffer. Daher wollte Leverkusen Jan Šimák wieder loswerden. Die 96er erinnerten sich an seine glorreiche letzte Saison in der Landeshauptstadt und versuchten alles, den verlorenen Sohn wieder heimzuholen. Die Fans beäugten den geplanten Wechsel jedoch kritisch. Zu tief saßen die Wunden über den mehr als unglücklichen Abgang des Torjägers.

»Der Šimák hat auch nicht ins Glas gespuckt. Der Alkohol war der Anfang vom Ende.« Joe nimmt einen tiefen Schluck.

»Gut, dass wir beide keine Profis sind.« Ich proste ihm zu.

Der Start zu Beginn der Saison 2003/04 zumindest verlief verheißungsvoll. Im ersten Spiel der neuen Saison wirbelte Jan Šimák mit Landsmann Štajner die Abwehrreihen des HSV schwindlig und fuhr mit einem 3:0-Sieg nach Hause. Leider ließ sich dieses Niveau nicht halten.

Der Knaller folgte nach dem sechsten Spiel gegen die Gladbacher Fohlen. Der Tscheche verschwand spurlos, blieb auch dem nächsten Training fern. Schließlich meldete sich Šimáks Berater und eröffnete, dass dieser unter Depressionen litte. 14 Tage später rief der Verschollene Co-Trainer Slomka an: Er habe psychische Probleme. Burn-out.

»Aber die Birne spielte auch nicht mit. Da kannst du gar nichts machen. Hatte Nicole, Martinas Freundin, auch. Die kennst du doch?«

»Nee. Weder Martina, noch Nicole. Aber keiner weiß, ob das alles stimmte, was durch den Pressewald rauschte. Bezüglich Šimák, meine ich.«

Dennoch tauchte der Tscheche nicht mehr bei den 96ern auf. Es hieß, er befinde sich in einer Entzugsklinik. Schließlich schloss er sich Sparta Prag an. Doch der ganz große Erfolg blieb auch dort aus. Wieder in Deutschland, kickte er beim Zweitligisten Carl Zeiss Jena. Trotz sieben Šimák-Toren stiegen die Thüringer ab. Wieder zeigten die Roten Interesse. Doch Šimák entschied sich letztendlich für die im Europapokal spielenden Schwaben aus Stuttgart.

»Versuche nie, eine Exfreundin zurückzugewinnen. Das bringt nur Ärger«, unkt Joe. »Ich habe in diesem Punkt nur schlechte Erfahrungen. Die Marlies ist auch beim dritten Anlauf fremdgegangen. Das liegt in den Genen.«

»Glücklicherweise hat Jan nur zwei Mal bei uns gespielt. Das reicht auch, finde ich.«

»Aber trotzdem. An so gebrauchten Abenden wie heute hätte ich gerne einen Šimák in Hannover«, leert Joe sein Gilde. »Und wenn auch nur zum Trinken.« Daraufhin bestellen wir die nächste Runde.

28. GRUND

Weil in der Mannschaft Hoffnungsträger für ein erfolgreiches Morgen spielen

Joe und ich schauen Fußball auf der Großbildleinwand im Faust in Linden. Vorletztes Saisonspiel gegen Leverkusen. Slomka will einen Punkt mitnehmen. »Sehr optimistisch«, unkt Joe und probiert sein Gilde. »Schmeckt super. Immerhin kann man sich darauf verlassen, dass das Bier schmeckt. Die einzige Konstante in der sich stetig wandelnden Welt.«

Die Leverkusener stürzen die umgestellte Abwehr unserer Roten mit Eggimann und Felipe von einer Verlegenheit in die nächste.

»Zieler! Wenn wir den nicht hätten«, rufe ich.

»Ron-Robert ist ein Torwartgott«, sagt Joe.

Recht hat er. Wenn einer kontinuierlich gute Leistungen bringt, ist es unser dritter Nationaltorwart. Seit der gebürtige Kölner aus Manchester nach Hannover kam, war er meistens der beste Spieler im roten Dress. Gut, dass Jogi Löw ihn in den Kader der Nationalmannschaft berief. Leider verliefen dort seine beiden Einsätze etwas unglücklich. Gegen die Ukraine wurde er von seinen Vorderleuten im Stich gelassen, gegen Argentinien traf er bei einem Rettungsversuch den Gegenspieler und flog vom Platz.

»Wenn die Abwehr auf ähnlichem Niveau wie Zieler spielen würde, könnten wir um die Meisterschaft mitspielen«, philosophiert Joe.

»Aber dort genügt höchstens Schulz höheren Ansprüchen.«

Das sehe ich genauso. Schulle kam 2007 von Werder Bremen nach Hannover, hatte sogar vier Länderspiele bestritten. Der sympathische Norddeutsche ist eine Allzweckwaffe: Mittelfeld, linke Abwehrseite, Innenverteidigung. Schulz kann und spielt alles, was der Trainer will.

»Mein Lieblingsspieler ist allerdings Andreasen. Leider ist der dauerverletzt. Wenn der richtig … Na, dann würden wir um den Weltpokal mitspielen.«

Ich setze ebenfalls große Hoffnungen in den Dänen, der eine Leidensgeschichte wie Hiob erzählen könnte, dabei aber immer optimistisch in die Zukunft blickt. Nach erfolglosen Stationen in Bremen, Mainz und Fulham kam Leon 2009 in die schönste Stadt der Welt. Durch ständig neue Verletzungen fiel er zwei komplette Spielzeiten aus. Dennoch wurde sein Vertrag verlängert. Nachdem er in der Saison 2012/13 einen glänzenden Start im defensiven Mittelfeld hinlegte, verletzte er sich erneut. Kreuzbandriss.

Wenn jemand bei der Verteilung des Pechs laut »Hier« geschrien hat, muss es Leon Andreasen gewesen sein. Seine große Beliebtheit zeigte sich, als er 2012 von den *HAZ*-Lesern zum Spieler des Jahres gewählt wurde. Hoffentlich bleibt er in Zukunft von weiteren Verletzungen verschont.

»Ohne Szabolcs Huszti geht aber nichts.« Joe holt uns frisches Bier, während Leverkusen das 2:0 schießt.

Seit der Ungar sich bei einem Elfmeter gegen den kleinen HSV verletzte, lieferten die Roten kein überzeugendes Spiel mehr ab. Ursprünglich kam Huszti 2006 aus Metz nach Hannover. Damals erzielte er in 81 Spielen 17 Tore. Doch seine Vorbereiterqualitäten waren noch wichtiger. Maßgenaue Flanken, exakte Zuspiele, Doppelpässe wie im Lehrbuch. 2009 wechselte er nach Russland, kehrte aber 2012 in die schönste Stadt der Welt zurück. Ein voller Erfolg: In 21 Spielen erzielte er neun Tore und legte elf Mal vor. Wenn er wieder spielt, wird das hannöversche Angriffsspiel rocken. Da sind wir uns sicher.

»Unser einziger Angreifer von internationalem Niveau ist Diouf«, stellt Joe fest. »Der zaubert an guten Tagen den Ball mit dem Hintern in die Maschen.«

»Aber steht er für die Zukunft?«, zweifele ich. »Seit er woanders ein paar Euros mehr verdienen will, trifft der noch nicht mal das Tor im Urinal.«

»Das ist Verleumdung. Gegen Mainz hat er eingenetzt. Und davor war er eine Torgarantie.«

Wir sind uns einig, dass wir Mame Diouf gerne behalten würden, aber die Zeichen stehen auf Abschied. Heute wurde er mit dem VW-L Wolfsburg in Verbindung gebracht.

Mame Diouf kam 2012 von den Blackburn Rovers an die Leine. Dort erzielte er in 37 Ligaspielen 17 Tore. Das überzeugte alle Hannoveraner, leider auch die Späher anderer Vereine. Sobiech erzielt das 3:1. »Vielleicht startet Sobiech richtig durch. Oder Duffner findet in England oder Norwegen einen zweiten Diouf.«

»Sein Bruder spielt im Osten bei einem Regionalligisten. Vielleicht würde der uns weiterhelfen«, überlege ich laut.

»Egal«, sagt Joe. »Ich vertraue auf die Qualität des hannöverschen Bieres. Genauso glaube ich fest, dass Duffi und Slomka die Mannschaft so ergänzen, dass wir in der nächsten Saison wieder oben mitspielen. Prost.«

Für mich ist auch trotz Niederlage die Fußballwelt in Ordnung. Solange Diouf nicht nach Peine-Ost wechselt.

29. GRUND

Weil Jirí Štajner der Mann für Last-Minute-Tore war

Steffi und ich hocken im Mephisto. Die Roten kämpfen gegen die russische Millionentruppe von Anschi Machatschkala um den Einzug in die nächste Runde der Euro-League. Am Nebentisch sitzt ein glatzköpfiger Mann mit leicht abstehenden Ohren. Er trägt ein 96-Trikot, verspeist genüsslich eine saftige Pizza à la Chef und nippt ab und zu an einem Krug Staropramen. »Der kommt mir bekannt vor, Steffi. Ich weiß aber nicht, wer das ist.«

»Keine Ahnung«, sagt Steffi. »Sprich ihn doch einfach an.«

Ich gehe hinüber und frage ihn, ob er sich zu uns setzen will.

»Gerne«, antwortet er mit einem slawischen Akzent. Da fällt es mir wie Schuppen von der Kopfrinde.

»Bist du es wirklich, unser Jiří?«

Huszti bringt die Roten mit 1-0 in Front. Wir umarmen uns, Gruppenkuscheln zu dritt.

»Jaromir, so heiße ich.«

»Klar«, nicke ich. »Du willst hier nicht erkannt werden.«

Er schaut mich etwas verblüfft an, nickt dann aber.

Jiří Štajner, einer der bedeutendsten hannöverschen Spieler aller Zeiten, wurde 1976 in Benešov geboren. In der Kindheit erlernte er das Fußballspielen an der Jugendakademie von Slavia Prag. Der Durchbruch als Profi gelang ihm aber erst Anfang des neuen Jahrtausends bei Slovan Liberec. Dort erzielte er in 63 Spielen 25 Tore. Internationales Interesse erregte er durch gelungene Auftritte im UEFA-Pokal gegen den BVB.

Obwohl mehrere Vereine ihre Fühler nach dem wendigen Stürmer ausstreckten, unterschrieb er 2002 für 3,5 Millionen Euro Ablösesumme in Hannover. Damit wurde er zum teuersten Transfer der Vereinsgeschichte.

Eto'o gleicht aus.

»Do prdele!«, flucht Jaromir alias Jiří. Ich schlage wütend mit der Faust auf den Tisch. Aber der Treffer der Russen hat sich abgezeichnet. Die Hannoveraner Abwehr agiert konfuser als ein Hühnerstall beim Besuch des Fuchses. Wir bestellen ebenfalls Staropramen.

Jiří Štajners Einstand in Hannover verlief alles andere als reibungslos. Er beherrschte die deutsche Sprache wenig besser als ein brasilianischer Eingeborenenstamm. Außerdem glänzte er durch Übergewicht, als wolle er Ailton die Rolle des Kugelblitzes der Liga streitig machen.

Erst in der Rückrunde konnte er der Mannschaft weiterhelfen. In die Herzen der Fans schoss er sich endgültig am 33. Spieltag der Saison. Die Roten benötigten noch einen Punkt zum Klassenerhalt und lagen gegen Gladbach mit 1:2 hinten. In der letzten Minute schlug der bedrängte Torhüter Tremmel den Ball unkontrolliert nach vorne. Der gelangte irgendwie zu Štajner, der an Freund und Feind vorbei ins Gladbacher Tor und Herz traf. Seitdem brüllten die Fans immer »Jiiiříííí«, wenn der Tscheche am Ball war. Ein Mann für die außergewöhnlichen Momente im 96-Spiel, aber auch für desolate Leistungen, die einen Kreisklassekicker beschämt hätten.

Die Russen führen mittlerweile 3:1. Obwohl Zieler gerade einen arrogant geschossenen Elfmeter von Eto'o gehalten hat, wird das Weiterkommen schwierig.

»Spielst du noch Fußball, Jiří?«

»Ich heiße Jaromir«, verbessert mich mein Nebenmann.

»Ich spiele Tischtennis, keinen Fußball. Ich schaue nur gerne Fußball. Und trinke Bier!« Er prostet uns zu.

Jiří Štajner spielte bis 2010 bei den Roten, erzielte 42 Tore in 229 Spielen. Dank seiner guten Leistungen in Hannover wurde er auch ins tschechische Nationalteam berufen, für das er 37 Mal auflief und vier Tore erzielte.

Nach seiner Zeit in Hannover wechselte Štajner zurück nach Liberec. In der Saison 2011/12 wurde er mit seinem Team tschechischer Fußballmeister, ein großer Erfolg im Herbst seiner Karriere.

In Hannover wird er immer seinen Platz im Herzen der Fans haben. Ihm zu Ehren veranstaltete 96 ein Abschiedsspiel gegen Liberec. Dabei traf Štajner für beide Seiten.

Das Spiel ist zu Ende.

»Muss gehen. War schön mit euch«, sagt Jaromir und geht zum Zahlen an die Theke.

»Der sieht dem Štajner täuschend ähnlich«, sage ich zu Steffi. »Du fantasierst wieder mal. Warum sollte Jiří in einer hannöverschen Kneipe Fußball schauen?« Sie hat recht.

Vor der Tür spielt der Hund des Wirts mit einem Stoffball. Jaromir hebt ihn mit der Picke an, hält den Ball fünf Mal hoch, schießt ihn bis kurz unter die Decke, dreht sich um und fängt den Ball rückwärts mit der Hacke wieder auf. Er grinst und kneift ein Auge zu. Dann verlässt er das Lokal. Ich stürze ihm hinterher, doch als ich die Tür öffne, ist Jaromir wie vom Erdboden verschluckt.

30. GRUND

Weil Jan Schlaudraff (manchmal) wie Maradona zaubert

Ich gehe über die Straße ins Mephisto. Die Roten spielen heute gegen Hoffenheim. Ein vermeintlich leichter Gegner, aber das Hinspiel wurde gegen den damals Tabellenletzten 0:3 abgeschenkt. Selbst Rumpeltruppen besiegst du nicht mit Hacke, Spitze, Cha-Cha-Cha. Zumindest nicht, ohne bei *Let's dance* trainiert zu haben. Das weiß jeder Fußballfan, nur leider manchmal nicht die Mannschaft. Hoffen wir, dass es diesmal besser wird.

An unserem Stammtisch sitzt Renate. Die kam vor etwa drei Monaten zufällig mit dem Rad vorbeigefahren, schaute mit uns Fußball und freundete sich mit uns an, wobei sie sich mit meiner besseren Hälfte noch besser versteht.

»Wo ist Steffi?«, lautet entsprechend ihre Frage zur Begrüßung.

»Hat einen Geschäftstermin.«

»Das ist aber schade. Na, dann machen wir beide uns einen schönen Nachmittag mit unseren Roten.«

Das Spiel beginnt. Und wie. Bereits nach acht Minuten trifft Diouf nach Huszti-Flanke zum 1:0. Das war es auch fürs Erste mit Hannoveraner Herrlichkeit. Insbesondere mein Lieblingsspieler Jan Schlaudraff glänzt durch eine Fehlpassorgie, als hätte er seine Kontaktlinsen vergessen. Gefühlt landet kein Ball beim Mitspieler, sondern nur bei den dankbaren Hoffenheimern, die sich fragen, ob Schlaudraff einen Vorvertrag beim Hopp-Club gezeichnet hat.

»Komm, Jan«, murmele ich. »Du kannst es doch.«

»Keine Kritik an Schlaudraff.« Renate funkelt mich böse an. »Steffi hat gesagt, dass Jan ein toller Spieler ist. Und Steffis Wort zählt.«

»Ist er auch. Aber nicht in diesem Spiel. Bisher fehlt der geniale Moment, das magische Etwas, der Zauber seiner Fußballkunst.«

Und von diesen Momenten hatte Schlaudraff in seiner Hannoveraner Zeit einige.

Er startete seine Karriere 2002 bei den Gladbacher Fohlen. Wegen einiger Verletzungen und anderer gesundheitlicher Probleme wie Arthritis gelang ihm aber dort nicht der Durchbruch. Daher wurde er an den Zweitligisten Alemannia Aachen ausgeliehen und später transferiert. Dort entfaltete er sein Potenzial. Aachen stieg nicht zuletzt wegen Schlaudraff ins Oberhaus auf. Er erzielte in 57 Spielen 19 Tore, davon acht in der Bundesliga. Diese konnten den direkten Wiederabstieg der Alemannen aber nicht verhindern. 2007 wurde er von Bayern verpflichtet. Doch das vermeintliche Karrierehighlight erwies sich als Fehlentscheidung. Nach einer Rückenoperation kam Schlaudraff nie richtig in Tritt und nicht an der starken Konkurrenz im Angriff vorbei. Nach einer Saison mit acht Bundesligaspielen ohne Tor (seinen einzigen Treffer für die Bayern erzielte er für die Amateure) fiel die Haustür an der Säbener Straße für Schlaudraff ins Schloss.

»Der Schlaufi hat schließlich bei den Bayern gespielt, hat Steffi gesagt. Bayern-Spieler sind perfekt.« Wütend schaut mich Renate an, während sie an ihrer Bionade nippt.

Schweigend beobachte ich Schlaufis nächsten Pass ins Nirwana.

Auch der Start in Hannover verlief nicht reibungslos. Im ersten Jahr erzielte er sieben Tore in 32 Spielen. Durchschnitt. Im zweiten Jahr, der Saison 2009/10, kam er nur auf zehn Einsätze, Reserveteam inklusive. Schlaudraffs dritte Saison an der Leine begann für ihn persönlich positiv. Er wurde überraschenderweise in den Mannschaftsrat gewählt. Dennoch legte ihm Mirko Slomka einen Vereinswechsel nahe.

»Siehst du?«, triumphiert Renate. »Wenn Steffi sagt, der Mann ist gut, dann ist er gut.« Schlaudraff läuft auf Keeper Gomes zu, doch der pariert wie Olli Kahn zu Glanzzeiten. Meine Frau hat immer recht. Vor allem als Fußballexpertin. »Ich liebe ihn auch«, gebe ich zu. Auch wenn er das Tor nicht macht, sorgt er für die

Überraschungen im Spiel der Roten, die den Unterschied zwischen farbloser Mittelfeldtruppe und dem Team machen, das die Bayern und den BVB verdientermaßen geschlagen hat.

Als Schlaudraff sagte, seinen Vertrag erfüllen zu wollen, schien das Tischtuch zwischen Verein und Spieler zerschnitten zu sein. Präsident Kind erklärte, dass Schlaudraff kein einziges Spiel mehr für 96 bestreiten würde. Kein Fan hätte zu diesem Zeitpunkt ein Nasenhaar auf eine Zukunft des gebürtigen Waldbrölers in der schönsten Stadt der Welt gewettet. Aber erstens kommt es anders und zweitens als man denkt. Im Spiel gegen die Bayern wurde Schlaudraff in der 78. Minute eingewechselt. Fortan war Schlaudraff gesetzt und nicht mehr aus dem Team wegzudenken. An guten Tagen schlug er Pässe zum Zungeschnalzen, erzielte das Tor der Saison 2011/12 und wurde zum Fußballer Niedersachsens gewählt. An schlechten Tagen spielte der Maschsee-Maradona allerdings höchstens Oberliga-Niveau. Hopp oder Topp, Mittelmaß gab und gibt es bei Schlaudraff nicht.

Der Schiri pfeift ab. Wir jubeln, obwohl uns eigentlich nur die drei Punkte freuen; das Spiel hatte suboptimalen Vergnügungswert. Ein Spiel für Taktikfreunde, sagt man gerne.

»Schlaufi hat uns zum Sieg geschossen. Siehst du wohl«, brüllte Renate. Die anderen Gäste schauen reserviert. Norddeutsche neigen eher selten zu übertriebenen Gefühlsausbrüchen.

»Das war doch Diouf«, merke ich an. »Aber Schlaudraff war insgesamt auch ganz gut. Trotzdem: Er kann es besser.«

»Bitte bring nächstes Mal deine Frau wieder mit«, sagt Renate. »Die hat einfach mehr Ahnung von Fußball als du.« Recht hat sie.

31. GRUND

Weil Carsten Linke der Fußballgott der 2. Liga war

Es gibt viele Spieler der Roten, deren Namen Glücksgefühle bei den Fans auslösen: Schatzschneider, Siemensmeyer, Sievers, um nur einige wenige zu nennen. Aber um als »Fußballgott« in die Annalen einzugehen, bedarf es einer besonderen Leistung. Schließlich steht dieser in der Tradition anderer prominenter Fußballgötter wie Toni Turek, Hans Krankl oder Jürgen Kohler.

Was genau Carsten Linke zu diesem Titel verhalf, weiß niemand ganz genau. Es war wahrscheinlich das »Gesamtpaket«, wie Dieter Bohlen in seinen Castings immer sagt.

Der 1965 in Bad Zwischenahn geborene Linke spielte bis zum Alter von 23 Jahren beim lokalen VfL. 1988 wechselte er ins 15 Kilometer entfernte Oldenburg, um beim VfB die Fußballstiefel in der Oberliga zu schnüren. Mit den Oldenburgern stieg Linke 1990 in die 2. Liga auf. Dort schlugen sich die Niedersachsen mehr als achtbar. Ein zwölfter Platz im ersten, ein zweiter Platz im zweiten Zweitligajahr. Damit war es aber mit der Oldenburger Herrlichkeit vorbei. In der Saison 1992/93 belegten die Norddeutschen mit 90 Gegentreffern den 22. Platz der 2. Liga und stiegen in den Fahrstuhl Richtung Oberliga. Linke hatte inzwischen 160 Spiele mit 37 Treffern für die Oldenburger bestritten. Es war Zeit, die Heimat zu verlassen.

Linke wechselte ins Saarland zum FC Homburg, für den er bis 1995 68 Spiele mit elf Treffern bestreiten sollte. 1995 stiegen auch die Homburger aus der 2. Liga ab. Linke war sportlichen Trauerflor gewohnt. Er zog nach Niedersachsen zurück und schlug seine Zelte bei den Roten auf.

Doch bereits in seiner ersten Saison grüßte hämisch das Murmeltier. Ausgerechnet im Jubiläumsjahr stiegen die Landeshauptstädter als Drittletzter aus der 2. Liga ab. Linke war einer der wenigen Spieler, die sich in dieser tristen Saison den Fans stellten, mit ihnen diskutierte, sie tröstete. Ein Grund für Linkes dicken Stein im Fan-Brett.

Er war auch Leistungsträger der legendären Fanz-Truppe, der im Folgejahr souverän die Meisterschaft vor Lokalrivalen Eintracht Braunschweig gelang. Im entscheidenden Aufstiegsspiel ein Jahr später gegen Tennis Borussia Berlin verwandelte der hochaufgeschossene Bad Zwischenahner einen Elfmeter und gehörte zu den Aufstiegshelden.

2002 stieg er zum ersten Mal in die Bundesliga auf und absolvierte im jugendlichen Alter von 38 Jahren immerhin 15 Spiele, bei denen er ein Tor erzielte.

Linke galt immer als Spieler, der die Nähe der Fans suchte. Er zeigte sich auch nach den Spielen im Stadion und konnte angesprochen werden. Außerdem feuerte er seine Mitspieler und die Zuschauer oft an, egal wie schlecht es lief. Ein volksnaher Typ, der sich zu 100 Prozent mit dem Verein identifizierte.

In seiner Zeit bei 96 absolvierte Linke 214 Spiele, bei denen er 22 Mal ins gegnerische Tor traf. Nach seiner aktiven Karriere stellte ihn 96 als Manager-Assistent und Sportmanager ein. Leider endete diese Liaison 2007, da Linke im Kompetenzgerangel mit dem neuen Sportdirektor Hochstätter den Kürzeren zog.

Manche Spieler möchten wir Fans für alle Ewigkeit in unseren Reihen wissen. Carsten Linke ist einer davon. Leider altern selbst Fußballgötter. Aber vielleicht kommt er in anderer Funktion noch einmal zu den Roten zurück.

32. GRUND

Weil Altin Lala mehr und länger läuft als jeder Käfer

Es gibt Fußballer, die wir nicht nur auf dem Spielfeld bewundern, auch ihrem Lebensweg zollen wir Respekt. Der albanische Kampfzwerg Altin Lala ist so ein Spieler.

Bereits früh wurde das Talent des Jugendspielers von Dinamo Tirana erkannt. Er wurde in die U16-Nationalmannschaft Albaniens berufen. Nach einem Länderspiel seines Teams in Offenbach flüchtete Lala mit zehn Mannschaftskameraden. Nicht einmal seine Eltern wussten von diesem Plan. Die erste Nacht auf der Flucht verbrachte er bei einem albanischen Freund. Später musste er in ein Flüchtlingslager umziehen. Ohne Sprachkenntnis, aber mit einem unbändigen Durchsetzungswillen spielte Altin zunächst bei der SpVgg Hosefeld und fiel durch gute Leistungen auf. Borussia Fulda engagierte ihn, nebenbei arbeitete er zunächst in einem Möbelhaus, später in einem Gastronomie-Großhandel. Fulda stieg in die 3. Liga auf. Neben seiner Fußballkarriere arbeitete Altin im Lager eines Elektronik-Riesen. Er wusste, dass es für ihn vorwärtsgeht. Sein Kampf lohnte sich. Und der Erfolg des kleinen Albaners sollte sich fortsetzen.

96-Trainer Reinhold Fanz kannte den Mittelfeldspieler aus der Hessen-Auswahl. Ein erster Abwerbeversuch scheiterte, weil Fulda mit der gebotenen Ablösesumme von 60.000 DM nicht einverstanden war. Doch zur neuen Saison trug Altin das rote Trikot: Nun war er Profifußballer.

Nach vier Spielzeiten stieg Lala mit den 96ern auf. Er war mittlerweile nicht mehr aus dem defensiven Mittelfeld wegzudenken. Auch sein Spiel entwickelte sich: Markierte er zunächst den klassischen Spielzerstörer, interpretierte er später seine Rolle als moderner Sechser, der auch zur Spieleröffnung beiträgt. Es passt zu dem Menschen Lala, dass er sich kontinuierlich weiterentwickelte.

Deshalb überlebte er auch viele Trainer, darunter skurrile Gestalten wie Horst Ehrmantraut, der den Spielern detaillierte Essenspläne vorgab. Oder Branko Ivanković, der die deutsche Sprache nicht verstand und alles übersetzen ließ.

Ein großes Highlight in Lalas Fußballerkarriere war natürlich der Bundesligaaufstieg 2002. Der Klassenerhalt im Folgejahr durch Štajners Ausgleich gegen Gladbach war genauso bedeutungsvoll. Von 2004 bis 2007 führte er sogar die Roten als Kapitän aufs Feld. Einziger Wermutstropfen dieser großen Laufbahn waren Lalas mangelnde Vollstreckerqualitäten. Erzielte er in der 2. Liga noch neun Treffer, musste er in der 1. Liga bis zum 31.01.2007 warten, bis er gegen Hertha die Torflaute beendete. Leider sollte dies auch sein einziges Bundesligator im 96er-Dress bleiben. 2012 endete seine Karriere in Hannover. Er wechselte noch zur Amateurmannschaft der Bayern, bestritt aber nur drei Spiele für die Süddeutschen.

Altin Lala wird als Spieler und Mensch für immer einen Platz im Herzen der Hannoveraner Fans haben. Unvergessen rührend und herzlich seine Verabschiedung und die tolle Choreo, die sich getreue 96-Fans für ihn ausgedacht haben. Ein bodenständiger, verlässlicher Spieler, der 14 Jahre für die Roten den Platz hinauf- und heruntergelaufen ist. Länger als die durchschnittliche Lebensdauer eines Wolfsburger Automobils. Eine Seltenheit im Profifußball. Lebewohl, Altin!

33. GRUND

Weil Siggi Reich auch gerne mal aus 50 Metern trifft

Die 1980er waren ein aufregendes Jahrzehnt. Wir erinnern uns gerne an die ersten Telespiele, die heutigen Jugendlichen nicht mal ein verschlafenes Grinsen wert sind. Den Elektropop von Depeche Mode, der die Tanzflächen der Discos füllte, oder Rubiks Zauberwürfel, für dessen Lösung mir mein Vater fünf Mark in die Hand drückte. Noch heute schäme ich mich dafür, ihn einfach auseinandergenommen und in den richtigen Farben wieder zusammengesetzt zu haben. Allerdings steht dieses Jahrzehnt auch für Modern Talking, hässliche Pumphosen und Vokuhila-Frisuren. Diese Abkürzung für den modischen Verstoß gegen die Genfer Konvention bedeutet für die in Fußball-Lifestyle Unbeleckten vorne kurz, hinten lang. Eine optische Umweltverschmutzung vom Feinsten.

Auch Siggi Reich war modisch ein Kind seiner Zeit und hatte die Haare schöner als Thomas Anders nach dreistündiger Orgie mit seinem Lockenstab. Fußballerisch prägte er dieses Jahrzehnt als Bomber der Underdogs. 1981 startete die Karriere des gebürtigen Wolfsburgers unauffällig bei Borussia Mönchengladbach. Auch bei seiner nächsten Station Borussia Dortmund schaffte er nicht den Durchbruch. 1984 führte ihn sein Weg nach Ostwestfalen zu Arminia Bielefeld. Dort erzielte er 18 der insgesamt 29 Bielefelder Treffer in jener Saison. Er wurde gemeinsam mit dem Schalker Klaus Täuber Fünfter in der Rangliste der besten Torschützen der Saison – eine persönlich beeindruckende Leistung, doch die Mannschaft stieg als Drittletzter ab.

Also stand ein Vereinswechsel an: Siggi Reich zog es ab der Saison 1985/86 zu uns Roten. In einer verkorksten Saison stiegen die 96er trotz acht Reich-Toren (nur Fred Schaub war besser) direkt wieder ins Unterhaus ab.

Reich hielt den Roten die Treue – und das wurde belohnt. Er bildete zusammen mit Gregor Grillemeier den Traumsturm der Liga, der die gegnerischen Abwehrreihen nach Belieben demontierte. Am Ende der Saison wurde er mit sagenhaften 26 Toren Torschützenkönig und die Roten stiegen mit vier Punkten Abstand auf den Zweiten Karlsruhe wieder in die Bundesliga auf.

In der Saison 1987/88 trug er mit 17 Toren wesentlich zum souveränen Klassenerhalt bei. Unvergesslich wird sein Tor am 22.03.1988 gegen den VfB Stuttgart bleiben. Beim Anstoß in der

76. Minute stand Stuttgarts Keeper Immel zu weit vor dem Tor. Mit einem dreisten Heber beförderte er den Ball über 50 Meter ins gegnerische Gehäuse. Am Ende stand es zwar nur 1:3, aber Reich war der Mann des Tages. Der Treffer wurde von den Zuschauern der *Sportschau* zum Tor des Monats gewählt: ein großer persönlicher Erfolg.

Nach der Folgesaison 1988/89 stiegen die Roten allerdings wiederum ab. Reich blieb zunächst in Hannover, wechselte aber dann zu den Krefelder Pillendrehern von Bayer Uerdingen.

Wir denken gerne an den tadellosen Sportsmann und pfiffigen Goalgetter zurück. Außerdem geben wir zu, dass Siggis Frisur lange nicht so schlimm wie bei vielen seiner Sportskameraden aussah. Man schaue sich nur einmal Michael Sternkopfs oder Lodda »Ich-sammle-osteuropäische-Fotomodels-wie-Pokale« Matthäus' Haartrachten in dieser Zeit an.

4. KAPITEL

WEIL AUCH DIE ROTEN FÜR EINIGE KURIOSITÄTEN UND MERKWÜRDIGKEITEN GUT SIND

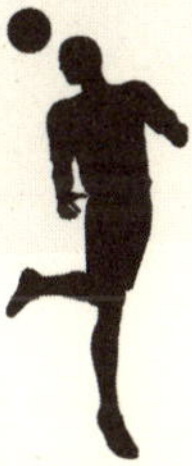

34. GRUND

Weil 96-Fans für eine gute Choreo fast alles tun würden – und vielleicht auch ein Keks dran glauben musste

96-Fans sind unglaublich leidenschaftlich und erfinderisch. Dazu braucht es keinen Fanshop und kein professionelles Merchandising. Das haben schon die 96-Fans bewiesen, die 1938 die Roten zu ihrer ersten Meisterschaft anfeuerten. Mit bemalten Gesichtern und Regenschirmen, Tröten und einer unglaublichen, lautstarken Begeisterung haben die Fans von damals ihre Mannschaft beflügelt und zum Sieg geführt. Und auch heute noch sind die 96-Fans die besten Fans, die es gibt auf der Welt. »Die Rote Marsch«, »Fraktion Rote Schweiz«, »Die rote Erleuchtung«, »96kölsch«, »Die wahren 96er« – Hunderte 96-Fanclubs gibt es in ganz Deutschland und darüber hinaus. Mit ihren Choreos und ihren Gesängen pushen sie die Roten so richtig, im Stadion reißen sie mit und im TV ist das auch meistens richtig nett anzusehen. Kompliment!

Unser Freund Matze ist auch so ein Rotverrückter mit immer wieder neuen, originellen und vor allen Dingen gewitzten Ideen, unsere Roten anzufeuern. Auf Bezüge zu Hannover steht er dabei total. Unvergessen sein Slogan »Wir sind die Rossmänner – die Roten zum Pferdestehlen und gut im Galopp für viele Tore«. Neben einem riesigen Banner, das neben besagtem Schriftzug auch das Rossmann-Logo zierte (er hatte sich vergeblich um ein Sponsoring der Drogeriemarkt-Kette bemüht), hatte er 100 Kokosnüsse erworben und sie nach Verzehr – wir konnten danach eine ganze Weile keinen Carribean Nightmare auch nur aus der Ferne anschauen – so zusammengebaut, dass man damit lärmendes Hufgeklapper nachahmen konnte. Er selbst hatte außerdem Pferdegewieher aufgenommen, das er in genau getimten Intervallen zwischen den Skandierungen einspielte. So was hatte die Bundesligawelt noch nicht gehört.

Eine weitere Idee, eine Performance, die er »Das Runde muss ins Eckige« nannte, musste er aufgrund ihrer Lautlosigkeit leider begraben: Sie bezog sich auf Emil Berliner und die Erfindung der Schallplatte und bestand darin, »das Runde« – eine Schallplatte« – kunstvoll und rhythmisch abgestimmt ins »Eckige« zu befördern. Er fand allerdings nicht genügend Mitstreiter und so ist vielen Zuschauern im Stadion und auch im TV ein sicher sehenswertes Schauspiel vorenthalten worden. Matze war schon sehr enttäuscht, schließlich hatte dieses »Projekt«, wie er es nannte, eine noch ganz andere Dimension. »Es geht nicht nur darum, die Roten anzufeuern, das hat eine kulturkritische Fasson. In Zeiten von Platten und CDs war es noch Usus, das Runde ins Eckige zu befördern. In heutigen iPod-Zeiten ist uns dieses Haptische ja leider verloren gegangen. Alles ist virtuell, es gibt immer weniger Dinglichkeit, immer weniger zu begreifen und zum Anfassen. Das wirkt sich auf die Spezies Fan und auf uns als Menschen aus. Deswegen wäre es mir so wichtig gewesen, unserem Block mal wieder was an die Hand zu geben«, doziert good old Matze. Nun ja, er ist halt Professor.

Vor einigen Monaten nun, Mitte Januar 2013, kam Matze mit einer neuen Idee um die Ecke, die er geheimnisvoll »Einen Zacken aus der Krone, 52 Zacken im Keks, 96 für Hannover« nannte. Er sprach fast wie in einem Selbstgespräch davon, dass er dafür ein ganz besonderes Utensil benötigen würde. Als dann am 22. Januar 2013 unsere *Hannoversche Allgemeine* meldete, dass der Bahlsen-Keks verschwunden sei, beschlich mich erstmals ein mulmiges Gefühl. Ob wohl Matze dahinterstecken könnte ...? Doch der ließ sich nichts anmerken. Im Gegenteil, er wirkte ziemlich gut gelaunt. Das ungute Gefühl blieb, doch was sollte ich tun? Ich ließ den Dingen ihren Lauf.

Dann tauchte ein Erpresserbrief auf, in dem der oder die Keksklauer, ein gewisses Krümelmonster, forderte, Bahlsen solle den Kindern des Kinderkrankenhauses auf der Bult Kekse schenken und dem Tierheim in Langenhagen 1000 Euro, erst dann könne der Keks wieder zurückkommen. »Krümelgate« sorgte für allerhand Aufregung und wurde in vielen Medien auf der ganzen Welt rauf und runter erzählt. Die Polizei begann, gegen unbekannt zu ermitteln. Werner Michael Bahlsen wollte den Keks zurück – und mir wurde immer unbehaglicher zumute. Nur Matze schien sich still zu freuen.

Schließlich berichtete die *HAZ* von einem weiteren Erpresserbrief, der bei ihr eingetrudelt sei: Das Krümelmonster kündigte an, den Keks zurückgeben zu wollen. Dann geschah etwas, was meine Verdachtsmomente gegen Matze weiter erhärtete: Dazu muss ich sagen, dass Matze und ich immer einen Frühstücksdienstag pflegen. Warum das ausgerechnet der Dienstag ist, weiß ich gar nicht mehr so genau, aber Dienstag ist einfach der Tag, an dem es Matze und mir am besten passt. Also, Matze und ich sind jeden Dienstagmorgen zu unserem Frühstücksdienstag verabredet, unser wöchentliches Ritual, an dem wir uns ein Stündchen Zeit nehmen und natürlich über die Roten, Gott und die Welt plaudern. Pünktlich um 7.30 Uhr treffen wir uns. Dann sind wir trotzdem noch relativ zeitig im Büro, er an der Uni, ich an meinem heimischen Selbstständigen-Schreibtisch. Doch an diesem einen Morgen, am Dienstag, den 5. Februar 2013, hatte Matze unser Frühstück vergessen. Das war noch nie passiert. Die Brötchen und das Rührei dufteten um die Wette, doch Matze war verduftet.

Ein akademisches Viertel nach 7.30 Uhr, unserer verabredeten Zeit, die Matze stets einzuhalten pflegt, klingelte ich auf seinem Smartphone durch. Matze reagierte perplex und stammelte ein »Mensch, daran habe ich gar nicht gedacht, ich habe doch ... Ich bin schon an der Uni ...« in den Hörer, legte rasch auf und war für den Rest des Tages nicht mehr zu erreichen. Offenbar hatte er was Wichtigeres vorgehabt und unseren Jour fixe vergessen. Kurze Zeit später hörte ich im Radio, dass der Bahlsen-Keks wieder aufgetaucht war, am Pferd vorm Unihauptgebäude angebracht war, und zog so meine Schlüsse.

Am Abend stattete ich Matze einen kurzen, spontanen Besuch ab, doch der empfing mich mit zerzausten Haaren, so als hätte ich ihn gerade aus dem Bett geholt. »Gestern 'ne Nachtschicht eingelegt, ich habe da gerade so'n Forschungsprojekt, da musste ich ein wenig Schlaf nachholen«, entschuldigte er sich.

Als wir am darauffolgenden Dienstag wieder zum Frühstück verabredet waren, studierte er die *HAZ*, und ich könnte schwören, dass er bei der Überschrift »Bahlsen beginnt jetzt mit der Keksverteilung« ein »Mensch, es hat tatsächlich geklappt« murmelte. Am Freitag kurz vor dem Auswärtsspiel gegen Nürnberg, das wir besuchen wollten, nahm ich allen Mut zusammen und sprach ihn endlich an: »Sag mal, Matze, was ist eigentlich mit deiner Choreo ›Einen Zacken aus der Krone, 52 Zacken im Keks, 96 für Hannover‹ geworden? Ich habe schon lange nichts mehr davon gehört ...« Matze wurde ein wenig rot, so als wäre er bei irgendetwas ertappt worden. »Ach du, die hat sich ja quasi von selbst erledigt. So wie du mit deinem Voodoo und den ›Affirmationen für 96‹ hat sich unmerklich alles prachtvoll entwickelt: Bahlsen hat sich endlich einen Zacken aus der Krone gebrochen und wird Unmengen an Keksen für den guten Zweck spenden, der Keks hat nach wie vor 52 Zacken, nur wie sich das für 96 auswirken wird, da hab ich noch nicht so den Bogen raus. Fest steht nur für mich: Künftig werde ich noch mehr auf stille Performances umschwenken.«

Damit war wohl klar, wer der Keksdieb gewesen sein musste. (Ich gehe mal davon aus, dass das unter uns Fans bleibt, ist ja eine Frage der Ehre, dass wir uns untereinander nicht verpfeifen.) Stillschweigend zählte ich eins und eins zusammen, schließlich ist es mein zweitliebstes Hobby, Krimis zu schmökern und hobbykriminalistisch meine Schlüsse zu ziehen: Meistens weiß ich beim *Tatort* nach einer halben Stunde, wer der Täter ist. Matze wollte ich damit nicht behelligen. Vielleicht verdrängte er, dass er eine Straftat begangen hatte und dafür sogar belangt werden konnte. Doch als ich nach unserer Frühstückszeit aufräumte und feststellte, dass Matze mal wieder seine Tasche bei mir vergessen hatte, erfuhr das Ganze eine erneute Wendung: Aus der Tasche heraus ragte ein güldenes Etwas, das wie die Nachbildung des Bahlsen-Keks aussah …

35. GRUND

Weil »die Axt« Uli Borowka auch bei den Roten zum tragischen Helden wurde

Mehr als volle Pulle: gestern verdammte Axt, heute trockener Flaschenheld. »Wow, verdammte Axt ist das geil!«, ist ein Ausdruck, den wir in Hannover mit einer gewissen Lena Meyer-Landrut in Verbindung bringen, nachdem sie 2010 den Eurovision Song Contest gewonnen hatte. Mit diesen Worten trug sie sich dem Vernehmen nach im Goldenen Buch der Stadt ein. Sie ahnte vermutlich nicht, dass knapp 15 Jahre zuvor tatsächlich eine Axt aus Hannover verdammt worden war. Die Rede ist natürlich von Uli Borowka. Wollte man ihm einen Orden verleihen, es wäre wohl der für einen der Spieler mit der kürzesten Verweildauer bei einem Verein: Nach nur acht Spieltagen trennten sich die Roten von »Axt« Uli Borowka, ohne dass er auch nur einmal für 96 auf dem Platz gestanden hätte. Der Grund: Eklats bei einem Boxkampf und einem Tennisturnier, bei denen Uli Borowka alkoholisiert randalierte. Obwohl »die Axt« im Gästezimmer des damaligen 96-Präsidenten Hans Wöbse nächtigte, konnte ihn niemand bändigen, also wurde er verdammt.

Noch vor ein paar Jahren hätte man das sicher geheimhin belächelt und in diesem Buch ins Kapitel der skurrilen, schrillen Persönlichkeiten sortiert, die ein Geschichtsbuch bereichern. Mit dem heutigen Wissen um Ulis stets »Volle Pulle« steht er eher wie eine tragische Figur da, die ganz kurz davor war, ganz nach unten abzustürzen – und ganz Deutschland, die Bundesliga und seine Vereinskollegen guckten zu, wollten doch ganz lange nichts bemerkt haben oder sorgten noch einige Zeit dafür, dass diese ganze Sache nicht allzu publik wurde. Ob man das als Co-Abhängigkeit oder als pure Fürsorgemaßnahmen einstuft, sei dahingestellt. Das Phänomen der neugierigen Schaulustigen und Aasgeier, die auf die nächste Story lechzten, griff allemal um sich. Neugierig hinschauen, um drüber reden zu können, und dann gleich wieder wegschauen, um nicht handeln zu müssen, ist immer die einfachste Lösung. Neben Uli Borowka gab und gibt es in der Fußballszenerie vermutlich noch so einige weitere Menschen mit dem gleichen »Problem«, Dunkelziffer unbekannt. Denken wir nur mal an Paul Gascoigne, der sich gerade wieder in einer Entzugsklinik befindet, Diego Maradona oder auch an unseren 96er Walter Rodekamp. Sie sind nur die Spitze des Eisberges und keine Einzelfälle.

Beim Fußball wird gefeiert oder aber der Frust ertragen – und dazu gehört eben oft der Alkohol. Der ganze Eisberg lässt sich berechnen: Aktuellen Schätzungen zufolge sind in Deutschland bis zu 2,5 Millionen Menschen an Alkoholismus erkrankt. Profi-Fußballer, gerade Abwehrspieler, stehen ihren starken Mann, Bollwerken gleich. Da ist kein Platz für Schwächen, Probleme und Abgründe. Aber manchmal braucht es einen Panzer für die Ritterrüstung, weil der Mensch eben doch Mensch und kein Bollwerk ist – und für manche ist das der Alkohol. Für Uli Borowka war das so, wie wir wissen – und dann schaffte er vor zwölf Jahren, sich vom Alkohol zu verabschieden. »Ich muss bei jedem Kick aufpassen, dass mich nicht mein Fußballer-Ich übermannt … Aber keine Angst, die Axt werde ich schon nicht begraben …«, sagt Uli Borowka im *11 Freunde*-Interview über sein Outing als Alkoholiker.[13] Wie gut, dass er woanders gegraben und sich entschlossen hat, diese Geschichte in seinem Buch *Volle Pulle – mein Doppelleben als Alkoholiker und Fußballprofi* aufzuschreiben: wie er mit dem Alkohol immer tiefer sank, dabei fast ertrank und es schließlich schaffte, sich aus diesem Sumpf zu ziehen und ein neues Leben zu beginnen.

Mit dieser Beichte wurde Uli zum trockenen Flaschenhelden, zum Hoffnungsträger für die, die gerade dabei sind, sich einzugestehen, dass sie da »ein Problem« haben, das sie vielleicht gerade noch so verstecken können – ob Fan, Profi oder Funktionär. »Ein Mann schrieb mir: ›Uli, Dank für die Grätsche direkt in mein Herz. Ich habe vor acht Tagen aufgehört zu saufen.‹ Und er war nicht der Einzige, der sich offenbar von meinen Erfahrungen hat positiv beeinflussen lassen. Noch persönlicher ist das Feedback bei Lesungen: Da sitzen Menschen im Publikum, die ganz offen zugeben, dass sie nasse oder trockene Alkoholiker sind und mit mir das Gespräch suchen«, erzählt Borowka im *11 Freunde*-Interview.[14]

Und er geht noch weiter: Er will einen Verein gründen, der eine Anlaufstelle für suchtkranke und suchtgefährdete Leistungssportler bietet. Wir sagen Daumen hoch für diesen Mut – und entschuldigen uns stellvertretend für 96 nachträglich, dass wir dich, Uli-Axt, verdammt haben. Auch einigen anderen stünde es an, die Tür wieder aufzumachen, gerade in Zeiten, in denen insbesondere nach dem Tod Robert Enkes Menschlichkeit großgeschrieben wird. »Denkt auch an das, was im Menschen ist. An Zweifeln und an Schwächen … Ihr könnt unendlich viel tun, wenn ihr das Kartell der Tabuisierung und Verschweiger einer Gesellschaft durchbrecht«, dazu rief Theo Zwanziger in seiner viel beachteten Rede zur Trauerfeier zum Tod Robert Enkes auf. Gerade das tut Uli Borowka. Bitte, lieber DFB und liebes Werder Bremen, nehmt deshalb die Kontaktgesuche Uli Borowkas an und unterstützt ihn in dem, was er da vorhat. Es wird gebraucht. Zumindest diese Axt, dieses Kriegs-Beil, sollte schleunigst begraben werden.

36. GRUND

Weil König Horst mit der Wünschelrute regierte

Joes Freundin Ingrid hat ihm zum Geburtstag einen Meditationsschnupperkurs geschenkt. Das soll beruhigen und die Sinne erweitern. Joe selber zieht abgestandenes Bier diesem Esokram vor, aber Ingrid hat kritisch angemerkt, dass Joe zu wenig in die Beziehung investieren würde. Er habe die Wahl zwischen Partnerschaftsberatung oder Meditationskurs. Letzter hat gewonnen. Und aus Verbundenheit oder Bosheit - ich bin mir nicht sicher - hat er mich eingeladen. Als nachträgliches Geburtstagsgeschenk.

Wir sitzen in der Heilpraktikerpraxis von Akasha auf dem Boden. Furchtbar unbequem, aber der beißende Gestank der Räucherstäbchen lenkt mich vom schmerzenden Gesäß ab. Akasha heißt eigentlich Susanne Kaschnitzki. Aber Engel haben ihr im Traum erzählt, dass sie auch ein höheres Wesen sei. Dann man tau. Außer uns besuchen noch neun Frauen mittleren Alters, die alle Birte oder Imke heißen, den Kurs. Und Hubert. Der will hier eine neue Freundin kennenlernen, hat er mir zu Begrüßung erzählt. Spirituelle Frauen wären alle auf der Suche nach dem richtigen Mann. Viel Glück, denke ich.

»Und jetzt werdet ganz weich und lauscht Eurem Atem«, spricht Akasha mit hypnotischer Stimme, während Sitarklänge von CD säuseln.

»Die Buddhas beobachten mich«, flüstert Joe nervös.

»Schau einfach weg«, rate ich.

»Dieses Esodingsbums ist ein sinnvolles System, Micha. Erinnere dich an Horst Ehrmantraut, unseren Trainer im Expojahr. Der hat die Spieler auch fixiert. Dafür hat er sich als Trainer von Frankfurt extra einen Plastikstuhl besorgen lassen.«

Ich schüttele den Kopf.

»Das sind doch Pressemärchen.«

Das Expojahr 2000 begann in sportlicher Tristesse. Die Mannen von Trainer Branko Ivankovic starteten mit Niederlagen gegen Bochum, Tennis Borussia Berlin und Mönchengladbach. Damit war die Zeit des Kroaten in der schönsten Stadt der Welt beendet. Als Nachfolger wurde der Saarländer Horst Ehrmantraut verpflichtet. Der hatte mit der Frankfurter Eintracht als Spieler 1980 den UEFA-Cup gewonnen und sie als Trainer zurück in die Beletage des deutschen Fußballs geführt. Den Bewohnern des kleinsten Bundeslandes Deutschlands wird eine gewisse Eigenbrötlerei mit Hang zur Verschrobenheit nachgesagt.

»Ich habe bei den 11 Freunden gelesen, dass der Plastikstuhl ein Symbol gegen die Bankerelite darstellt. Nix mit Esoterik, Ehrmantraut ist einer der wenigen Revoluzzer im Fußballbusiness. Den Stuhl hat er nach vorne gestellt, um besser beobachten zu können. Das hatte nichts mit Energiefeldern zu tun.«

»Hans-Joachim, Michael, wollt auch ihr euch der Stille öffnen«, mahnt uns Akasha. Joe hebt beruhigend die Hand.

»Aber der hat die Einwechslungen von einer Numerologin berechnen lassen, hat das Niedersachsenstadion mittels Tensor von Erdstrahlen gereinigt. Die Spieler mussten nach dem Match bei seiner Schamanenassistentin eine Lichtdusche nehmen. Das wirst du doch nicht bestreiten. Habe ich von einem Insider gehört.«

»Dummschnack. Ich habe die Saarländer als extrem bodenständigen Menschenschlag kennengelernt«, flüstere ich. »Kleinigkeiten werden oft aufgebauscht.«

»Der hat Bäume umarmt, in seinem indischem Stamm-Ashram neue Spieler scouten und im Training die Kicker ihre Namen tanzen lassen.«

»Alles Mumpitz«, erkläre ich. »Angeblich soll er seinen Co-Trainer Bernhard Lippert 1997 wegen schlechter Aura aus der Kabine geschmissen haben. Dabei ging es ihm nur darum, gegnerische Taktikspione zu entlarven. Wenn Ehrmantraut hustet, hat er für dich gleich ein Lichtwesen ausgespuckt.«

»Aber immerhin hat er die Banken- und Finanzkrisen vorausgesehen. Lehman-Brothers, Island und Griechenland. Sonst hätte er sich kaum auf den Plastikstuhl gesetzt.«

»Wenn du meinst.« Hoffentlich gibt Joe jetzt Ruhe.

Akasha schaut schon wieder missbilligend in unsere Richtung.

»Aber du wirst nicht leugnen, dass sich die Spieler nach ayurvedischen Prinzipien ernähren mussten und in der Halbzeit nur Yogitee trinken durften.«

»Altin Lala hat nur der *BILD* erzählt, dass die Spieler beim Essen ihr Fleisch vor Ehrmantraut verstecken mussten. Aber Fleischkonsum ist wirklich nicht gesund. Das hat nichts mit Esoterik zu tun.«

Plötzlich steht unsere Kursleiterin vor uns.

»Michael und Hans-Joachim, ich glaube, ihr habt noch nicht die spirituelle Reife, um euch dem Geist der Engel zu öffnen. Ich muss euch bitten, unsere Meditation zu verlassen. Nehmt euch ein Beispiel an Hubert. Der hat die Suche nach dem Satori angenommen.« Hubert zwinkert uns zu und grinst.

Wir entschuldigen uns, kaufen ein paar Mandalas für Ingrid und verlassen das Gebäude.

»Also der Ehrmantraut hatte nichts mit diesem übersinnlichen Blödsinn zu schaffen, sagst du?«

»So wenig wie du und ich«, versichere ich.

Während wir bei Charly eine Stunde später Frikadellen und Bier vernichten, achtet Joe trotzdem auf seinen Atem. Ingrid zuliebe, behauptet er.

»Ich finde, du solltest deine Kost nach der indischen Heilkunst komponieren und sie von einem Schamanen segnen lassen. Hat unseren Roten auch nicht geschadet«, erzählt Joe Charly.

Nun müssen wir uns für die nächste Zeit ein anderes Stammlokal suchen, denn unser Ex-Wirt ist weniger leidensfähig als ich.

37. GRUND

Weil mit Thomas Brdarić ein Gesamtkunstwerk bei Hannover 96 spielte

»Kein Genuss ist vorübergehend, denn der Eindruck, den er zurücklässt, ist bleibend.« Dieses Goethe-Zitat ziert die Homepage des Fährhauses, eines idyllisch am Niederrhein gelegenen »Ausflugslokals«. Eigentümer dieser noblen Gastronomie ist der ehemalige 96-Torjäger Thomas Brdarić.

Einerseits bringt dieses Zitat aus *Wilhelm Meister* Brdarić' Bundesligakarriere auf den Punkt. Der schlaksige Stürmer wird in der Ligageschichte unvergessen bleiben. Andererseits resultiert dieser bleibende Eindruck jedoch nicht ausschließlich aus seinen zweifellos vorhandenen sportlichen Qualitäten. Eher an der Hintergrundmusik, die so gar nicht zum Dichterfürsten der Weimarer Klassik passt: Mitspieler verspotteten ihn als Hafensänger und Nervensäge. Dies lag zum einen an Brdarić' nicht gerade mangelndem Selbstbewusstsein, zum anderen an seiner hohen Stimme, mit der er sich als Sopran am hannöverschen Opernhaus hätte bewerben können.

Die Idee kam ihm anscheinend auch. Daher trat er als Sänger in Erscheinung. Auch als Pokerface erreichte er immerhin den 35. Platz der Deutschen Pokermeisterschaft. Ein bunter Typ, der die Bundesliga belebte.

Doch der Reihe nach: Der Schwabe mit kroatischen Wurzeln kam 2004 als Leihgabe von Bayer Leverkusen an die Leine. In seinem ersten Jahr schoss er zwölf Tore für die Niedersachsen. Eine bemerkenswerte Hausnummer. Leider wechselte er nach nur einer Saison nach Wolfsburg. Dort wurde er allerdings auch nicht glücklich und kehrte 2005 in die Leinemetropole zurück. Doch die neue Ära stand unter einem schlechten Stern. Im ersten Jahr noch Stammspieler, verletzte er sich am Knie und kam im zweiten Jahr auf magere elf Einsätze. In der Saison 2007/08 verbrachte er die meiste Zeit in Rehabilitationszentren und lief kein einziges Mal auf. Eine von vielen Missverständnissen geprägte Karriere endete 2008.

Auch für die Nationalmannschaft lief Brdarić auf: Von der sportlichen Begabung her hätte er es dort auf mehr als acht Länderspiele bringen müssen. Doch stand ihm seine oft etwas unbedarft wirkende Offenheit im Weg.

Seine musikalischen Ambitionen wirkten sich auch nicht gerade positiv auf die sportliche Karriere aus: 2003 nahm Brdarić die Single *Die wilde 13* auf – seiner Rückennummer folgend. Angeblich, um seine schlechten Erfahrungen mit den Bundesligatorhütern Kahn, Rost und Lehmann »positiv« zu verarbeiten. Kahn hatte Brdarić in einem Spiel zu Leverkusener Zeiten in den Schwitzkasten genommen. In dieser Situation hatte der Stürmer laut eigener Aussage Todesangst. Seine psychoanalytische Aufarbeitung lautet »Katze Kahn, ich danke dir, dass du mich wachgeschüttelt hast. Ja, ich hatte Angst vor dir, doch dabei bist du nur ein liebenswertes Tier.« Der Schalker Rost fiel nach einer leichten Berührung Brdarić' theatralisch zu Boden, woraufhin der Hannoveraner vom Platz gestellt wurde. Rost frohlockte daraufhin: »Es hat den Richtigen getroffen. Der geht mir schon lange auf den Sack.« Angeblich hätte ihn Brdarić auf übelste Weise beleidigt. Der Hannoveraner sang darauf: »Lieber Frank, es tut mir leid. Deshalb mach ich mal 'ne Pause. Dass ich böse zu dir war, wird mir jetzt so richtig klar. Du hast im Interview geweint, Mutti holte dich nach Hause. Fußball ist ja so gemein, und im Tor fühlst du dich so allein.«

Den deutschen Lyrikpreis gewann er trotz virtuoser Reimkunst dafür nicht. Von gegnerischen Spielern und Teamkameraden wurde er nicht mehr ernst genommen. Auch Trainer Rangnick und Präsident Kind schwoften offenbar lieber zu anderen Songs. Sie hätten lieber ein verstärktes Engagement des Stürmers auf dem Platz gesehen. Dabei spendete er sogar zehn Prozent des Verkaufserlöses an die Hannoversche Vereinigung »Aktion Herzensbrücke«. Immerhin hat das Lied große Chancen, den Titel »Schlechtester Fußballsong aller Zeiten« zu gewinnen – trotz der gewaltigen Konkurrenz in diesem Wettbewerb.

Als Brdarić seine Zelte bei den Roten abbrach, war er über die Verabschiedung unglücklich. Der *BILD* sagte er: »Ich war froh, als ich weg war aus Hannover. Und so schnell werde ich vorerst nicht wiederkommen.« Eigentlich schade, wir würden gerne mit Thomas ein kühles Herri auf das Gesamtkunstwerk seines Fußballerlebens trinken.

38. GRUND

Weil Superstar Pelé im Jahr 1964 fast bei den Roten gespielt hätte

Stars sind das Salz in der Fußballsuppe. Sie locken Zuschauer und zahlungskräftige Sponsoren an. Der Erfolg kommt dann zwangsläufig. So ähnlich werden die Verantwortlichen der Roten gedacht haben, als sie vor Saisonbeginn folgende Anzeige im *Leine-Kurier* aufgaben:

Ambitionierter Neu-Fußballbundesligist sucht Weltstar zwecks Erweiterung der taktischen Ausrichtung. Voraussetzungen: Sie haben schon die eine oder andere Weltmeisterschaft gewonnen oder waren Torschützenkönig Ihres Landes? Zumindest haben Sie eine kontinentale Meisterschaft Ihres Erdteiles errungen? Wenn Sie eine oder alle dieser Voraussetzungen erfüllen, sind Sie bei uns richtig. Wir bieten ein attraktives Arbeitsumfeld in Hannover, der bekanntlich schönsten Stadt der Welt. Unser Trainer Helmut Kronsbein ist ein Meister der Motivation. In ausgedehnten Waldläufen werden Sie die Fauna und Flora der niedersächsischen Landeshauptstadt kennenlernen. Für häusliche Notwendigkeiten wie Putzen, Einkaufen oder Kochen steht Ihnen die Trainergattin gerne zur Verfügung. Ihre Familie im Heimatland braucht auch nicht zu fürchten, dass Sie den Verlockungen des norddeutschen Nachtlebens erliegen. Trainer Kronsbein wird Sie rund um die Uhr von allen Versuchungen fernhalten, die ihre sportliche Leistungsfähigkeit beeinträchtigen könnten.

Reizt Sie diese attraktive Position? Dann schreiben Sie an die Zeitung unter Nennung des Codeworts #Fiffi.

Leider herrschte einige Zeit Funkstille. Auf die Anzeige hin trudelten nur wenige, viel versprechende Bewerbungen ein, die den hohen Erwartungen der Roten, die die Bundesliga zu erstürmen gedachten, gerecht wurde. In internen Diskussionen fand sich allerdings schnell ein Favorit, zu dem auch noch eine Connection bestand. Zumindest indirekt. Die Wahl fiel auf ein 24-jähriges brasilianisches Talent namens Edson Arantes do Nascimento. Künstlername Pelé. Der hatte ja bereits in jungen Jahren Titel gesammelt wie andere Leute Briefmarken. Hannover hätte ihm auch ein attraktives Gehalt gezahlt, das sein Monatseinkommen bei seinem Arbeitgeber FC Santos um ein Vielfaches überstiegen hätte. Leider verbot der brasilianische Verband zu dieser Zeit Wechsel ins Ausland. Somit scheiterte der Transfer, der sicherlich Pelés glanzvolle Karriere um eine fantastische Station bereichert hätte.

Ich gebe an dieser Stelle zu, dass der Anfang der Geschichte frei erfundener Lüttje-Lage-Schnack ist, den Kultbuchautorenkumpel Wolfram und ich nach dem fünften Wein auf dem letzten Fährmannsfest ersonnen haben. Die 96er sollen aber laut einem *SPORT BILD*-Bericht von 2006 wirklich in Gesprächen mit Pelé gewesen sein. Ob dieser Bericht den Tatsachen entspricht? Das wissen nur die Leinegeister. Es ist auf jeden Fall ein schönes Gefühl, Fan des Clubs zu sein, bei dem beinahe einer der besten Fußballer aller Zeiten gespielt hat. Das können noch nicht einmal die Münchener Bayern von sich behaupten.

39. GRUND

Weil man auch als eingefleischter 96-Fan dann und wann gerne mal Zigaretten holen gehen würde

Wenn Sie schon lange Jahre verheiratet sind, dann wissen Sie: Flirten tut gut, mancher One-Night-Stand, manche Affäre hat schon so manche Ehe gerettet. Wenn die Basis stimmt, wenn da noch immer ein Fundament ist, auf dem man ein neues Liebesschloss bauen kann, das vielleicht noch viel schöner ist, als man es sich jemals zuvor hat vorstellen können. Und vielleicht ist es auch im Fußball so. 96 und ich – unsere Beziehung währt schon lange, sie musste Höhen und Tiefen überstehen. 96 musste mit einem Lover ringen, der mehr auf Formel 1 und Michael Schumacher stand, und hat auch meine Festival-Hochzeiten Ende der Neunzigerjahre gut überwunden, in denen M'era Luna, Hurricane, Tollwood, das Taubertal, Roskilde und natürlich und naheliegend auch Zytanien mehr in meiner Seele tanzten als ausgerechnet König Fußball. 96 erlebte harte Zeiten zu meinen Interrail-Tagen. Da war es mir lieber, den Rucksack zu schnüren und mich mit einer »Was kostet die Welt«-Haltung in den Zug zu setzen und, in Amsterdam angekommen, nach einem kurzen Innenstadt-Besuch spontan zu entscheiden, dass die Zelte doch nicht hier, sondern in der Provence aufgeschlagen werden – erstens weil der Campingplatz vom Regen längst durchweicht ist und zweitens weil die nette Begleitung vom Coffeeshop dorthin unterwegs war. In solchen Welten hatte Fußball ganz und gar keinen Platz.

Aber irgendwie haben wir immer wieder zueinandergefunden, die Roten und ich. Doch ich muss gestehen, es ist noch gar nicht so lange her, dass meine rote Liebe auf eine harte Probe gestellt wurde. Dabei hatte sie doch so gut angefangen, die letzte Saison 2012 /13. Die Roten spielten fulminant auf, stürmten blitzschnell nach vorn, begeisterten mit Spielfreude und Angriffslust. Huszti, Andreasen,

Schlaudraff, Stindl, Christian Schulz, Abdellaoue und natürlich der göttliche Diouf, das war mein 96-Dreamteam, das mir wieder einen Grund gab, an 96 zu glauben. Ich habe sie geliebt und wusste sofort wieder, warum ich mich vor langer Zeit in 96 verliebt hatte. Doch dann kam es auf einmal ganz anders …

Ich muss dazu sagen, dass meine Schwägerin Anita glühender BVB-Fan ist. Und zugegeben: Was Kloppos Jungs da in den letzten beiden Jahren so auf die Beine gestellt haben, ist natürlich beachtlich und findet ja bekanntlich europaweit Widerhall. Das ist dann schließlich auch zu mir durchgedrungen. Und dann gab es dieses eine denkwürdige DFB-Pokal-Spiel im Dezember 2012 gegen die Borussen, das mich vor Scham hat im Boden versinken lassen. Gönnerhaft hatten wir Schwager und Schwägerin (sie sind beide BVB-Fans) zu uns nach Hause eingeladen, servierten ihnen VW-Currywurst samt werkseigenem Ketchup. »So wie unsere Jungs drauf sind, verputzen die doch auch den BVB, haben wir uns gedacht, dann wollen wir doch mal nett zu Anita und Oliver sein.« Haben wir uns gedacht.

Doch es kam anders. Ganz anders. Was wir sahen, waren hilflose 96-Spieler, die gegen fulminant aufspielende Dortmunder so gar nichts ausrichten konnten, die fast ehrfürchtig wirkten, wie Schüler, das war zum Wegzappen. Während Schwager und Schwägerin grinsten wie zwei Honigkuchenpferde, sackte unsere Stimmung sichtlich in den Keller. Da konnte uns selbst die standesgemäße Kiste Herri, die Anita stets mitzubringen pflegt und sich damit das Brinkhoff-No.-1-Bier verkneift, das sie selbst gerne trinken würde, nicht drüber hinweg trösten. Trösten wollte ich allerdings unsere 96-Jungs. Bei mir kommen dann immer Beschützer-Instinkt und Muttergefühle auf. Ich fand aufbauende Worte für unsere Roten: »Bedenkt doch mal, das ist das letzte Spiel vor der Winterpause. 96 hat so viele Spiele auf dem Buckel wie keine andere Bundesliga-Mannschaft. Und Abdellaoue und Ya Konan haben auch noch Einsätze mit ihren Nationalmannschaften. Da ist doch klar: Die brauchen jetzt einfach mal 'ne Pause.«

Doch beunruhigt war ich ja schon. Und war erleichtert, als unsere Roten dann Ende Februar so geil gegen Weiß-Blau aufspielten (zugegeben, ich hatte wohl mit einem Hauch Voodoo auch ein klein wenig meine Finger mit im Spiel). Da war meine rote, liebevolle Fußballwelt wieder vollkommen in Ordnung. Umso ernüchterter war ich bei den folgenden Spielen, da lief so rein gar nichts mehr. Und ich verfolgte die begeisternden Spiele der Schwarz-Gelben, sah, wie sie Real verputzten und nach dem Weltpokal griffen. Dazu hörte ich meine Schwägerin schnattern und schwärmen: »Ach, Lewandowski hat uns 'nen Hattrick beschert. Und hast du die Traumflanken vom Mario gesehen – und der Weidenfeller steht im Tor wie 'ne Eins.« Ich geriet in arge Zweifel. Wussten die Roten meinen »Law of Attraction«-Zauber nicht mehr zu schätzen? Wochenlang hörte ich die Spiele nur bei 90elf und traute mich nicht mehr, sie live und in Farbe anzusehen. Zu groß war meine Angst, wieder einer ähnlichen Schmach beizuwohnen wie der gegen den BVB. Als Schmadtke dann ging, schöpfte ich wieder Hoffnung – und wurde schon wieder enttäuscht.

Doch dann war es Michael, der mich wieder auf die Seite der Roten zurückholte, einfach indem er morgens beim Frühstück vor sich hin jammerte. Was er sagte, war so sonnenklar, dass ich auch eigentlich hätte selbst draufkommen müssen. »Ach, es ist doch zum Mäusemelken! Andreasen, Stindl, Schmiedebach und jetzt auch noch Abdellaoue – alle guten 96er sind verletzt. Besonders Huszti, wo er doch so tolle Vorlagen liefert. Da ist es ja kein Wunder, wenn die Roten es nicht bringen …« – »Huszti sagst du? Stimmt Huszti!« Huszti, dieser Name war wie ein Zauberwort für mich. Denn sofort erinnerte ich mich, wem wir es eigentlich zu verdanken haben, dass wir dieses Buch hier schreiben. Huszti und seinen super Flanken. Huszti, der damals die Leverkusener Werkself wegputzte. Als wir gewettet hatten, dass die Roten bestimmt gewinnen. Und schlagartig war mir klar: »Lass Huszti, lass Andreasen erst wieder zurück sein und dann sind meine Roten wieder meine Roten.« Und überhaupt haben diese Zweifel mich jetzt noch enger mit unseren 96er Jungs verbunden. Wie eine kleine Affäre eben einem vor Augen führt, dass es zu Hause doch das beste Essen gibt.

40. GRUND

Weil Stumpen-Fredo sich nicht erpressen ließ und trotzdem aufstieg

Da öffne ich vor einem Monat nichts ahnend meinen Briefkasten, und was finde ich? Einen Umschlag aus Hannover, auf dem in Fraktur mein Name eingestanzt ist. Als ich ihn öffne, entweicht kalter Zigarrenrauch. Ekelhaft wäre gestrunzt. Jedenfalls wusste ich sofort, von wem die Post kam. Und richtig. Auf der Karte stand, dass mich Stumpen-Fredo zu seinem 80. Geburtstag in die schönste Stadt der Welt einlädt. Geil. Dieses Münchener Trüffelschnuckern bin ich schon lange leid. Wer jeden Tag im Schampus badet, trinkt ihn nicht auch noch. Irgendwie unhygienisch. Ich chatte meinen alten Kumpel Josip in Privlaka an. »Na, du Slibowitzchen? Kommst du mit nach Hannoi? Fredo lässt es krachen.« – »Jupp, alte Rothaut. Der Fredo war doch nach unserer glorreichen Zeit Präsi. Aber warum eigentlich nicht …«

Gesagt, getan. Am 11.09. treffe ich Josip im Duty-Free-Shop des Langenhagener Flughafens. Er umarmt mich heftig und schmiert mir dabei Frischkäse von seinem Bagel an die Wange.

»Ich vermisse das deutsche Essen«, stöhnt Josip. »Immer nur serbischer Bohnentopf und Cevapcici langweilen meine Geschmacksnerven.« – »Bagel ist eine jüdische Speise.« Ein paar Jahre in Bayern und schon rede ich wie ein Mann von Welt.

»Egal, trotzdem lecker. Wie läuft es in München?«

»Ödet mich an. Ein Sieg nach dem anderen. Das macht keinen Spaß. Nach dieser Saison haue ich in den Sack. Ich brauche neue Herausforderungen. Hannover wäre meine erste Adresse. Leider haben die mit Slomka einen super Mann … Na, man wird ja noch vom Paradies träumen dürfen.« Jossip nickt voll Anteilnahme.

Wir setzen uns in ein Taxi und düsen durch den Mittagsverkehr in die Stadt. Fredo erwartet uns im Maritim Grand, einer für Münchener Verhältnisse kleinen Pension am Friedrichswall. Wir tanzen euphorisch in die Eingangshalle.

»There's no business like showbusiness. Wo ist die Party?« Der Lakai am Tresen zeigt auf den Raucherraum, aus dessen Tür dichter Qualm wabert.

»Fredo, alte Hupe. Wo sind die anderen?«, haue ich dem berühmtesten Autohändler Hannovers auf die Schulter.

»Jupp und Josip!« Fredo scheint sich wirklich zu freuen. »Ihr seid die Einzigen. Die anderen nehmen mir noch immer manche Dinge krumm.«

»Was denn? Warst doch ein guter Präsident. Zwei Mal aufgestiegen«, tröstet Josip.

»Aber gleich wieder abgestiegen. Und das Schlimmste war, dass ich Schatzschneider 1982 verscherbelt habe. Das haben mir die Fans nie verziehen.« Eine Träne kullert Fredos Wange hinunter. Ich weiß nur nicht, ob es an seiner Trauer oder am Zigarrenqualm liegt.

»Das war echt 'n dickes Ding«, sagt Josip.

»Was sollte ich denn machen«, stöhnt Fredo. »Schatzi war der einzige Aktivposten in meiner Trümmertruppe. Um die anderen loszuwerden, hätte ich noch draufzahlen müssen. Und wir brauchten Geld. Sonst hätte ich den Laden dichtmachen müssen.«

»Aber Schatzi? Der einzige Lichtblick im grauen Mittelmaß. Wenn du auch den Leuten die letzte Hoffnung nimmst … Ich trieb mich damals am Niederrhein rum. Was man da so hörte … Übel fand ich, dass du den Jungs 1985 keine höhere Aufstiegsprämie zahlen wolltest. Geiziger als ein verarmter Schotte.«

»Hat doch auch so geklappt. Was wollt ihr denn?« Fredo zündet sich eine neue Kippe an, während die alte im Ascher deprimiert verglüht.

»1989 wollten sie dich endgültig loswerden. Wieder 2. Liga, keine Zuschauer, keine Sponsoren. Das ist kein Ruhmesblatt, mein Lieber.«

»Hinterher schnackt es sich leicht. Ich wollte einige Male zurücktreten, aber alle anderen Kandidaten haben sich immer kurz vor der Wahl zurückgezogen. Was kann ich dafür? 1989 hatte der Mohr seine Schuldigkeit getan. War trotzdem eine schöne Zeit.«

»Und wie läuft das Autogeschäft?«

»Kann nicht klagen. Wollt ihr kaufen? Ich habe da einen tollen Testosteronbolzen reinbekommen. Jupp?«

»Danke, ich bin vertraglich festgelegt, sonst gerne.«

Der Hotelangestellte kommt und bittet uns kurz in einen Nebenraum. Die Rechnung des bisherigen Verzehrs müsse gegengezeichnet werden. Seltsam, hat Fredo in Hannover überhaupt keinen Kredit mehr? Als wir die Tür öffnen, schallt »Happy birthday, Fredo« aus mehr als 100 Kehlen. Alles, was in Hannoi Rang und Namen hat, stößt mit Smoky an. Sie haben ihn doch noch lieb, die Hannoveraner. Trotz allem. Zurück in München, liege ich noch tagelang abends melancholisch in meinem Whirlpool und träume von meiner Zeit in der schönsten Stadt der Welt. Mit mir und Josip wären die Achtziger in der Leinemetropole besser gelaufen und vielleicht wäre Stumpen-Fredo als der erfolgreichste Präsident in die rote Vereinsgeschichte eingegangen. Hätte, hätte, Fahrradkette. In den Sechzigern haben wir es schließlich auch nicht gewuppt. Das verrate ich nur keinem.

41. GRUND

Weil fast jeder 96-Spieler besser ist, als die Medien ihn zensieren (und dieses Thema sowieso in Frauenhände gehört)

In Sachen Fußball fällt mir zu vielen Dingen etwas ein, ich habe zu allem und jedem eine Meinung. Wenn rund um ein 96-Spiel auf welchem TV-Sender auch immer aus der großen, weiten Bundesligawelt berichtet, gemunkelt, gelästert wird, kann ich gut meinen Senf dazugeben. Die Frage meiner Freundin Renate an mich lautet dann stets: »Finden wir DEN gut?« Und wenn ich bejahe, dann wird aber dafürgehalten, was das Zeug hält. Dabei predigen wir fast immer für bestimmte Spieler und Trainer, GEGEN jemanden zu reden käme für uns nicht infrage, das halten wir für schlechten Stil.

Bei einem 96-Spieler mache ich allerdings eine große Ausnahme. Michael weiß genau, von wem ich spreche. Das wird aber hier an dieser Stelle nicht verraten, schließlich habe ich ja meine Prinzipien: Good stories are good stories, schlechte Nachrichten, Moralpredigten und Verrisse überlassen wir mal schön den Leitmedien, wenn sie nach der Quote lechzen und verbale Bengalos denn nötig haben. Und die kriegen das gerade für 96 ganz gut hin und vergessen dabei manches Mal ihre gute Stube: »Die roten Vollversager«, »Schämt euch, 96«, »Die Roten am Abgrund« – derartige Überschriften finden sich überproportional oft in der Berichterstattung über Hannover 96.

Merkwürdig, dass unsere Wahrnehmung des Spiels meist eine andere ist. Natürlich, als 96-Fan braucht man Demut und Leidensfähigkeit. Doch gerade in den letzten Jahren seit 2010 hat uns 96 viel Freude bereitet, sogar wieder zurück nach Europa geführt! Manche Zeitung würdigte das so ganz und gar nicht. Aber viel schlimmer als diese Herumhackerei ist fast noch, wenn 96 einfach totgeschwiegen und nur über die gegnerische Mannschaft geschrieben wird, so als wäre 96 ein notwendiges Übel.

Nachdem ein großes deutsches Boulevard-Blatt nach dem denkwürdigen Spiel bei der Hertha im Januar 2010 allen 96-Spielern eine Sechs gegeben hat, haben Renate und ich beschlossen, dass wir mal drastisch durchgreifen müssen. »Wenn Mark Zuckerberg mit ›Facemash‹ für die Harvard University ein Vorläufer-Portal von Facebook entwickeln konnte, in dem männliche Studenten ihre weiblichen Kolleginnen bewerteten, und wenn deutsche Boulevard-Blätter auf Fußballprofis einhacken, dann können wir Frauen uns das ebenso herausnehmen. Aber eben auf unsere Art«, haben Renate und ich uns gedacht. Unser Bewertungssystem ist nach einem ganz einfachen System gestrickt: Auch wenn ein Spieler mal einen schlechten Tag gehabt hat, finden wir aufmunternde, motivierende Worte. Bei Topleistungen geben wir gute Noten; waren die Leistungen durchschnittlich bis schlecht (was unserer Ansicht nach selten vorkommt), dann beschränken wir uns darauf, positive Momente hervorzuheben und Mut zuzusprechen.

Dabei treibt uns nicht die Gier nach der Quote, uns treibt die Leidenschaft für den Fußball und die Roten: Wir verstehen uns als Fußballmusen und haben dabei das Gesetz der Anziehung und das Phänomen der selbsterfüllenden Prophezeiung im Kopf. Eigentlich sind wir Mentalcoaches im Dienste von 96. Leider hat uns bisher noch niemand erkannt. Wenn Sie wüssten, wie viele Spiele wir mit unserer Gedankenarbeit schon gedreht haben. Und wenn die Realität manchmal nur ein wenig gnädiger wäre und auch nur ein bisschen auf mich hören würde, dann sähe die Welt bundesligatechnisch für die Roten richtig klasse aus.

Ein Beispiel: Neulich wertete Michael meine Votings beim Bundesliga-Tippspiel, an dem wir gemeinsam teilnehmen, aus. Das Ergebnis: Wenn all meine Tipps bezüglich 96 so eingetroffen wären, wie ich sie getippt hatte, dann wäre 96 der haushohe Tabellenführer, einfach weil ich kompromisslos immer für die Roten bin. Im Gegensatz zu meinem Göttergatten, der immer »realistisch« tippt, wie er meint. Mit Leidenschaft für den Verein und 96-Liebe hat das für mich aber nichts zu tun. Typisch Mann eben! Liebe Leute, ich bin der festen Überzeugung, wenn das Kritikertum um die Bundesliga mehr in Frauenhände käme, dann wäre die Bundesliga ein besserer Ort. Und für mich haben alle Spieler der Roten sowieso immer die Note Eins verdient.

42. GRUND

Weil Idrissou auch bei den Roten für ordentlich Seifenoper und Boulevard sorgte

Er kann nicht nur ordentlich Tore schießen, wie er in der aktuellen Saison 2012/13 beim Zweitligisten 1. FC Kaiserslautern mit seinen 16 Toren unter Beweis stellt. Er ist auch eine schillernde Figur insbesondere abseits des Fußballplatzes: Mohammadou Idrissou. Nicht nur in jüngster Zeit machte er von sich reden, als er einen Schiedsrichter öffentlich beschimpfte und sich damit eine Geldstrafe eingehandelt hat. Auch seine Mannschaftskollegen beschimpft er gerne – in aller Öffentlichkeit. »Ich hab eh keine Lust mehr, mit euch Absteigern zu spielen. Ich spiele nächstes Jahr in der Champions League«, ließ er beispielsweise gegenüber seinen Kollegen vom SC Freiburg verlauten, als die Mannschaft 2010 gegen den drohenden Abstieg kämpfte. Auch bei Hannover 96 hat er sich einige Male nicht gerade mit Ruhm bekleckert: Zum Beispiel, als er im Herbst 2003 nach einem Spiel aus unerklärlichen Gründen ausrastete, zum Beispiel, als er kurz nach seiner Vertragsverlängerung öffentlich mehr Geld forderte, obwohl er schon eine Gehaltserhöhung erhalten hatte.

Die Krone setzte Idrissou zumindest in Hannover allerdings dem Ganzen auf, als er Beziehungsstreitigkeiten öffentlich mit seiner Verlobten und Mutter seines Kindes austrug. Die *BILD* sprach gar vom größten Rosenkrieg in der Bundesliga, wenngleich ich mal behaupte, dass sich die Effenbergs doch ein wenig heftiger in den

Flicken hatten, auch wenn das eher verbaler Natur war. »Er hat mich geschlagen und gewürgt, meine EC- und Kreditkarten zerschnitten und zwei Guccitäschchen«, behauptete seine Verlobte und führte weiter aus: »Ich hatte Angst. Er hantierte mit einer Schere und schrie: ›Ich bringe dich um!‹ Er drückte mich zu Boden, würgte mich am Hals.« Nur wenige Meter weiter saß das gemeinsame Töchterchen Aaliyah im Laufstall. Die Polizisten entschieden, dass Idrissou sein eigenes Haus nicht mehr betreten durfte. Zumindest hat Idrissou die Klatschspalten damit um eine Nachricht bereichert.[15]

43. GRUND

Weil Peter Neururer, der Tausendsassa der Bundesliga, auch bei den Roten zwei kurze, aber schillernde Gastspiele gab

»Ich beschränke mich darauf, eine gewisse Art von Zufriedenheit darzustellen.« Ja, er kann intellektuell. Und er kann komisch, er kann Faxen machen, er kann tanzen wie John Travolta oder auch sprechen wie Donald Duck. Er kann Literatur. Also lesen. Weil er das studiert hat. Er war und ist mit Leidenschaft Trainer. Er ist Vagabund und Feuerwehrmann, ein Abenteurer, der seine Zelte zweimal auch bei den Roten aufgeschlagen hat. Seine eigentliche Heimat hat er wohl beim VfL Bochum gefunden, hat mit dem VfL den Aufstieg in die 1. Liga geschafft und weitere Höhenflüge. Eines kann er bisher nicht: Meister. Aber: »Bochum kann Meister werden, wenn auch nicht sofort.« Die Rede ist von Peter Neururer. Wem sonst.

Peter Neururer ist ein Sprücheklopfer. Kleine Kostprobe gefällig? Dann gibt's jetzt ein paar Interviewschnipsel aus der guten alten Dame *ZEIT* aus dem Jahr 2003: »Man kann vom Intelligenzquotienten her recht eingeschränkt sein, wenn man eine spezifische Fußballintelligenz besitzt.« Oder auch: »Die fußballerische Intelligenz ist die Grundlage, um einen sportartspezifischen Intellekt aufzubauen.« Oder eine Erinnerung an seine Zeit als aktive Spielerzeit: »Warm gemacht hab ich mich wie Maradona, aber gespielt hab ich wie Katsche Schwarzenbeck.«[16] Auch während seiner Zeit bei den 96ern mangelte es Neururer nicht an offenen Worten. Sein erstes Engagement bei den Roten in der Saison 1994/95 endete unglücklich – und mit einem Hausverbot. Bei den 96ern herrschte allgemeines Tohuwabohu und Präsidenten-Hin-und-Her. Neururer schaffte zwar den Klassenerhalt und gewann mit seiner stürmischen, unkonventionellen Art die Herzen der Fans für sich, aber die Funktionäre hielten Neururer für nicht geeignet, die Roten neu aufzustellen. Neururer, bestens verbandelt mit dem Boulevard und sich der Rückendeckung der Fans sicher, schoss zurück und bekam die Quittung: Hausverbot. Eine ganz andere Quittung erhielten die Roten am Ende der Saison. Im Jubiläumsjahr wurden die Roten drittklassig. Wer weiß, vielleicht hätte der »große Peter« uns besser dastehen lassen.

Nachdem die ehemalige »Blutgrätsche«, wie Peter Neururer in seiner aktiven Spielerzeit genannt wurde, aber mit den Bochumern gute Erfolge erzielt hatte, war er etwa zehn Jahre plötzlich wieder interessant für die Roten. Da hatten die 96er harte Zeiten hinter sich: Zwar hatte Zettel-Ewald die Roten mit einem abwehrstarken Team in der 1. Bundesliga konsolidiert, sehr schön anzusehen war das allerdings nicht; auch mangelte es wohl offensichtlich an Zielstrebigkeit. Die konnte man Neururer nicht vorwerfen. Voller Spielfreude und Fulminanz – so präsentierten sich die Roten, nachdem der große Peter die Übungsleitung übernommen hatte. Die ersten zehn Spiele unter Neururer blieben die 96er ungeschlagen. Tolle Vorstellung. Dann folgte eine Durststrecke. Und der Start in die neue Saison 2006/07 ging mit drei kräftigen Niederlagen völlig in die Hose. Neururer, der vor Saisonstart herumgetönt und das Ziel »UEFA-Cup-Qualifikation« in den Mund genommen hatte, musste seinen Hut nehmen. Die Roten bewiesen einmal mehr ihre Ungeduld. Schade, gerne hätten wir das echte Unikum Peter Neururer ein wenig länger bei 96 erlebt.

44. GRUND

Weil auch die Roten mit innovativen Methoden sicher bald nach den Sternen greifen

Jürgen Klinsmann platzierte vier Buddhafiguren auf dem Vereinsgelände von Bayern München, Oliver Bierhoff setzte auf Treffen mit Sportlergrößen wie Bergsteiger Reinhold Messner oder Formel-1-Star Michael Schumacher, um die Nationalelf zu motivieren. Doch wie wir wissen, haben diese Methoden bisher nicht ausreichend gefruchtet. Im Herzensdienst für Hannover 96 haben wir als Fanautoren uns nun auf die Suche nach der ultimativen Erfolgsmethode begeben. Einer Methode, mit der unsere Roten die Bundesliga und sogar Europa knacken werden – bis hinein in die Champions League. Im Osten, wo manch russischer Gasprominente den Vereinen Milliarden in den Kasse pumpt, sind wir fündig geworden und bringen diesen heißen Trend in die Fußball-Bundesliga: die Schuh-Tsu-Astrologie (benannt nach der chinesischen Ballsportart Ts'uh-chüh).

Wir sind sicher, hätte Jürgen Klopp sich einen Sternenkundigen engagiert, wäre er schon in seiner ersten Saison mit dem BVB zur Meisterschaft aufgelaufen, auch Jupp Heynckes hätte mit einem Astrologen im Beraterstab den Champions-League-Sieg mit Bayern schon eine Saison früher haben können. Hätten wir Martin Kind diesen Geheimtipp einflüstern dürfen, wäre Jörg Schmadtke möglicherweise noch bei 96 an Bord – mit glücklichem, zielführendem Transferhändchen. Doch da Schmadtke ja leider das Weite gesucht hat und wir uns wünschen, dass der neue Dirk Dufner uns möglichst lange erhalten bleibt (noch einen neuen Sportdirektor brauchen wir jetzt nicht, wir haben schon genug verschlissen), halten wir jetzt einige brandheiße Tipps für den Dirk parat, die er sich gehörig merken sollte.

Im Dienste für Hannover 96 haben wir keine Kosten und Mühen gescheut und haben Annegret Becker-Baumann, ihres Zeichens Leiterin des Astrologie-Zentrums-Hannover und geprüfte Astrologin beim Deutschen Astrologen-Verband DAV mit Prüfsiegelnummer 211, dazu befragt, welche Elf sie nach astrologischen Gesichtspunkten für geeignet hält, größere Erfolge zu feiern. Dies mag nicht nur Dirk Dufner, sondern manch anderen Sportdirektor interessieren und inspirieren. Also, legen wir los und dokumentieren, was Annegret Becker-Baumann aus den Sternen gelesen und gedeutet hat:

Torwart

Am besten passt da ein Steinbock mit seinem starken Saturn, der steht für das Prinzip »Nein, da lass ich keinen rein!«. Auch die Besetzung mit einer Jungfrau ist möglich, die ist für ihre pfeilschnelle Reaktion bekannt.

Verteidiger

Hier sind natürlich auch wieder die widerstandskräftigen Steinböcke gefragt. Aber auch Skorpione eignen sich gut. Die sind bekanntlich sehr ehrgeizig, beharrlich und leidenschaftlich. Die lassen den Gegner erst einmal kommen, um im entscheidenden Moment wie die Spinne aus dem Netz zuzuschlagen und ihn dann zu vertreiben – oder aber unentrinnbar einzukapseln.

Mittelfeld

Für das Mittelfeld sind grundsätzlich alle Erdzeichen geeignet, insbesondere Stier und Jungfrau. Die sind fleißig und emsig, machen ihre Arbeit, sind diszipliniert und sorgfältig. Solche Eigenschaften braucht es an diesen Positionen. Aber auch Zwillinge können sich im Mittelfeld gut machen: Sie sind reaktionsschnell, vielseitig, spielerisch, die Dribbelkönige – siehe Mario Götze. Spielt ein Löwe in Mittelfeld-Position, kann es leicht zu Problemen kommen: Er möchte auffallen, manch Löwe neigt dazu, zur Diva zu werden. Ich denke dabei beispielsweise an so jemanden wie Mario Balotelli oder auch Christiano Ronaldo, ohne ihre Horoskope zu kennen.

Wenn ein Spieler natürlich richtig gut ist, dann sollte man ihm seine Macken verzeihen.

Sturm

Da kann ich nur sagen: Widder, Widder, Widder. Der Widder steht für absolutes Geradeaus, Nach-Vorne, das ungestüme Gewinnen-Wollen, Charisma und Energie. So Typen wie Mame Diouf, Mario Gomez oder auch Robert Lewandowski eben. Auch ein Schütze oder ein Löwe können eine gute Sturmbesetzung abgeben. Der ideale Joker ist ein Skorpion, er ist ein Kämpfer mit einem unglaublichen Instinkt und großer Leidenschaft. So einer kann Spiele drehen und die Mannschaft mitziehen, fast im Alleingang gewinnen – ich sage nur: »Die Hand Gottes – Maradona!«

Kapitän

Beim Kapitän ist natürlich die Besetzung der weiteren Mannschaft sehr entscheidend. Er ist ja sozusagen das Bindeglied innerhalb des Teams. Soll der Kapitän eher integrierend und ausgleichend wirken, eignet sich eine Waage sehr gut. Ansonsten sind natürlich die Löwen ideale Kapitänstypen. Nicht ohne Grund sagt man: »Er kämpft wie eine Löwe für seine Jungs!« Schütze-Männer sind hervorragende Motivatoren. Wenn also die Mannschaft eher einem Haufen gemütlich ackernder Stiere gleicht, kann ein Schütze ordentlich Feuer ins Geschehen bringen.

Trainer

Auch ein Trainer muss natürlich ein idealer Motivator sein, deswegen sind an dieser Position ebenfalls Schützen gut aufgehoben. Ebenso gut eignet sich ein Krebs, aber eher für eine Mannschaft, die einen väterlichen, gütigen Typen braucht, jemanden, der hinter der Mannschaft steht und sie auf diese Weise motiviert. So stelle ich mir Jupp Heynckes vor, einen netten Daddy. Manche Mannschaften brauchen es allerdings eine deutliche Spur härter, die brauchen es, wenn sie jemand an ihre Grenzen und noch weiter führt, sie drangsaliert und drillt und prickt. So einen Typen wie den Magath zum Beispiel, der seine Spieler auf Trinkentzug setzt.

Sportdirektor

Der Sportdirektor sollte eher eine Persönlichkeit haben, die mit dem richtigen Riecher und einer guten Intuition ausgestattet ist, um die richtigen Spieler für den Verein zu verpflichten. Da bietet das Tierkreiszeichen des Wassermanns die ideale Konstellation.

Vorstand

An der Stelle braucht es natürlich wiederum Führungstypen mit dem unbedingten Siegesgen und Gewinnermentalität – wie etwa die kämpferischen Widder oder den leidenschaftlichen Löwen. Aber auch ein Steinbock kann einen guten Vorstand abgeben – wenn Ordnung in die Bude rein muss. Aber diese Hausaufgaben hat Hannover 96 mit Martin Kind ja bestens erledigt.

Fan

Der ideale Fan ist natürlich einer, der alles für die Mannschaft tun würde, der bedingungslos an seinen Verein glaubt, der sich im Schwarm und in der Masse wohlfühlt. Das sind alle Wasserzeichen, also Krebs, Skorpion, aber insbesondere die Fische.

PS: Sämtliche vorherigen Ausführungen sind natürlich bierernst gemeint. Wir bitten alle Sportdirektoren und Führungsfiguren sämtlicher Vereine, diese Tipps zukünftig strengstens zu beachten. Wir verhandeln gerne über Erfolgsbeteiligungen, sprechen einen Toast auf die Ironie und bedanken uns sehr herzlich bei Annegret Becker-Baumann für diesen Spaß.

5. KAPITEL

WEIL DIE ROTEN EINIGE GROSSARTIGE TRIUMPHE GEFEIERT HABEN

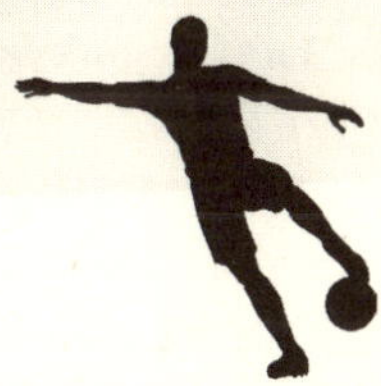

45. GRUND

Weil Milovanović für 96 mit einem Fallrückzieher 1998 den Aufstieg klarmachte

Das Relegationsspiel gegen TeBe war eines der wichtigsten in der Hannoveraner Fußballgeschichte. Ein weiteres Jahr Drittligafußball wollte sich keiner mehr in Hannover antun. Die Voraussetzungen für die Roten waren allerdings denkbar ungünstig, denn das Hinspiel im Mommsen-Stadion ging 0:2 verloren. Da die Berliner in der gesamten Saison nie mehr als zwei Gegentreffer hinzunehmen brauchten, musste ein Offensivwunder her, um die Aufstiegsträume doch noch realisieren zu können. Der *Lüttje-Lage-Ticker* berichtet:

28.05.1998, Niedersachsenstadion, schönste Stadt der Welt.

Die Ausgangsposition ist klar. Die Roten müssen mehr als zwei Tore schießen und ohne Gegentor bleiben, um in die 2. Liga zurückzukehren. Die Berliner werden dagegenhalten – um die Laufbereitschaft zu fördern, hat der Sponsor »Göttinger Gruppe« für jeden Spieler 500.000 Tacken in griechischen und argentinischen Staatsanleihen als Aufstiegsprämie ausgelobt. Trainerfuchs Fanz lässt überraschend Reinhardt und Bicici auflaufen. Verwirrungstaktik? Immerhin dürfte Bicicis Körper die von der Polizei nach der letzten Weihnachtsfeier festgestellten 1,6 Promille abgebaut haben. Da tut ein bisschen Bewegung gut. Vielleicht hat er aber auch nachgetankt und soll Copado durch Anpusten ins Delirium versetzen. Wir sind gespannt.

2. Minute: TeBes Copado scheitert an Sievers. Kreso Kovacec wirft Copados Frau auf der Tribüne eine Kusshand zu. Copado kocht und legt sich zur Kühlung einen Eisbeutel auf die Stirn. Der erzielt heute keinen Treffer, da legen wir uns fest.

7. Minute: Markus Kreuz sieht einen Schatten Richtung Torraum hasten. Auf Verdacht flankt er und trifft Asamoahs Kopf. Tor, Tor,

Tor. Gerald, du bist Deutschland, du bist sogar Hannover! Der Traum von Liga 2 lebt. Präsident Kind erhöht die Aufstiegsprämie um ein Hörgerät pro Spieler. Wenn das kein Ansporn ist.

15. Minute: TeBe-Keeper Goran Ćurko möchte den Roten helfen. Er schießt Asamoah an, der ist aber verdutzt über die Berliner Hilfe und versemmelt. Kein Scorerpunkt für Ćurko. Eine traurige Nebengeschichte.

23. Minute: Otto Addo möchte sich den Platz auf der Waterloo-Siegessäule sichern, bevor alle kommen, und verlässt vorzeitig den Platz. Brezina muss ran.

36. Minute: Aračić läuft mutterseelenallein auf den Hannoveraner Kasten zu. Jeder der 50.000 Zuschauer würde sich ihm am liebsten vor die Füße werfen, doch der Weg ist zu weit. Halt, ein Mutiger hat sich gefunden. Jörg Sievers spielt Libero und rast auf Aračić zu. Der ist müde vom weiten Weg und fällt wie vom Blitz getroffen aufs Grün. Statt Stärkungstropfen für Aračić bringt der Schiri … einen gelben Karton für Sievers mit. Verkehrte Welt.

46. Minute: Aufsetzer von Copado. Weil er beim Schuss zu seiner Frau blickt, die verträumt heiße Kurznachrichten an Kreso Kovacec' Handy schickt, kann Sievers halten. An TeBe-Trainer Gerlands Stelle würde ich den auswechseln.

62. Minute: Hecking haut den Ball einfach mal volley aufs Tor, als hätte er eine Lederallergie. Ćurko streichelt die Pille am Tor vorbei.

84. Minute: Was für eine Stafette. Ernsts Flanke wird von Linke per Kopf weitergeleitet und der eingewechselte Milovanović vollendet mit DEM Fallrückzieher der Hannoveraner Fußballgeschichte. 2:0, die coolen Niedersachsen toben. Die Security kann gerade noch einen Platzsturm verhindern, weil ganz Hannover Milovanović abknutschen will. Aua, mich hindert gerade ein Ordner mit Gewalt, meine Gefühle dem Spieler mitzuteilen. Aber dieses Tor ist einen Rippenbruch wert. Ekstase pur.

93. Minute: Ein frei fliegender Berliner Adler visiert Sievers an. Der kugelt seinen Fuß aus und wehrt ab. Teufelskerl.

108. Minute: Copado hat sich in der kurzen Pause nach Ende der regulären Spielzeit mit seiner Frau ausgesprochen. Da läuft nix mit Kreso. Trotzdem verhindert Rasiejewski Schlimmeres.

116. Minute: Da ist es passiert. Adler überwindet Sievers mit einem Kopfstoß. Doch halt, Schiri Aust gibt das Tor nicht. Gerland läuft rot an. Hoffentlich bekommt der keinen Herzinfarkt. Die Delegation der Göttinger Gruppe wirft Kaviar und Trüffel Richtung Schiri.

120. Abpfiff und Elfmeterschießen.

0:1: Raičković verwandelt gegen Sievers. Colt beißt sich vor Wut akrobatisch in den eigenen Hintern. Mund abwischen, weiter.

1:1: Ernst strahlt Sicherheit aus und verwandelt.

1:1: Akrapović befindet sich gedanklich schon unter Südseepalmen. »Welchen Drink nehme ich als Erstes zu mir? Irgendwas war da doch ... Moment, Moment, gleich hab ich's. Elfm... Mist.« Sievers hält problemlos, unser Teufelskerl.

2:1: Linke verwandelt. Natürlich. Hat da wer gezweifelt? Er ist doch unser Fußballgott.

2:1: Isa schießt daneben. Gerland gestikuliert wild und fordert die Todesstrafe. Mensch, Hermann. Es gibt Schlimmeres im Leben. Wenn auch nicht viel.

3:1: Kreuz trifft das Tor so sicher wie später Ex-Präsident Wulff den Fettnapf. Das setzt die Berliner unter Druck. Die ersten Auswechselspieler flüchten auf die Stadiontoilette, weil sie die Spannung nicht mehr aushalten.

3:1: Copado tritt an. Ich denke, das ist der Sieg für die Roten. Der trifft heute nicht mal die Kloschüssel. Sievers strahlt Ruhe und Selbstsicherheit aus. Copado läuft an und ... Jörg »die chinesische Mauer« Sievers hält. Wenn Olli Kahn Titan heißt, ist Sievers Zeus persönlich. Die 50.000 jubeln. Die Zuschauer über 60 enterben per Blitzauftrag ihre Sprösslinge und setzten Sievers als Alleinerben ein. Der Junge lässt die Endorphine in der schönsten Stadt der Welt explodieren. Wir verabschieden uns und werden einige Kisten Herri auf unsere Helden leeren.

46. GRUND

Weil die Aufstiegsmannschaft von 1965 bis heute die (fast) beste Platzierung in der 96er Bundesligageschichte vorweisen kann

In der Saison 1964/65 war Hannover endlich Bundesligist. In der Regionalliga hatte man in der Vorsaison den hervorragenden zweiten Platz hinter St. Pauli belegt, in der Aufstiegsrunde nur einmal gegen Alemannia Aachen verloren. Fiffi Kronsbeins Verpflichtung hatte sich einmal mehr ausgezahlt. 96 startete das »Abenteuer Bundesliga« mit einer Mannschaft ohne Stars. Der Einzige, der dieser Bezeichnung annähernd gerecht wurde, war der von Schalke verpflichtete Stürmer Walter Rodekamp, wegen seiner Vorliebe für hochprozentige Spirituosen auch »Doornkaat-Walter« genannt. Passenderweise übernahm er nach Ende seiner aktiven Karriere die Kleefelder Vereinsgaststätte. Das nur am Rande.

Weitere aus dem Kollektiv hervorstechenden Spieler waren der aus der Nähe von Hannover stammende Udo Nix, der ehemalige Herner Westfale Jürgen Bandura und Karl-Heinz Mühlhausen, früher Borussia Mönchengladbach. Bereits im ersten Spiel kämpften die Roten durch zwei Rodekamp-Tore die Dortmunder Borussen im Westfalenstadion nieder.

Im folgenden Heimspiel musste vor 74.000 begeisterten Zuschauern der amtierende Deutsche Meister aus Köln mit Star-Regisseur Wolfgang Overath dran glauben. Gräber markierte beide Treffer, allerdings muss die Leistung der Hannoveraner Abwehr gegen die Kölner Torjäger genauso hervorgehoben werden.

Den Roten stand die Welt offen. Wer sollte sie noch stoppen?

Doch die erste Krise begann bereits am dritten Spieltag in Hamburg beim kleinen HSV. Die Roten spielten zwar gefällig, dennoch gingen sie mit 0:3 unter. Es folgten Niederlagen gegen Lautern, Bremen und 1860 München, aber auch Siege gegen Schalke und die Frankfurter Eintracht. Zur Winterpause belegten die Leinekicker bei einem ausgeglichenen Punktekonto immerhin einen guten achten Tabellenplatz. In der Winterpause tankte die Mannschaft neue Kraft. Wiederum wurden der BVB und der 1. FC Köln durch einen Bangura-Treffer niedergerungen. Wieder ging das Spiel gegen den HSV verloren. Doch diesmal bewiesen die 96er Stehvermögen. Gegen Ende der Saison blieben sie acht Partien unbesiegt. Fünfter Tabellenplatz im Aufstiegsjahr. Dieser Rekord sollte 47 Jahre Bestand haben. Nur Mirko Slomkas Mannen waren in der Saison 2011/12 um einen Platz besser.

Zudem wurde der geplante Zuschauerschnitt von 20.000 pro Spiel mehr als verdoppelt. In Hannover schien eine gute Truppe heranzuwachsen, die sich durch guten Teamgeist auszeichnete. Vor allem überzeugte die kompromisslose Abwehr mit Klaus Bohnsack, Heinz Steinwedel und Winfried Mitrowski, die nur 27 Gegentore zuließ. Zudem wurde Rodekamp am 12.05.65 in die Nationalmannschaft berufen, der erste Hannoveraner Nationalspieler seit 1940.

Feldwebel Kronsbein hatte ein ähnliches Wunder vollbracht wie bei der deutschen Meisterschaft 1954. Doch bereits im nächsten Jahr sollte Kronsbein entlassen werden. Die Mannschaft spielte jetzt zu wechselhaft und konnte den Erfolg der Vorsaison nicht wiederholen. Nichts ist so alt wie der Erfolg von gestern. Danke, Fiffi. Vielleicht liest du im Himmel mit.

47. GRUND

Weil Grille mit einem Gewaltschuss am 16.04.88 den Bayern die Lederhosen auszieht

Es gibt diverse Fußballduelle, die nicht auf Augenhöhe stattfinden. Spielen die Roten gegen die Bayern, blickt ein Gegner von Höhe der Bordsteinkante zu einem Wolkenkratzer auf. 25 Bundesligasaisons gegen 48 ist noch der erfreulichste Vergleich. 42 internationale Spiele gegen 382. Sechs nationale Titel (davon drei Amateurmeisterschaften) gegen 48 der Bajuwaren; internationale Titel haben die 96er bisher keinen gewonnen, die Bayern neun. Das Torverhältnis im direkten Vergleich 50-125 stürzt selbst den Lila-Laune-Bär in tiefste Depressionen. Warum sollten die Roten gegen die Bayern antreten, wenn sie sowieso keine Chance haben?

Die Antwort wird Fußballdeutschland überraschen: weil die Bayern geschlagen werden können. Dies gelang Hannover bisher neun Mal. 30 Niederlagen wollen wir verschweigen.

Sie glauben nicht, dass die Maschseekicker die Bayern verprügeln können? Dann ist es Zeit für den Textbeweis. Wir nehmen ein besonders schönes Spiel aus dem Jahr 1988.

28. Spieltag. Niedersachsenstadion, 60.354 Zuschauer.

Die Rollen sind klar verteilt. Bei den Bayern spielen mit Augenthaler, Brehme, Pflügler und Matthäus alleine vier Spieler, die 1990 Weltmeister werden. Das Publikum macht gleich positiv auf sich aufmerksam: Sie wollen den Bayern die Lederhosen ausziehen. In solchen Momenten erscheint die Diskussion um Homophobie im Fußball als aufgebauscht. Der Fußballfan will nackte Männer sehen. Seltsamerweise nur Bayern. Was erwartet uns? Mein Nachbar vermutet, dass Pfaff einen Tiger-Tanga unter der Krachledernen trägt, Matthäus einen Blümchenslip, Brehme schwarzen Tüll. Wir sind gespannt.

6. Minute: Abwehrrecke Pflügler überwindet Raps zum 0:1. Es scheint, als gehe alles seinen gewohnten Gang. Nix mit bayrischer Dessous-Party.

58. Minute: Peter Hobday, nicht gerade als Torjäger bekannt, netzt zum 1:1 ein. Geht da noch was?

76. Minute: Der für Kohn eingewechselte Gregor Grillemeier zwirbelt seinen bahnschrankenbreiten Schnäuzer. Der hat was vor. Augenthaler und Konsorten träumen schon von der Zigarette danach. Da bekommt Grille circa 15 Meter in der Bayernhälfte den

Ball. Er pustet sich die Matte aus dem Gesicht, um freien Blick aufs Tor zu bekommen. Vielleicht doch mal zum Friseur? Nee, wir leben ja in den 1980ern. Auch ohne Fernglas sieht er: Der Pfaff steht so weit vor dem Kasten, als wäre er auf dem Weg, belgische Pommes aus der Stadionfritteuse zu holen. Grillemeier verliert keine Zeit und wamst das Leder aus mindestens 30 Metern aufs Tor. Drin! Das Stadion tobt. Sie wollen jetzt die Schlüpper von Rummenigge und Konsorten sehen. Vor allem, weil es bei diesem Spielstand bleibt.

Quod erat demonstrandum: Hannover kann die Bayern schlagen. Dennoch sind die Siege gegen Bayern Ereignisse im Leben eines Fans, wo Ostern und Weihnachten auf einen Tag fallen.

PS: Der Lederhosenschlachtgesang gegen die Bayern ist übrigens Blödsinn. Zum einen haben sie in jeder Begegnung gegen die Roten Sport- statt Lederhosen getragen. Zum anderen blieben diese trotz Niederlage immer um die millionenschweren Beine gehüllt. Herr Hoeneß: Bitte lassen Sie Ihre Kicker doch wirklich einmal in bayrischer Nationalkleidung auflaufen. Das würde alle Akteure motivieren und den Zuschauer erfreuen.

48. GRUND

Weil die jungen Wilden des Reinhold Fanz endlich wieder richtigen Fußball spielten

1996 war ein trauriges Jahr: Ausgerechnet zum 100-jährigen Vereinsjubiläum stiegen die Roten in die Niederungen der Regionalliga ab. Profifußball Adieu. Führungscrew Adieu. Die Konten leerer als der Würstchenstand im Veganercamp. Von der Abstiegsmannschaft blieben lediglich sechs Spieler bei uns an der Leine. Wer wollte die gesunkene Fregatte bergen und wieder flottmachen?

Schließlich fand sich mit Dr. Hans Wöbse ein neuer Präsident. Vom TuS Celle wurde zudem mit Franz Gerber ein Szenekenner verpflichtet. Als Trainer engagierten die Roten Reinhold Fanz. Reinhold wer? Fanz hatte zuvor lediglich den Oberligisten FV Weinheim und die Hessenauswahl trainiert. Nach Erfahrung klang das nicht.

Doch Fanz sollte sich als großer Glücksgriff erweisen. Gerber und er holten die Talente Otto Addo, Jens Rasiewski und Vladan Milovanović von unterklassigen Vereinen. Dieses Team wurde durch Eigengewächse wie Fabian Ernst, Gerald Asamoah oder Raphael Schäfer erweitert.

Allen Unkenrufen zum Trotz gelang das Experiment. Die Roten gewannen die ersten fünf Spiele mit fantastischem Fußball. Die erste Niederlage setzte es gegen den großen Aufstiegsrivalen und Erzfeind Eintracht Braunschweig. Danach folgten aber wiederum elf Liga-Siege.

Am Ende der Saison stand 96 mit 83 Punkten und noch sagenhafteren 105 Treffern an der Tabellenspitze. Davon hatte alleine das Dreamteam im Sturm Kreso Kovacec und Vladan Milovanović 52 erzielt. Leider berechtigte die Meisterschaft in diesem Jahr nicht automatisch zum Zweitligaaufstieg.

Ein Duell gegen Ostmeister Cottbus musste gewonnen werden. Im Hinspiel kamen die Roten über ein torloses Remis nicht hinaus. Das Rückspiel in Cottbus wurde unter etwas seltsamen Umständen 3:1 verloren; wir schildern es in Kapitel 11. Ein weiteres Jahr Regionalliga. Hannover befand sich im Schockzustand. Keiner konnte es fassen, dass der fulminante Offensivfußball der Fanz-Kicker nicht belohnt wurde. Der Nietzsche-Spruch »Fußballgott ist tot« schien zu stimmen.

Die nächste Saison sollte erfolgreicher werden. Die Regionalligarunde schlossen die Roten mit 89 Punkten und 120 Treffern als unangefochtener Meister ab und konnten auch die Relegation gegen Tennis Borussia Berlin für sich entscheiden.

Das tat allerdings nichts zur Sache. Es setzte unangenehmes Störfeuer aus der Vorstandsetage: Präsident Dr. Wöbse trat wegen der Schuldenlage im Juni 1997 zurück. Neuer Präsident wurde Dr. Utz

Claassen, der sofort Personal abbaute und Prämien kürzte. Als er auch noch den beliebten Manager Franz Gerber unter fadenscheinigen Vorwänden entließ, stiegen die Fans auf die Barrikaden und forderten Claassens Rücktritt. Anfang September erklärte Erfolgstrainer Fanz, nach Mainz wechseln zu wollen, entschied sich aber nach langen Überredungsversuchen schließlich zum Bleiben.

Am 26.09. trat Drei-Monats-Präsident Claassen zurück. Der Verein atmete auf. Der Großburgwedeler Unternehmer Martin Kind übernahm die Vereinsführung, was sich für den maroden Club als Glücksfall erweisen sollte. Auch sportlich überzeugte die nur punktuell verstärkte Mannschaft. Die 96er belegten einen hervorragenden vierten Tabellenplatz. Bedauerlich war nur, dass Mitaufsteiger SSV Ulm mit nur einem Punkt mehr den Aufstieg ins Oberhaus schaffte.

Während der Saison wechselte Erfolgstrainer Fanz zur abstiegsbedrohten Frankfurter Eintracht. Damit kam er wahrscheinlich einem drohenden Rauswurf in Hannover zuvor. Nach einer Serie von Niederlagen in der Hinrunde stand der Trainer stark in der Kritik. Die Ansprüche der mittlerweile erfolgsverwöhnten Hannoveraner waren gestiegen. Der wegen seiner Vorlieben für längliche Reptilien »Schlangenfranz« genannte Manager Gerber übernahm die Mannschaft in der Rückrunde. Sehr erfolgreich, trotz des knapp verpassten Aufstiegs. Nach Branko Ivanković und Hotte »Ich fühle negative Energien auf der Auswechselbank« Ehrmantraut wurde 2001 Ralf Rangnick engagiert. Der führte die Kicker von der Leine gleich im ersten Jahr mit ästhetischem und effektivem Offensivfußball in die 1. Liga zurück.

Dennoch gebührt Reinhold Fanz ein Ehrenplatz im Herzen der Hannoveraner Fans, da der Fußballalchimist Gold aus nichts gezaubert hatte. Leider blieb ihm nach seiner Zeit bei den Roten nur mäßiger Erfolg beschieden. Zuletzt bewahrte er den Wuppertaler SV vor dem Absturz aus der 4. Liga.

49. GRUND

Weil 96 die Braunschweiger Eintracht 1992/93 ins Amateurlager kickte

Es gibt Spielzeiten, die ein Fan lieber aus seinem Gedächtnis streichen möchte. In denen die Mannschaft Fußball zum Abgewöhnen zeigt, wo nichts nach oben, nichts nach unten geht. Mittelmaß, das nur verschiedene Schattierungen von Grau offenbart und wo sich die Zuschauer überlegen, ihre hart verdienten Taler lieber zum Hallenhalma zu tragen.

Die Saison 1992/93 war so eine. Nach dem Pokalsieg 1992 träumte Hannover von besseren Zeiten in der Beletage des deutschen Fußballs. Die Realität hieß 2. Bundesliga mit Kracherteams wie Homburg, Meppen oder Remscheid. Nur am ersten Spieltag belegte die Vogel-Truppe einen Aufstiegsplatz, danach dümpelten die Leinekicker kontinuierlich im Mittelfeldmorast. Immerhin gerieten sie nicht in Abstiegsgefahr. Dennoch wollten nur durchschnittlich circa 6500 Zuschauer die Darbietungen der Roten sehen, die nur wenig spannender als das Testbild zum Sendeschluss waren.

Doch diese Saison sollte wider Erwarten noch einen Höhepunkt bereithalten. Am letzten Spieltag durften die Roten beim abstiegsgefährdeten FC St. Pauli antreten. Hannovers Hassgegner aus Braunschweig war auf die Schützenhilfe der Roten angewiesen, um in der Klasse zu bleiben. Allerdings musste die Braunschweiger Eintracht dafür wenigstens gegen den bereits feststehenden Aufsteiger aus Duisburg gewinnen.

Über die Gründe der Feindschaft zwischen beiden Vereinen wurde sogar eine Dissertation verfasst. Dabei liegen die Gründe auf der Hand: Die blau-gelben Vereinsfarben verursachen Augenkrebs, zu viel Jägermeister einen fetten Kater, der Oberbürgermeister der Stadt Gert Hoffmann startete seine Politikerkarriere in der NPD. Das sind nur drei exemplarische Argumente gegen Peine-Ost, es ließe sich eine mehrbändige Buchreihe mit diesen füllen. Doch die Braunschweiger können bestimmt genauso viele Beweise anführen, uns Rote zu hassen.

An diesem Spieltag drückte jedenfalls ganz Braunschweig den Roten die Daumen und nahm sicherheitshalber die großen Zehen hinzu. Das war den 96-Fans aber so was von wumpe. Braunschweig durfte auf keinen Fall unterstützt werden. Deshalb forderten sie von der eigenen Mannschaft eine Niederlage und unterstützten lautstark die Hamburger. Die gewannen tatsächlich durch ein Tor von Manzi in der 72. Minute mit 1:0. Diese Niederlage erwies sich allerdings als redundant, weil die Braunschweiger den Zebras mit 1:2 unterlagen. Egal, mit dem Abstieg der Blau-Gelben konnten die Hannoveraner zumindest ein großes Erfolgserlebnis in einer sonst verkorksten Saison feiern: Der verhasste Rivale verschwand in der Versenkung der Oberliga.

50. GRUND

Weil am letzten Spieltag gegen RWE der Klassenerhalt 1994 gesichert wurde

Die Saison 1992/93 wurde mit einem neunten Platz im tristen Mittelfeld abgeschlossen. Verregnete Spieltage wechselten sich mit vernieselten und verhagelten ab. Immerhin nicht abgestiegen, wenn man es positiv sieht. Die Konsolidierungspolitik begeisterte Hannovers Publikum wenig. Nur durchschnittlich 6600 Zuschauer wollten die Spiele der Roten sehen. Auch in der neuen Saison hieß das Credo: Sparen, bis man den Schwaben den Titel als Schrapphälse der Nation abgelaufen hat.

Dabei waren die Schatullen ausnahmsweise gefüllt. Allerdings wollte Präsident Willig weiterhin vernünftig wirtschaften. Die Horrorszenarien der drohenden Insolvenz in den letzten Jahren erwiesen sich als Lehrmeister. Trainer Eberhard Vogel galt zwar als einer der Fußballexperten in der ehemaligen DDR, doch Hannover war seine erste Anstellung im deutschen Profifußball. Zu Beginn der Saison verließen vier wertvolle Spieler wie Kretzschmar oder Wójcicki den Club, geholt wurden nur zwei ligaerprobte Spieler und einige Amateure. Ein Fantast, der von dieser Mannschaft Wunder erwartete.

Die Saison begann durchwachsen. Erst am vierten Spieltag konnten die Roten mit einem Sieg gegen Jena den ersten Sieg einfahren. Dabei haperte es vor allem im Angriff. Zum Saisonende führte Gries mit acht Treffern die interne Torschützenliste an. Böse Zungen behaupteten, dass Willig den Sparzwang auch auf Tore ausgedehnt hatte. Als nach einer 1:3-Heimpleite gegen Homburg die Fans auf die Barrikaden stiegen, zog der neue Vorstand unter Interimspräsident Brandstätter die Reißleine. Vogel wurde geschasst und Rolf Schafstall eingestellt. Der war ein erfahrener Trainer. So hatte er den VfL Bochum von 1981 bis 1986 in der Bundesliga gehalten. Eine größere Leistung als eine Meisterschaft mit den Bayern. Zudem hatte er mit dem MSV Duisburg 1979 das Halbfinale im UEFA-Cup erreicht. Doch Schafstall galt als autoritärer Schleifer. Der erklärte die Mannschaft für zweitligauntauglich. Da die Kasse ausnahmsweise gefüllt war, wurden Schafstall Neuzugänge zum Jahresende gewährt: Rocco Milde, Michael Harforth, »Weltmeister« Günter Hermann, Theo Gries, Andreas Heraf und Carsten Eisenmenger. Trotz der prekären Tabellensituation zur Winterpause – die Roten lagen nur einen Punkt vor dem ersten Abstiegsplatz – glaubte jeder, dass mit den neuen Spielern ein solider Mittelfeldplatz zum Saisonende erreicht werden sollte. Doch die Experten irrten. Die Mannschaft kam mit Schafstalls autoritärem und wenig diplomatischem Führungsstil nicht zurecht. Vereinzelte Siege wechselten mit Unentschieden und Packungen wie in Meppen und bei Fortuna Köln ab.

Am letzten Spieltag waren die Roten noch immer nicht gerettet und es ging an die Essener Hafenstraße. Dort sorgten Weise in der 8. Minute und Breitenreiter kurz vor Schluss für den 0:2-Auswärtssieg. Hannover hatte die Klasse gehalten. Wenn auch nur drei Punkte besser als der erste Absteiger. Egal. Mund abwischen. 4000 mitgereiste Hannoveraner ließen das Georg-Melches-Stadion vor Freude erbeben. Eine unglückliche Saison nahm ein glückliches Ende. Es konnte nur besser werden.

Letztendlich denkt der Fan an eine erfolgreiche Rettung in letzter Sekunde genauso gerne wie an Titel zurück. Besser als graues Mittelmaß, wovon es in Hannover leider mehr als genug gab. Danke, Jungs.

51. GRUND

Weil 96 mit Standing Ovations und 36.000 Zuschauern zu Regionalligazeiten im DFB-Pokal gegen 1860 München siegte

Noch einmal zurück zu Reinhold Fanz. Der konnte mit seiner Supertruppe nämlich auch im DFB-Pokal punkten. Am 15.08.1997 stellte sich Borussia Mönchengladbach in der ersten DFB-Pokalrunde im Niedersachsenstadion vor. 35.000 Zuschauer waren gespannt, ob die Hannoveraner Wundermannschaft auch gegen einen Bundesligisten bestehen konnte. In der Mannschaft von Trainer Bongartz spielten immerhin Stars wie Stefan Effenberg, Kalla Pflipsen und Patrik Andersson. Das war ein anderes Kaliber als Herzlake, Norderstedt oder Ricklingen. Bereits in der 4. Minute ging der Favorit erwartungsgemäß durch Andrzej Juskowiak in Führung.

Doch 96 steckte nicht auf. In der 56. Minute gelang Jens Rasiejewski der hochverdiente Ausgleich. Dabei sollte es in der regulären Spielzeit auch bleiben. Aber Elfmeterschießen gegen Hannover sind schwer zu gewinnen. Das wussten die Gladbacher noch von 1992. Dennoch blieb alles beim Alten. Alle hannöverschen Kicker verwandelten und der Gladbacher Martin Schneider scheiterte.

Wieder einmal erwies sich Jörg Sievers als Elfmeterkiller. Dieser durfte sogar die nächste Pokalrunde auslosen. Er zog die Münchener Löwen. Alles andere als ein leichtes Los.

Das Münchener Team war zu dieser Zeit mit Stars wie Abédi Pelé, Miroslav Stević oder Horst Heldt gespickt. Doch der Bundesligist hatte nicht mit der unbekümmerten Offensive des Regionalligisten gerechnet. Bereits in der 10. Minute wurde Dieter Hecking im Strafraum umgesenst. Den fälligen Strafstoß versenkte Bicici im Stile eines Profis. Wütende Attacken der Münchener folgten. Das wollten sie nicht auf sich sitzen lassen. Als Folge erzielte Jens Jeremies den Ausgleich. Während sich die Roten in die eigene Hälfte zurückzogen, versuchten die Löwen, ihre spielerische Überlegenheit in Tore umzumünzen. Vergeblich. In der 49. Minute überraschte Otto Addo den Löwen-Keeper Meier mit einem wunderbaren Distanzschuss. 2:1 Hannover. Jetzt spielten nur noch die Münchener. Doch auch die Einwechslung zwei weiterer Stürmer brachte keine Wende. Das Hannoveraner Bollwerk hielt. 96 erreichte vor frenetisch jubelndem Publikum die dritte Pokalrunde.

Dort wartete am 02.12. mit Carl Zeiss Jena ein Zweitligist, vom Papier her der einfachste Gegner bisher. Hannover war vor 18.000 Zuschauern drückend überlegen, allerdings wollte sich kein Torerfolg einstellen. Im Gegenteil: Jena ging durch Weber in der 73. Minute in Führung. Sollte der Weg der Roten ausgerechnet gegen Jena enden? Hoffnung keimte auf, als Bastian Reinhardt in der letzten Spielminute den viel umjubelten Ausgleich erzielte. Die Verlängerung blieb torlos. Groundhog Day, wieder mal Elfmeterschießen. An Elfmeterkiller Sievers lag es nicht, dass dieses verloren ging: Er hielt den ersten. Leider verschossen Ernst und Rasiejewski, eigentlich sichere Schützen, während die restlichen Jena-Spieler verwandelten. Hannover erlebte 1997 eine tolle Pokalsaison mit dramatischen Spielen, die den Herzschlag der Zuschauer beschleunigten. Schade, dass alles in der dritten Runde vorbei war. Trotzdem eine große Leistung der Regionalligatruppe, an die wir uns noch lange erinnern werden.

52. GRUND

Weil 96 in der Saison 1986/87 Zweitligameister wurde

In der Saison 1985/86 waren die Roten mit vier Übungsleitern (Werner Biskup, Jürgen Rynio, Jörg Berger und Helmut Kalthoff) gnadenlos in der Bundesliga gescheitert. Mit nur fünf Siegen, 18 Punkten und 92 Gegentoren war man als Tabellenletzter sang- und klanglos nach nur einer Saison wieder ins Unterhaus abgestiegen.

Das Saisonziel lautete »Sofortiger Wiederaufstieg«. Um diese Ansprüche zu realisieren, wurde Jürgen Wähling engagiert. Dieser hatte als Spieler nur geringen Erfolg im Profifußball gehabt. So gehörte er der Trümmertruppe von Tasmania Berlin an, die mit 8:60 Punkten und 15:108 Toren den Rekord als größter Bundesligaversager hält. Wähling traf als Stürmer in dieser Saison kein einziges Mal ins Tor, sondern nur die Hütchen im Trainingsspiel. Als Trainer konnte er allerdings in Dänemark einige Erfolge vorweisen. So wurde er 1986 mit Aarhus GF Dänischer Meister.

Er galt als besonnener Trainer und ergänzte die Mannschaft um ältere und erfahrene Spieler wie Torwart Hans Wulf von Hessen Kassel, Heinz Knüwe vom VfL Bochum und Gregor Grillemeier von der Berliner Hertha. Bereits in der Vorbereitung hinterließ das Wähling-Team einen guten Eindruck. Auch der Saisonstart gelang. In Osnabrück wurde 2:1 gewonnen. Alle waren auf das Heimdebüt gespannt. Mit zwei Grillemeier-, einem Knüwe- und einem Reich-Tor wurden die Stuttgarter Kickers vor 18.000 Zuschauern mit 4:1 aus dem Niedersachsenstadion geschickt.

Die Begeisterung der roten Fans kannte keine Grenzen. Die Roten starteten eine Siegesserie von acht Spielen. Darunter ein begeisternder 1:0-Sieg vor 46.000 Zuschauern gegen den niedersächsischen Rivalen aus Braunschweig. Die Erfolge lockten natürlich auch die Zuschauer ins Stadion. Durch die ungeplanten Mehreinnahmen konnte Frank Hartmann von Bayern München »zurückverpflichtet« werden. Zudem wurde in der Nähe des Clubhauses eine beleuchtete Kunstrasenanlage errichtet.

Die erste Niederlage mussten die Roten dann doch irgendwann hinnehmen. Am 9. Spieltag verloren sie 2:3 in Freiburg. Doch das warf die Maschseekicker nicht zurück. Die nächsten drei Spiele wurden wieder gewonnen, bis in Darmstadt die zweite Saisonniederlage folgte. Egal. Die Hinserie wurde mit 30:4 Punkten abgeschlossen. Ein fantastisches Ergebnis. Es wurde wieder für die Bundesliga geplant.

Doch bedrohliche Wolken zogen am Horizont auf. Manager Kalthoff kündigte, die Mannschaft zeigte sich beeindruckt. Nach der Winterpause stotterte der 96-Motor wie ein Trabbi vor dem TÜV. Bei den Kölner Fortunen holte man nur einen Punkt, gegen Wattenscheid wurde zu Hause mit 2:4 verloren. Die erste Heimniederlage der Saison. Aber die Roten bekamen wieder die Kurve. Am viertletzten Spieltag besiegelte 96 mit einem 4:3 in St. Pauli den Bundesligaaufstieg. Am Ende standen sie mit 56:20 Punkten und 86:48 Toren vier Punkte vor den zweitplatzierten Karlsruhern. Die Mannschaft hatte vor allem als kämpferische Einheit überzeugt. Herausragend waren sicherlich auch Siggi Reichs 26 Saisontore. Damit sicherte sich Reich mit sechs Treffern Vorsprung die Torjägerkanone der 2. Liga. Die Roten konnten auf gute Zeiten in der höchsten Spielklasse hoffen.

53. GRUND

Weil Ron-Robert Zieler uns bereits viele Punkte gesichert hat

Heute gehen Sohn Marten und ich alleine ins Mephisto. Steffi hat eine Karte für die 96-Arena geschenkt bekommen, Joe muss mit Freundin Ingrid Rad fahren. Ein hartes Los. Für uns Rote geht es im letzten Spiel um das verbeulte Fußballabzeichen in Blech, das der DFB den Mittelfeldvereinen verleihen soll, für die Düsseldorfer Fortunen geht es um den Klassenverbleib. Ich hoffe daher, dass sich ein interessantes Spiel entwickelt. Einen versöhnlichen Saisonabschluss sollten unsere 96er schon bieten.

Marten interessiert sich (leider) nur am Rande für Fußball. Die Pizza Salami und sein Malzbier sind viel interessanter, auch wenn die keine Tore schießen. Momentane Highlights außerdem: Straßenbahnen, Züge und England. Weil die London-AG so toll ist. Irgendwann werden wir ihn auch für Fußball begeistern, hoffe ich.

Leider spielt in der Anfangsphase nur die Fortuna. Zum Glück relativ durchsichtig und unpräzise. Der Vier-Ligen-Kicker und Kapitän Lambertz scheitert an Zieler.

»Weißt du, welchen Spieler ich am meisten bewundere?«, fragt Marten plötzlich.

»Diouf, die Tormaschine? Da Silva Pinto, unseren Fieldfighter? Vielleicht Jan Schlaudraff, die rheinländische Zaubermaus?«

»Quatsch, Michael. Ich finde Zieler toll. Wie der sich in jeden Ball schmeißt, das muss doch wehtun. Ich wäre gerne so schmerzfrei wie Ron-Robert.« Ron-Robert Zieler ist wirklich einer der wichtigsten und besten Spieler im aktuellen Kader. In der Jugend durchlief der Torwart des SCB Preußen Köln bereits alle Jugendnationalmannschaften des DFB. Mit der U19 wurde er sogar Europameister.

»Der ist doch nach England gegangen, oder?«, fragt Marten. »Das fände ich auch cool. Vielleicht gibt es dort ein Nachwuchsprogramm für Lokführer. Ich schaue nachher im Internet nach.«

»Erst einmal solltest du die Grundschule abschließen, mein Freund.« Ich hoffe, in einem Jahr hat er diesen Wunsch vergessen.

Der Wechsel mit 16 Jahren nach Manchester war jedenfalls ein wichtiger Schritt für Zielers persönliche Entwicklung. Dort gelang es ihm, sich im Reserveteam der Red Devils einen Stammplatz zu erkämpfen. Nach einer längeren Verletzung verlor er diesen wieder.

In der 36. Minute zaubert Diouf den Ball ins Fortunentor. Klasse. Schade, dass der Junge wohl geht.

»Ist der Diouf nicht toll?«, jubele ich.

»Aber Ron ist besser. Der ist bestimmt nach Hannover gezogen, weil wir so ein gutes Straßenbahnnetz haben.«

Über Zielers Liebe für die Üstra habe ich nichts gelesen. Dennoch wechselte er in der Saison 2010/11 nach Hannover und wurde zunächst in der zweiten Mannschaft eingesetzt. In der Rückrunde wurde er für alle überraschend als Nummer 1 ins Tor gestellt und verwies den bisherigen Stammtorwart Florian Fromlowitz auf die Bank. Dabei hatte dieser im bisherigen Saisonverlauf durchaus überzeugt. Dennoch zahlte sich Slomkas Entscheidung aus. Zieler wurde am Ende der Saison vom Fachmagazin *Kicker* zum viertbesten Torwart gewählt. Da die Mannschaft auch dank Zielers Glanzparaden den vierten Platz belegte und in die Europa League einzog, hatte Slomka die richtige Entscheidung getroffen.

Ya Konan erhöht auf 2:0.

»Ron-Robert sollte immer im Tor der Nationalmannschaft stehen. Als halber Engländer mag der bestimmt auch Baked Beans und Porridge. Genau wie ich.«

Leider stand Zielers Nationalmannschaftskarriere bisher unter keinem günstigen Stern. Im ersten Länderspiel am 11.11.2011 gegen die Ukraine fing er sich schuldlos drei Treffer, da seine Abwehrkollegen ihn schmählich im Stich ließen. Dennoch ging das Spiel auch wegen seiner guten Leistung 3:3 Remis aus. In Zielers zweitem Länderspiel am 15.08.2012 gegen Argentinien wurde er in der 30. Minute wieder von seiner Abwehr alleine gelassen. Beim Abwehrversuch traf er Gegenspieler Sosa und flog wegen Notbremse vom Platz. Eine vertretbare Entscheidung. Den fälligen Elfmeter hielt Konkurrent ter Stegen. Trotz dieser beiden suboptimal gelaufenen Spiele vertraute Jogi Zieler. 2014 hielt er in den Freundschaftsspielen gegen Polen und Spanien tadellos und durfte als dritter Torhüter mit zur WM nach Brasilien fahren. Dort wurde er

Weltmeister, worauf wir Roten natürlich grenzenlos stolz sind. Löw weiß, welch großes Talent in dem gebürtigen Kölner steckt. Dieses beweist er Woche für Woche bei den Roten.

Das Spiel ist aus. Ya Konan hat noch auf 3:0 erhöht. Hannover schließt die Saison als Neunter ab, Düsseldorf muss in der nächsten Spielzeit eine Klasse tiefer antreten, da Hoffenheim überraschend in Dortmund gewonnen hat. Richtig freuen können wir uns über den Sieg nicht. Die Traurigkeit der Düsseldorfer schwappt förmlich aus der Leinwand.

Marten fängt sich als Erster. »Ich möchte zu gerne mit Ron-Robert Straßenbahn fahren und über seine Zeit in England, schmerzfreie Paraden und Baked Beans schnacken. Meinst du, das macht er?«

»Der Ron ist so ein netter unkomplizierter Kerl. Sollte ich ihn mal treffen, frage ich ihn. Der kommt bestimmt mit.«

»Der gibt mir sicherlich gute Tipps. Mit zwölf lebe ich dann in England, mit 14 habe ich meine Ausbildung fertig und mit 16 mein eigenes Eisenbahnunternehmen. Zieler Railway nenne ich es, weil Ron sich bestimmt beteiligt.«

»Und was ist mit Steffi und mir? Wir sehen dich dann gar nicht mehr.«

Marten verdreht die Augen. »Michael, ihr dürft mich selbstverständlich besuchen. Vielleicht nimmt euch Ron mit, wenn er unsere Züge kontrolliert und im Bordbistro Kaffee ausschenkt.«

Leider spielt Ron heute in Stuttgart. Wäre er doch besser Kellner in Martens Zug geworden!

54. GRUND

Weil Hannovers Spieler sieben Mal die beste B-Note erzielten

Ich treffe beim Einkaufen auf Steffis Fußballfreundin Renate, die gerade den aktuellen *Kicker* und das *11 Freunde*-Heft in ihren Einkaufswagen packt. Sie strahlt, als sie mich entdeckt.

»Hallo, wo ist denn Steffi?«

Leider nicht mitgekommen. Renates Lächeln bröckelt.

»Und mit wem soll ich mich jetzt über Fußball unterhalten? Siehst du jemanden?«

»Wenn du eine Frage hast, stell sie ruhig. Ich gebe mein Bestes«, schlage ich vor.

»Aber du bist ein Mann. Nur Frauen haben beim Fußball den richtigen Durchblick. Insbesondere Steffi«, faucht Renate.

»Ich muss dann mal wieder.« Auf so unerfreuliche Gespräche habe ich keine Lust. Mag sie Steffi mögen, mein männliches Ego ist angekratzt.

»Na gut. Du wirst mir nicht helfen können, aber ich versuche es mal. Angeregt durch Gespräche mit Steffi habe ich mir seit Wochen diverse Fachlektüre zu unseren Roten und dem Fußball im Allgemeinen besorgt. Ich weiß jetzt Bescheid!«

Sie zielt anklagend mit dem Zeigefinger auf meine Brust. Ich fühle mich unbehaglich und hoffe auf ein Erdbeben, einen Meteoriteneinschlag oder eine Engelsgestalt. Egal was, Hauptsache, ich muss mich nicht mit dieser Frau unterhalten.

»Fußball ist ein rein von Männern ausgedachtes Konzept: Es geht um Punkte, Tore, Statistiken.« Sie blickt mich herausfordernd an.

»Ja, sicher. Worum soll es denn sonst gehen?«, frage ich etwas genervt.

»Ich wusste, dass ein Mann davon nichts versteht. Es gibt doch genug Mannschaften, die wunderbar spielen, aber trotzdem verlieren. Wenn eine Frau den Fußball entwickelt hätte, würde auch die Ästhetik des Spiels bewertet. Quasi als B-Note wie beim Eiskunstlaufen. Ein besonders tolles Tor zählt dann zum Beispiel zwei Extrapunkte. Ein reingewurschteltes Tor gibt einen halben. Was hältst du davon?«

Eigentlich nichts. Fußball wird schon seit 100 Jahren so gespielt, so sollte es bleiben.

»Du hast dich nicht richtig informiert«, grinse ich auf einmal süffisant.

»Ach!«, erwidert Renate schnippisch. »Ich glaube schon. Wir Frauen gehen die Dinge sehr akribisch an.«

»Besonders schöne Tore werden von der *Sportschau* als Tor des Monats ausgezeichnet.«

»Aber nicht die unserer Roten. Unsere schönsten Tore werden doch von den Reportern immer schlechtgeredet.«

»Zuletzt wurde im Januar dieses Jahres Dioufs Fallrückzieher zum 4:5 auf Schalke ausgezeichnet. Ein fantastisches Tor, das die Zuschauer in ganz Deutschland liebten. Im August erzielte Moa Abdellaoue das 3:1 gegen Manchester United per Hackendropkick. Große Fußballkunst, die von der *Sportschau* ausgezeichnet wurde. Im November 2011 wamst Schlaudraff eine Ecke von Pinto volley ins Tor. Zum Zungeschnalzen. Beste B-Note für einen Treffer in diesem Monat. Schließlich Pinto selber im Januar 2009 zum 1:0 gegen Schalke mit einem fetten Rechtsschuss exakt ins blau-weiße Herz. Mit Reich, Gue und Hayduk haben sich noch drei weitere Rote diese Trophäe geholt. Schönheit zahlt sich auch im Fußball aus.«

»Und, haben wir jedes dieser Spiele gewonnen?«

»Nö«, gebe ich zu. »Aber darum geht es nicht im Fußball. Es gewinnt die Mannschaft mit den meisten Toren. Das ist nun mal so. Da bin ich Traditionalist.«

Renate schüttelt mitleidig den Kopf. »Habe ich doch gesagt. Ihr Männer versteht nichts vom Fußball. Ihr habt nichts als Anzahl der Tore, Punkte und langweilige Statistiken im Kopf. Darüber spreche ich beim nächsten Mal mit deiner Frau. Die wird das sofort kapieren.« Und dann rauscht Renate ab. Ich bin versucht, mir auch ein *Kicker*-Heft zu holen, lege es dann wieder zurück. Stehen eh nur Statistiken über Tore und Punkte drin.

55. GRUND

Weil Hannover 1938 den Schalker Kreisel umkippte

Die Saison 1937/38 hatte etwas Magisches an sich. Und der niedersächsische Harry Potter hieß Robert Fuchs. Dabei stellten die Roten nicht einmal die spielerisch stärkste Mannschaft; aber mit unbändiger Willenskraft und Disziplin schaffte sie das vermeintlich Unmögliche: die Deutsche Meisterschaft.

Dabei startete die Fuchs-Truppe sogar mit einer Niederlage gegen Algermissen in die Saison. Allerdings fehlten bei diesem Match einige Spieler, die beim Militär waren. Im nächsten Spiel wurde der ASV Blumenthal mit 8:2 aus dem Stadion gefegt. Auch die nächsten Spiele gegen Wolfenbüttel und Linden wurden mit Kantersiegen beendet. Nur das Nachbarschaftsderby gegen die Hannoveraner Arminen fiel mit 2:1 knapp aus. Die erste hohe Hürde der Saison stellte Werder Bremen dar. Obwohl Bremen technisch den 96ern haushoch überlegen war, schossen die Roten die Tore. Am Ende lautete das Ergebnis 3:1. Fuchs hatte das Rezept gefunden, auch gegen bessere Gegner zu bestehen.

Nach weiteren Siegen gegen Braunschweig und wiederum Algermissen galten die Roten als Geheimfavorit. Wer sollte diese Mannschaft schlagen? Doch die ersten Tiefschläge kamen bald. Gegen die Arminia zu Hause und in Bremen setzte es Niederlagen. Doch die Gegner ließen auch Federn. Und die Roten kämpften sich zurück. Braunschweig lag am 06.03.38 bereits 2:0 vorne, ehe Malecki und Männer den Ausgleich herstellten. Die letzten beiden Spiele gegen

Peine und Blumenthal wurden mit Kantersiegen beendet. 96 hatte die Gaumeisterschaft gewonnen. Zwar punktgleich mit Osnabrück, aber mit dem erheblich besseren Torverhältnis.

Nun wartete die Endrunde um die Deutsche Meisterschaft. Zunächst gewann man 1:0 gegen Hanau. Den Favoriten 1. FC Nürnberg schlug man zu Hause mit 2:1. Um es kurz zu machen: Die Roten beendeten die Vorrunde ungeschlagen mit sechs Siegen. Das war eine phänomenale Ausbeute.

Doch im Halbfinale wartete die traditionell stärkste Elf aus dem Norden: der Hamburger SV. Dieser galt auch als Favorit. Mit einigem Recht, denn die Roten lagen vor 18.000 Zuschauern im neutralen Dresden bereit nach 23 Minuten mit 0:2 zurück. Doch die Niedersachsen kämpften sich zurück ins Match. Lay stellte mit einem Doppelpack den Ausgleich her. Doch dann der Schock: Reckel wurde des Feldes verwiesen. Hannover musste die Verlängerung in Unterzahl bestreiten. Doch die konditions- und kampfstarke Truppe ließ sich nicht von ihrem Weg abbringen: Malecki erzielte den 3:2-Siegtreffer. Finale, olé.

Dort wartete kein Geringerer als der FC Schalke 04. Eine Mannschaft, deren Spielernamen noch heute die blau-weißen Fans in Ekstase versetzen: Kuzorra, Szepan, Klodt und Tibulski, um nur einige wenige zu nennen. Die Crème de la Crème des deutschen Fußballs dieser Zeit. Allerdings hatten die Roten einen nicht zu unterschätzenden Faktor auf ihrer Seite: das Publikum. Das Berliner Olympiastadion war nämlich fest in Hannoveraner Hand. Und die peitschten ihre Spieler an. Trotz 1:3 Rückstands gelang es Hannover kurz vor Schluss, den Ausgleich zu erzielen. Eine Energieleistung. Die Verlängerung blieb torlos. Ein zweites Spiel musste die Entscheidung über die Meisterschaft bringen.

Eine Woche später traf man sich erneut in Berlin. Diesmal wollten mehr Schalke-Fans ihre Mannschaft anfeuern. Die legte auch gleich los wie die Feuerwehr und rannte das 96-Tor von Pritzer an. Doch mit dem ersten Befreiungsschlag erzielte Meng per Abstauber das 1:0. Jetzt spielte nur noch Schalke und glich in der 23. Minute durch ein Deike-Eigentor aus. Die zweite Halbzeit verlief zunächst gemächlich, bis Kuzorra die Gelsenkirchener in der 69. Minute in Front brachte.

Wieder ein Rückstand. Doch im Gegenzug glich Meng aus. Diese Hannoveraner Mannschaft hatte Feuer. Wiederum im Gegenzug erzielte Szepan die 3:2-Führung. Drei Tore in sechs Minuten. Die 100.000 Zuschauer bekamen an diesem Tag tollen Fußball geboten. Eines Endspiels würdig.

Verzweifelt versuchte Hannover, den erneuten Ausgleich zu erzielen. Doch die Uhr tickte. In der 87. Minute pöhlte Malecki den Ball in die gegnerische Hälfte. Dieser sprang dem Schalker Sontow an den Arm. Sicherlich keine Absicht, aber Schiedsrichter Grabow pfiff und verhängte einen Strafstoß. Jacobs verwandelte. Wieder war es den Roten gelungen, ins Spiel zurückzukommen. Verlängerung.

Beide Teams waren mit ihren Kräften am Ende. Einige Spieler litten unter Wadenkrämpfen. So endete die erste Halbzeit torlos. Auch in der zweiten passierte zunächst wenig. Ein drittes Endspiel schien unausweichlich. Doch in der 117. Minute ließ der Schalker Torwart Klodt nach einem Schuss von Lay abprallen. Vor die Füße von Meng, der das 4:3 für Hannover erzielte. Der gefürchtete Schalker Kreisel strauchelte und kippte um.

Am 03.07.1938 endete eine wundersame Saison, an der nicht die spielerisch, sondern die mental stärkste Mannschaft Deutscher Meister wurde: Hannover 96.

6. KAPITEL

WEIL 96 NOCH VIEL WEITER REICHT

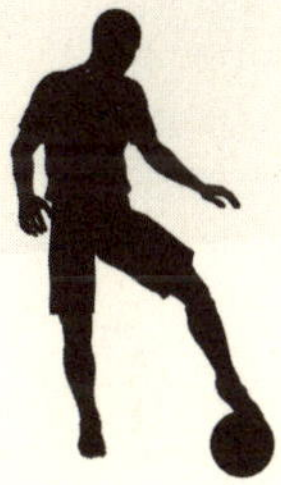

56. GRUND

Weil es viel mehr »rote« Nationalspieler gibt, als man denkt

Wenn es um die Mannschaften in der Bundesliga geht, die die besten Spieler unter Vertrag haben, dann sind natürlich ganz klar die Bayern, Borussia Dortmund, der VfL Wolfsburg oder Schalke ganz weit vorn. Aber wer hätte gedacht, dass auch Hannover 96 so viele Nationalspieler unter Vertrag hat?

Fast der gesamte 96-Kader der Saison 2014/15 ist mit Nationalspieler gespickt. Beispiele gefällig? Aber gerne doch. Marius Stankevičius hat 65 Spiele für Litauen absolviert. Hiroshi Kiyotake und Hiroki Sakai laufen regelmäßig für Japan auf. Ersatzkeeper Robert Almer durfte 20 Mal das österreichische Nationaltor hüten. Arthur Sobiech schoss zwei Tore für die Polen. Salif Sané lief in acht Spielen für den Senegal auf den Platz. Leon Andreasen vertrat unsere dänischen Nachbarn. Jimmy Briand ging für die Equipe Tricolore auf Torjagd, Miiko Albornoz verteidigt für Chile. Selbst der bei einigen Fans umstrittene Ceyhun Gülselam spielte für die türkische Nationalelf.

Und klar, auch einige Spieler der deutschen Nationalmannschaft sind im Saisonkader 2014/15 vertreten, einziger Aktiver ist dabei freilich Weltmeister Ron-Robert Zieler, aber Jan Schlaudraff, Christian Schulz und Christian Pander können von sich behaupten, zumindest einige Male das Nationaltrikot übergestreift haben zu dürfen. Und dann sind da noch einige Dauerbrenner, die wir 96er auch »für uns« reklamieren dürfen, weil sie ja bei uns erst so richtig durchgestartet sind: Per Mertesacker, Gerald Asamoah, Fabian Ernst. In keinem Fall dürfen wir unsere Klassiker vergessen: Walter Rodekamp und Werner Siemensmeyer, die wohl jeder langjährige 96-Fan in ihre Jahrhundertelf berufen würde. Einige Nationalspieler, die mal bei 96 waren, würden wir gerne vergessen, aber nun ja, um das Bild zu komplettieren, schreiben wir sie mal dazu: Thomas Brdarić und Mike Hanke; seltsamerweise hatten sie beide auch was mit dem VfL Wolfsburg am Wickel.

An dieser Stelle muss unser amerikanischer Sunnyboy Steven Cherundulo erwähnt werden. Er trieb ab 1999 unsere Roten an, eine Konstante in der 96er Abwehr. Mit ihm schafften wir den Aufstieg von der 2. in die 1. Bundesliga, war ab der Saison 2010/11unser Kapitän – und unser Rekordspieler. Mit über 298 Bundesligaeinsätzen hat der Jürgen Bandura eingeholt und nahm beim letzten Heimspiel zum Saisonabschluss 2012/13 der Roten die Ehrung für 300 Bundesligaspiele für Hannover entgegen. Er nahm als einziger Hannoveraner Spieler an drei Weltmeisterschaften teil. Im März 2014 beendete er leider seine aktive Karriere und trainiert heute als Co-Trainer von Tayfun Korkut den VfB Stuttgart. Wir wünschen dir viel Glück im Trainerberuf, Stevie.

57. GRUND

Weil bei den Roten zum Beispiel auch Schach, Badminton und vieles mehr gespielt wird

Hannover 96, das ist natürlich nicht nur ein Fußballverein, in Hannover 96 steckt noch viel mehr drin: Badminton, Sportkegeln, Leichtathletik, Schach, Tennis, Tischtennis und Triathlon – das sind die Sportarten, die man bei 96 neben Fußball ausüben kann – und zwar querbeet, Männlein, Weiblein, Jung wie Alt. Über 17.500 Mitglieder zählt der Verein.

Die erfolgreichste Disziplin neben den Profifußballern von 96 ist dabei wohl der Triathlon. Erst 1995 gegründet, umfasst die Triathlon-Abteilung rund 240 Mitglieder mit Amateur-Spitzensportlern und vereinzelt auch Profis, die des Öfteren schon vordere Ränge in den verschiedenen Ligen erreicht und sogar Podiumsplätze ergattert haben. Herausragend sind dabei die Einzelerfolge von Jan Raphael, Sandra Wallenhorst und Lena Brunkhorst zu nennen. Jan Raphael gewann 2006 als Debütant überraschend den IRONMAN Florida, wurde Vierter bei den Europameisterschaften im IRONMAN im Jahr 2007 und erzielte bei vielen IRONMAN-Veranstaltungen vordere Platzierungen. Lena Brunkhorst wurde Studentenweltmeisterin 2007. Doch die überzeugendste Leistung lieferte wohl Sandra Wallenhorst, die unter anderem 2008 beim IRONMAN Austria den 14 Jahre alten Weltrekord von Paula Newby-Frazier brach und bei den IRONMAN-Weltmeisterschaften auf Hawaii im Oktober 2008 Bronze holte sowie im Jahr 2010 IRONMAN-Europameisterin wurde. Sandra Wallenhorst wurde zweimal in Folge, 2008 und 2009, zu Niedersachsens Sportlerin des Jahres gekürt. Auch die 1. Bundesliga-Herrenmannschaft von Hannover 96 Triathlon hält sich seit Jahren im Oberhaus der Deutschen Triathlonligen und erreicht dort beinahe regelmäßig einen soliden Platz in der Gesamttabelle.

Die Stars der 96er Leichtathletik-Fraktion sind Stephan Steding als Deutscher Meister im Speerwerfen 2007, Annette Funck als Zweite der Deutschen Meisterschaften über 100 Meter Hürden, Marcus Kahlmeyer als Vierter im Hammerwerfen, beide ebenfalls im Jahr 2007. Nachwuchs-Hoffnung ist Alexej Mikhailov, der gerade bei den U18-Landesmeisterschaften im Hammerwerfen eine neue Bestmarke von 72,31 Meter erzielte und sich jetzt Hoffnungen darauf machen darf, sich für die Jugend-Weltmeisterschaften der Ukraine zu platzieren (Stand: 31.05.2013).

Der Schachclub wurde vor über 50 Jahren von einigen schachbegeisterten Polizisten gegründet und nennt sich deshalb auch Polizei-Schachclub, auch wenn nur wenige Polizisten Mitglied sind. Er ist in verschiedenen Klassen und Ligen vertreten, angefangen von der Kreisklasse bis hin zur dritthöchsten Liga in Deutschland, der Oberliga. Aus dem Verein sind einige sehr erfolgreiche Spieler hervorgegangen, unter anderem Tamar Chmiadaschwili, dreifache Weltmeisterin der Senioren (1998, 1999, 2003) sowie Europameisterin 2010, sowie IM Alexander Bangiev, Spitzenspieler und Sachbuchautor, zweifacher FIDE-Meister, Niedersachsenmeister der Nestoren und Niedersachsenmeister der Senioren. Sowohl Badminton als auch Tischtennis wird zur Zeit auf Regionalliga-Niveau gespielt. Beim Tennis ist besonders hervorzuheben, dass im Jahr 2003 die Seniorenweltmeisterschaften in Hannover ausgetragen wurden.

Sämtliche Angaben sind der Vereinswebsite von Hannover 96 unter www.hannover96.de entnommen, sowieso sehr zu empfehlen!

58. GRUND

Weil unsere Stadien buchstäblich aus Ruinen auferstanden sind und die Bühne für so manches Länderspiel und vieles mehr geboten haben

Hannover und Hannover 96, die Stadt und der Verein der unentdeckten Highlights und Premieren: Am 25. Mai 1922 wurde mit dem Eilenriedestadion das ERSTE städtische Sportstadion Deutschlands eröffnet. Jawohl, in Hannover. 1934 nannte man das Stadion zur Würdigung des Ehren-Präsidenten von Hannover 96 in Hindenburg-Kampfarena um, vielleicht auch, um einem gewissen Herrn Hitler einen Gefallen zu tun. Eigentlich war das Stadion für 15.000 Zuschauer ausgelegt, doch durch den Bau zusätzlicher Tribünen erreichte man beim Länderspiel gegen Belgien 1937 einen Zuschauerrekord von 54.800 Zuschauern.

Nach dem Krieg wurde die Arena unverfänglich und politisch korrekt in Eilenriedestadion umbenannt. Ab Mitte der Fünfzigerjahre diente es nur noch punktuell für Spiele von Hannover 96; der Verein war mittlerweile ins Niedersachsenstation umgezogen. Und doch passierte im Eilenriedestadion mindestens ein weiterer historischer Moment: 1973 fand hier das erste Open-Air-Konzert in einem deutschen Stadion statt – mit Eric Burdon, der Spencer Davis Group und viele weiteren Künstlern.

Doch schwenken wir hinüber zum Niedersachsenstadion. »Auferstanden aus Ruinen« – dieses Stadion machte aus der Nationalhymne der DDR ein Programm: Es wurde bis zum Jahr 1954 in der Nähe des Maschsees gebaut – auf insgesamt 2,33 Millionen Kubikmetern Schutt, ungefähr einem Drittel des gesamten hannöverschen Trümmerschutts aus dem Zweiten Weltkrieg. Auch heute spielt also an jedem heimischen Spieltag die Vergangenheit gehörig mit. Mit über 86.000 Plätzen galt das Niedersachsenstadion 1954 zu seiner Eröffnung als das zweitgrößte Stadion Deutschlands nach dem Berliner Olympiastadion – wiederum ein Rekordwert.

Nachdem das Niedersachsenstadion im Vorfeld der Fußball-WM 1974 deutlich umgebaut wurde und insgesamt 60.000 Sitzplätze geschaffen wurden, warf kurz nach der Jahrtausendwende eine weitere WM in Deutschland ihre Schatten voraus. 2006 war die Welt auch zu Gast in Hannover, und damit wir unsere Gäste gebührend empfangen konnten, wurde in den Jahren 2003 und 2004 das Stadion ordentlich aufgemöbelt – für insgesamt 65 Millionen Euro. Der neue Namensgeber AWD finanzierte kräftig mit. Um die Fans bei Laune zu halten – es wurden immerhin über zwei Drittel des Stadions einschließlich der Nordkurve sukzessive abgerissen und umgebaut und zur Kompensation obendrein die Preise erhöht – führte der AWD ein Stadionmagazin der besonderen Art ein, die *AWDarena-tribune*. Das Magazin berichtete in seinen fünf Ausgaben bis zum Abschluss des Umbaus über den Fortschritt der Arbeiten.

Was und wie dort umgebaut wurde, lässt sich aber auch wirklich sehen und ist sinnvoll, das gab selbst die FIFA zu Protokoll, weshalb Hannover 96 auch dazu auserkoren wurde, während der Fußball-WM 2006 einer der Austragungsorte zu werden: Unter der Rasenfläche wurden ein ausgeklügeltes Drainage-System und eine Bodenheizung installiert. Besonders tricky ist die neue Überdachung: Der Außenring ist mit einem Trapezblech bedeckt, der Innenring ist mit einer lichtdurchlässigen Folie bespannt. Damit ist ein Austausch des Rasens viel seltener erforderlich als in anderen Stadien – ein deutlicher Kostenvorteil, der auch noch die Umwelt schont. Im neuen Stadion finden 49.000 Menschen Platz, davon 41.000 auf Sitzplätzen und 8.000 auf Stehplätzen, die durch Vario-Sitze zu 4.000 Sitzplätzen umgewandelt werden können. Auch ein großer VIP-Bereich wurde geschaffen: 29 Logen mit 1.241 »Business-Seats«. Und auch an die Menschen mit Handicaps wurde gedacht: Insgesamt 80 Plätze sind insbesondere für sie vorgesehen. Mit großem Brimborium wurde die fertig umgebaute AWD-Arena zum Beginn der Winterrunde 2004/05 am 23.01.2005 in einer exakt 96-minütigen Show eingeweiht: Comedian Oliver Pocher heizte ordentlich ein und lupfte sogar sein T-Shirt, um die Fans zu motivieren; eine inszenierte Schlüsselübergabe an die Fans und die Einspielung einer neuen Version des *Alte Liebe*-Songs mit Heinz Rudolf Kunze, Dete Kuhlmann und Osssy Pfeiffer. Doch etwas ist den Fans bei der Neueinweihung des Stadions ziemlich bitter aufgestoßen: Die Eintrittspreise schnellten kräftig in die Höhe. Dagegen gab es heftige Fanproteste, die aber an der Situation nichts änderten. Übrigens fühlen sich hier nicht nur die Fußballer wohl – ganz egal ob es die der Bundesliga oder die von Nationalmannschaften sind. Nach den umfangreichen Umbauarbeiten fanden auch einige weitere sportliche Wettkämpfe statt – beispielsweise die Rugby-Europameisterschaften oder auch die deutschen Leichtathletik-Meisterschaften oder das deutsche Turnfest. Auch Rock- und Popgrößen gastierten hier schon, wie etwa die Rolling Stones, Madonna, Herbert Grönemeyer, Genesis, Coldplay und auch U2. Mit Beginn der neuen Saison haben die Roten einen neuen Versicherungskonzern als Sponsoren gewonnen, der der 96-Arena einen neuen Namen gibt.

59. GRUND

Weil das Niedersachsenstadion nicht nur in Hannover zu Hause ist

Kommen wir auf eine weitere hannöversche Spielstätte zu sprechen: »Aus dem Augen aus dem Sinn« – wer denkt, dass dieses Sprichwort gemeinhin auch für 96-Fans gilt, der hat sich aber gewaltig geschnitten. Es gibt nämlich so einige »Fans im Exil«, die unseren Roten auch in der Ferne treu bleiben und Mittel und Wege finden, die Spiele ihrer Roten standesgemäß zu verfolgen. Überall in Deutschland gibt es 96-Fanclubs – und ein ganz besonderer findet sich im »roten Berlin«. Denn verrückte Rote haben es tatsächlich geschafft und das Niedersachsen-Stadion auch in Berlin errichtet, im tiefsten Berlin, zwischen Kreuzberg und Neukölln gelegen.

Das »Niedersachsenstadion« in Berlin ist ein Vereinsheim, das den 96-Anhängern für ihre Zusammenkünfte dient: Sie schauen gemeinsam die 96-Spiele und genießen dazu original hannöversches Bier, die eine oder andere Lüttje Lage, und dann und wann werden auch heimische Speisen – wie etwa Grünkohl – zubereitet. Insbesondere hannöversches Bier zu besorgen ist übrigens für die roten Fans in Berlin nicht ganz so einfach: Da sind oft Touren nach Hannover nötig.

Seit elf Jahren schon gibt es den Fanclub »Das Rote Berlin«. Im Jahr 2004 haben einige rührige Mitglieder das Vereinsheim aufgetan und mit viel Einsatz renoviert – die Mitgliedsbeiträge, eine Soliparty und einige Kleinsponsoren machten es möglich, dass auch Kneipen- und 96-Feeling im ehemaligen »Rattenloch« aufkommen konnte. Mittlerweile haben die roten Berliner ein prominentes Vereinsmitglied gewonnen: Jörg »Colt« Sievers himself. Natürlich wurde auch der 10. Vereinsgeburtstag im Jahr gebührend gefeiert. Mit von der Partie war Ehrengast Dieter Schatzschneider, der dann auch gleich eine Ehrenmitgliedschaft erhielt, zur allgemeinen Kurzweil spielten die Wohnraumhelden aus Hannover-Linden auf.

60. GRUND

Weil auch 96-Fans der Braunschweiger Eintracht mal dankbar sind – zum Beispiel beim Wunder von Wuppertal 1972

Es gibt Vereine, die mögen sich wie Gott und Teufel, Merkel und Steinbrück oder Fußballdeutschland Lodda Matthäus. Die hassen sich aufs Blut und gönnen sich gegenseitig nicht das Schmalz in den Ohren. BVB und Schalke sind ein solches Hass-Liebespaar. Doch auch wir harmoniesüchtigen 96-Fans haben eine solche Lieblingsmannschaft, die wir mitsamt ihren hässlich kostümierten Fans am liebsten in den Siedekesseln der Hölle brutzeln lassen würden: Eintracht Braunschweig.

Am 09.06.1973 erfüllte sich genau dieser Traum. Hannover 96 hatte die einmalige Chance, mit einem Sieg in Wuppertal die Klasse zu halten und die Eintracht in die Regionalliga zu schicken. Diese musste allerdings ihren Teil beitragen und durfte nicht gegen die Düsseldorfer Fortunen gewinnen. Der *Lüttje-Lage-Historienticker* beobachtete beide Spiele.

Eintracht-Stadion, Braunschweig: 22.000 optimistische Zuschauer freuen sich auf einen Heimsieg der Eintracht. Heute können sich die Ostniedersachsen rächen, dass Hannover Landeshauptstadt wurde, das bessere Bier braut und das Herzogtum Braunschweig vom Königreich Hannover geschluckt wurde. Zu Gast ist aber eine harte Nuss: Die viertplatzierte Fortuna aus Düsseldorf will den Braunschweigern den Jägermeister aus dem Flachmann kippen. Ein heißer Tanz an der Hamburger Straße wartet auf uns.

Stadion am Zoo, Wuppertal: Herzlich willkommen im Bergischen Land. Die Wuppertaler haben sich überraschenderweise als Aufstei-

ger bereits vor dem letzten Spieltag für den UEFA-Cup qualifiziert. Somit geht es für die Bergischen nur noch um die vergammelte Ananas. Dennoch wollen sie sich vor 25.000 Zuschauern mit einem Sieg aus der Saison verabschieden. Die Hannoveraner hingegen bangen um den Klassenerhalt. Sollte Eintracht Braunschweig im Parallelspiel gegen Düsseldorf gewinnen, könnten sie heute mit 50 Toren Differenz gewinnen: Bayern und Hamburg würden von der Hannoveraner Fußballlandkarte verschwinden, stattdessen Barmbek und Meppen. Ein Albtraum. Zudem beklagt Trainer Baldauf diverse Verletzte: Pauly, Rühmkorb, Mrosko und Bandura blockieren Betten im Maschsee-Lazarett. Daher haben nur 1000 unverbesserliche Optimisten aus Niedersachsen die Reise in die rheinische Provinz angetreten.

Doch die Niedersachsen sind hellwach. 2. Minute: Stiller erzielt die Führung für Hannover. Was macht Braunschweig?

Eintracht-Stadion, Braunschweig: 19. Minute: Gespenstische Stille im Rund. Zewe netzt für die Düsseldorfer ein. Man hört Stecknadeln auf die Rasenfläche fallen. So hat sich das hier keiner vorgestellt.

23. Minute: Die Eintracht lebt. Bründl gleicht per Kopfball aus. Ganz Braunschweig glaubt wieder an den Klassenerhalt. Der Jägermeisterkonsum steigt schlagartig an. Doch wegen des schlechten Torverhältnisses braucht die Eintracht unbedingt einen Sieg. Aber noch sind 67 Minuten zu spielen.

Stadion am Zoo, Wuppertal: 35. Minute: Die Roten zeigen sich von den Ereignissen in Niedersachsen unbeeindruckt. Siemensmeyer bugsiert einen Freistoß direkt in die Wuppertaler Maschen.

Eintracht-Stadion, Braunschweig: 64. Minute: Die Braunschweiger wirken wie gelähmt. Der Genuss von Bregenwurst und Braunkohl vor dem Spiel wirkt sich lähmend auf die Fitness der Akteure aus. Budde versenkt einen Kopfball für die Düsseldorfer im Kasten. Jetzt braucht die Eintracht wieder mindestens 2 Treffer. Bei der bisherigen Leistung kann sich das keiner im Stadion vorstellen. Der Jägermeisterkonsum nimmt dramatische Ausmaße an.

Stadion am Zoo, Wuppertal: 71. Minute: Der in der Mannschaft umstrittene Willi Reimann erzielt das 0:3. Das Wunder rückt näher. Die Hannover-Fans kippen höhnisch Jägermeisterflaschen aus und singen »Eintracht ist wie Flasche leer«. Dieser Satz soll Jahre später durch einen italienischen Trainer zum geflügelten Wort werden.

89. Minute: Reimann erhöht auf 0:4. Die Transistorradios vermelden aus Braunschweig nichts Neues. Das ist eine gute Nachricht. Braunschweig liegt komplett im Koma. Die Roten haben furios die Klasse gesichert. Präsident Bock verkündet, aus den bereits abgeschlossenen Regionalligaverträgen ein Freudenfeuer anzünden zu wollen. Das Schönste an diesem Tag: Die Braunschweiger fahren in der nächsten Saison nach Pinneberg, Itzehoe und Heide. Auf Wiedersehen, Eintracht. Wir werden euren Jägermeister vermissen, und unseren Lieblingsgegner auch. Aber sagt es bitte nicht weiter.

61. GRUND

Weil bei 96 auch Frauen die Fußballschuhe schnüren (und weitaus besser dastehen sollten)

Seit dem Jahr 2008 wird jedes Jahr in Deutschland der Equal Pay Day begangen – gefeiert kann man nicht sagen, denn das Datum, an dem der Equal Pay Day stattfindet, markiert den Zeitraum, den Frauen vom Jahresbeginn an gerechnet durchschnittlich länger arbeiten müssen, um genauso viel zu verdienen wie Männer. Der Equal Pay Day macht deutlich: Frauen sind nicht nur in Führungspositionen deutlich unterrepräsentiert, sondern verdienen auch noch schlechter als Männer in vergleichbaren Positionen – und zwar um über 20 Prozent! Wer immer diese Rechnung aufgesetzt hat, der hat dabei wohl den Profifußball und die Thematik Frauenfußball völlig außer Acht gelassen: Denn wenn man mal das Salär eines Robert Lewandowski mit dem einer Conny Pohlers vom

VfL-Wolfsburg, die lange Jahre Nationalspielerin war und mit dem VfL Wolfsburg in der Saison 2012/13 Deutsche Meisterin wurde, in dieser Art und Weise vergleichen würde, müsste sie vermutlich ein komplettes Jahr oder noch länger arbeiten, bevor sie ihren Equal-Pay-Stand erreicht hätte. Warum auch immer: Frauenfußball ist bei Weitem nicht so attraktiv wie der etablierte Männerfußball, der jedes Wochenende Millionen in die Stadien und in die Kneipen lockt.

Zwar gibt es bei Hannover 96 eine Frauensektion, die tummelte sich aber zuletzt in der Saison 2012/13 in der Landesliga und drohte, in die Bezirksliga abzusteigen. Landesliga – das hört sich schon mal nett an, letztendlich bedeutet das aber: 5. Klasse. Bis zur ersten Frauenfußball-Bundesliga sind noch Oberliga, Regionalliga und die 2. Frauenfußball-Bundesliga zu schaffen.

Hier gibt es bei Hannover 96 also ein großes Potenzial nach oben. Kleines Trostpflaster ist da nur, dass bei den Roten auch Frauenfußball gespielt wird. Zur Zeit wird aber der Aufstieg angepeilt. Viel Glück.

62. GRUND

Weil die Roten seit Anfang 2011 auch engagiert die grüne Karte zeigen – und noch viel mehr

Fußball hat eine enorme Strahlkraft, die sich für gute Zwecke nutzen lässt. Das haben sich die Macher von Hannover 96 wohl auch gedacht, als sie gemeinsam mit dem Staatstheater Hannover, der Region Hannover und einigen Förderern aus der Wirtschaft Anfang 2011 die Initiative »Vereint für Hannover« ins Leben riefen. Das Konzept ging auf: Mittlerweile hat sich »Vereint für Hannover« als feste Institution zur Förderung sozialer Projekte und Einrichtungen etabliert. Damit die Initiative auch jedem ins Auge fällt, zeigen sich die grünen Karten als Banner prominent platziert bei jedem Heimspiel. Der »Vereint für Hannover«-Spieltag, bei dem eine Tombola zugunsten wohltätiger Zwecke veranstaltet wird, und der Laternenumzug am St. Martinstag vom Opernplatz zur AWD-Arena sind feste Konstanten dieses Projektes geworden. Mit den Erlösen aus diesen und anderen Aktionen sind unter anderem die Ökumenische Essenausgabe, das Theaterprojekt »Jugend und Justiz 2.0« und das Kinder- und Jugendheim Limmer unterstützt worden. Wir sagen Daumen hoch für so ein durchdachtes und nachhaltiges Engagement – und noch viel mehr grüne Karten, bitte!

Doch es gibt noch weitere Projekte, die erwähnenswert sind. Im Projekt »96 macht Schule« werden die Themen Integration, Sucht- und Gewaltprävention, Gesundheit und gesunde Ernährung und Berufsorientierung großgeschrieben. Daneben, dass den Kooperationsschulen die Arenatore für Kulissenblicke offen stehen, bietet Hannover 96 dabei vor allem die Kontaktvermittlung zu Experten zur Sucht- und Gewaltprävention sowie zum Fanprojekt Hannover (siehe zweites Kapitel).

Im Projekt »96-Vereint« kooperiert Hannover 96 mit derzeit über 40 Jugendmannschaften aus der Region. Dieses Engagement und die regelmäßige Veranstaltung der Fußballschulen-Camps kommt sicherlich auch dem Sichten neuer Talente zugute. Gemeinsam mit der Medizinischen Hochschule Hannover (MHH) und einigen Sponsoren aus der Wirtschaft hat Hannover 96 in dem Klinikum den Bau einer Kids-Arena, der Miniaturform des 96-Stadions, realisiert, damit die Kinder, die stationär behandelt werden, eine Abwechslung haben und auftanken können. Außerdem ist jeden Monat ein 96-Profi Pate der Kids-Arena und besucht an einem ausgewählten Nachmittag die Kinder. Sicherlich ein »Nachahmungsprojekt« von St. Pauli, der mit dem bereits 2005 gegründeten Verein »Viva con Agua« ein Zeichen setzte, damit aber nicht weniger erwähnenswert ist das Projekt »Trinkbecher für Trinkwasser«, mit dem Hannover 96 gemeinsam mit dem »Rote Kurve Supporters Club« 2009 startete. Jeder gespendete Pfandbetrag für einen Trinkbecher kommt einem Brunnenbauprojekt in Afrika (bisher an der Elfenbeinküste und in Kenia) zugute. Seit 2009 sind über 100.000 Euro gesammelt worden, in der Saison 2012/13 knapp 30.000 Euro.

63. GRUND

Weil kein Hanno zu den Roten passt (und bisher kein anderes Maskottchen gefunden wurde)

Jahresbücher, Trikots, Tassen, Schals, Taschentücher, Osterhasen und Weihnachtsmänner, Flaschenöffner, Wimpel, Toaster – und sogar eine Quietsche-Ente: Jeder Fußballclub verdient mit Devotionalien ein gutes Zubrot. Besonderes Schmankerl, das die Kasse zusätzlich klingeln lässt, ist immer ein Maskottchen. Dem einen Fußballclub gelingt es mehr, dem anderen weniger gut, einen Bezug zu ihrem Verein herzustellen. Wenn das gut funktioniert, lassen sich immer wieder Geschichten erzählen. »Jünter« etwa, das Fohlen der Gladbacher, passt wie die Faust aufs Auge, ganz gleich, ob das Namensgeber Günter Netzer gefallen mag oder nicht. Auch Knappe Erwin von Schalke 04 war schon für manche Story gut, wurde er doch im heftigen Torjubel von Ailton »enthauptet«; er ist als Botschafter in Sachen Schalke unterwegs und beglückt auf Betriebsfesten oder Geburtstagsfeiern.

Ebenso hat Biene »Emma«, benannt nach Torjäger Lothar Emmerich, im Jahr 2012 eine lustige Geschichte produziert: Sie pinkelte angeblich nach dem 1:0-Sieg gegen die Bayern an deren Mannschaftsbus. Die Pressestelle des BVB reagierte prompt und gab eine Pressemitteilung heraus, die an einen verspäteten Aprilscherz erinnert: »Emma ist eine sieben Jahre junge, schlaue Biene, die sich im Wissen, sich schon kleidungsbedingt nicht nach vorne entleeren zu können, selbstverständlich setzen würde, um ihr kleines Geschäft zu verrichten. Wir geben zu, ihr Versuch, dem Bayern-Team behilflich zu sein, indem sie am wunderschönen Mannschaftsbus unseres Gastes den Reifendruck kontrolliert, wirkt ein wenig missglückt. Wir bitten um Nachsicht! Wer kann denn kleinen Kindern schon böse sein?« König der Fußball-Bundesliga-Maskottchen ist sicherlich der 1. FC Köln mit seinem Geißbock Hennes.

Kurzum: Ein Maskottchen macht den Verein markant, setzt ihn ironisch in Szene, ist für manchen Lacher gut und verleiht dem Verein ein Gesicht.

Und Hannover 96? Hatte mal ein Maskottchen, das sich aber nicht so recht etablieren konnte: den Wolf Hanno aus Hannover. Da stellte sich aber verständlicherweise niemals so recht der Bezug zu den Roten ein. Außerdem kickte ab der Saison 1997/98 der VfL Wolfsburg in der ersten Liga mit – mit im Gepäck das Maskottchen Wölfi, das allein schon aufgrund des Namens deutlich macht, welche Mannschaft besser mit den Wölfen heult. Das führte zu der Entscheidung, dass ein Leitwolf in der Bundesliga wohl ausreicht, Hanno verschwand 1998 in der Versenkung.

Seit Sommer 2013 unterstützt Maskottchen Eddi unsere Roten. Die Fans durften Namen vorschlagen. Eine Jury wählte aus den unzähligen Namen vier aus. Letztendlich entschieden sich die 116 Partnerschulen für Eddi. Der Hannoversche Schweißhund hat zwar keine große Tradition, ist aber niedlicher als viele seiner Berufskollegen. Vorher wurden in Fankreisen Jiří Štajner, ein gewisser Prinz Ernst-August und ein Pferd gehandelt. Wobei ich hier niemanden einen vom Pferd erzählen will. Leider wurde unser Vorschlag einer großen Rassel abgelehnt. Die hätte an die Rasselbanden von Kronsbein, Biskup und gewissermaßen auch Hecking erinnert, die uns Fans mit so viel Spielfreude, Sturm und Drang erfreuten. Das wünschen wir uns öfters. Wir hätten das Maskottchen »Die Rote Rassi« genannt. Das wäre originell und vollkommen anders als bei den anderen Clubs gewesen. Aber Eddi ist ein sympathischer Zeitgenossen, den wir herzlich als Rotes Maskottchen ins Herz geschlossen haben.

64. GRUND

Weil auch die Erdmännchen aus dem Zoo Hannover mal gegen die roten Profis kicken wollen

Nein, Hannover 96 hat kein rotes Maskottchen mehr. Dafür haben unsere Roten ein Alleinstellungsmerkmal der anderen Art geschaffen (das vielleicht auch mehr auf das Marketingkonto eines anderen Unternehmens einzahlt): Hannover 96 ist die Titelstory eines Kinderbuchs des hannöverschen Illustrators und Autors Ingo Siegner. »Gustav vor, noch ein Tor!« heißt die Geschichte: Erdmännchen Gustav hat gemeinsam mit seinen Freunden Pauline und Rocky ein großes Hobby: Fußballspielen. Und weil im Zoo die Tage ganz schön lang werden können, haben sie ordentlich Zeit dafür. Erstaunt sind sie, als sich plötzlich der Maulwurf Kurt zu ihnen gesellt und beginnt, ihr Spiel zu kommentieren. Nicht von ungefähr: Kurt buddelt sich regelmäßig zu den Heimspielen der 96er in die Arena. Beim nächsten Mal kommen die Erdmännchen mit – und als sie die Arena mit ihrer tollen Atmosphäre und ihren vielen Fans aufsaugen, haben sie ein neues Ziel: Ein Traum wäre es einmal, gegen die Profis von Hannover 96 selbst zu kicken!

Das lässt sich dank der Beziehungen von Maulwurf Kurt und seiner 96-Expertise machen. Trainer-Maulwurf Kurt baut eine Mannschaft, die den Roten ordentlich Paroli bieten soll – mit einem Orang-Utan im Tor und einer Elefantendame im Sturm. Liebevoll-skurril lässt sich das lesen und ansehen. Auch anhören übrigens: Die Geschichte wurde als Hörspiel aufgenommen – mit Originalstimmen beispielsweise von Martin Kind, Werner Biskup, Robert Enke. Echte Sammlerstücke für kleine und große Fans. Vielleicht braucht 96 also doch kein Maskottchen, sondern hat schon längst eines …?

65. GRUND

Weil auch in Hannover im Jahr 2006 die Welt zu Gast bei Freunden war

»Danke für eine geile Zeit«, titelte *BILD Hannover* am 10.07.2006. Ja, es war eine geile Zeit, und es ist schön, dass auch Hannover eine gute Rolle darin spielte. Rund einen Monat lang im Sommer 2006 war Deutschland das Land des Fußballs. Hannover als einer der Austragungsorte der WM war mittendrin dabei und feierte auf der Fanmeile rund um den Waterlooplatz eine schwarz-rot-goldene Party mit Freunden aus aller Welt. Vier Gruppenspiele und ein Achtelfinale fanden in der 96-Arena statt. Und natürlich schlugen die Mannschaften, die in Hannover spielten, auch in der Umgebung ihre Zelte auf: die Franzosen in Hameln, die Mexikaner in Göttingen, die Polen in Barsinghausen, die Angolaner in Celle, die Fußballer aus Trinidad und Tobago in Rotenburg/Wümme. Ebenso belebten viele Fans aus diesen Ländern das hannöversche Stadtbild. Die Welt war wahrlich zu Gast bei Freunden – mit all ihren Emotionen und Geschichten.

Eine wunderbare Zeitreise zurück ins Jahr 2006 lässt sich in der bereits erwähnten Sportsammlung Saloga unternehmen – und darin findet sich auch die eine oder andere Geschichte. Zum Beispiel der Mannschaft aus Angola. Die Angolaner etwa waren mit komplett eigener Verpflegung angereist. Bis zur Grenze Deutschlands. Aufgrund der Hygienebestimmungen durfte die Mannschaft ihre Lebensmittel nicht einführen. Also musste das Gast-Hotel umdisponieren. Das Personal des Celleschen Hotels wollte natürlich, dass sich die prominenten Spieler in ihrem Quartier wohlfühlten, um sich optimal auf ihre Spiele vorbereiten zu können. Was sie denn speisen wollten? Schweineohren! Die Angolaner orderten 2000 Schweineohren. Nicht das Gebäck. Richtige Schweineohren. Irgendwie gelang es dann auch, diese zu beschaffen. Eine kuriose

Geschichten von Tausenden, die erzählt werden wollen. Nicht in diesem Buch. Wer sich zurück ins Sommermärchen begeben möchte, der schaue den Film von Sönke Wortmann oder noch besser: gehe zu den Saloga'schen Sportsammmlern. Die haben nämlich die eine oder andere Anekdote live erlebt. Zum Beispiel die eben erzählte. Danke dafür an Wilfried Liebhold! Doch kommen wir jetzt auf die schönste Stadt der Welt zu sprechen …

66. GRUND

Weil die Stadt Hannover und ihre Umgebung mindestens 111 Gründe bietet, hier zu leben und das Leben zu genießen

Neben der Liebe zu Hannover 96 kennen wir noch eine weitere Liebe – die zu Hannover. Hannover und Hannover 96, das ist untrennbar miteinander verbunden, zumal ja beiden völlig unverständlicherweise das Image der grauen Maus anhaftet. Hannover ist unbedingt liebenswert; wir beide, Michael und Steffi, sind »Zugereiste«, haben uns in diese Stadt verliebt und wollen gar nicht mehr hier weg. Natürlich könnten wir ganze Bücher damit füllen, Hannover und seine liebenswürdigen Seiten zu zeigen. Doch wir wollen uns hier gemäß dem Buchmotto auf lediglich 111 Gründe beschränken, die man unserer Meinung nach in Hannover unbedingt gesehen, erlebt, erkundet, genossen, besucht haben muss. Damit Sie uns glauben, haben wir sie auch durchnummeriert. Nehmen Sie Theo Zwanziger beim Wort und würzen Sie Ihren samstäglichen Heimspielbesuch mit einem kleinen Beiprogramm. Und wenn Sie zu Besuch bekommen, ist unsere »Hitliste« vielleicht eine Inspiration, was man denn noch so machen kann, außer 96 zu gucken. Los geht's:

Ums Stadion herum: Maschsee (1), Rathaus (2), Gartensaal (3), Maschpark (4), Nordkurve Public Viewing und Biergarten (5), Brauhaus (6)

Feste feiern, Messen und Kongresse: Schützen-Frühlings-Oktober-Fest am Schützenplatz (7), Kleines Fest im Großen Garten (8), auch wenn damit seit 2013 Schluss ist (in memoriam, es war so schön): BootBooHook-Festival (9), Fährmannsfest (10), Internationaler Feuerwerkswettbewerb (11), Entdeckertag (12), Fête de la Musique in der Innenstadt (13), Wintervarieté in der Orangerie (14), Verbrauchermessen infa und AFB (15), Hannover Congress Centrum (16)

Museal: Sprengel Museum (17), Historisches Museum (18), Landesmuseum (19), Kestnergesellschaft (20), Künstlerhaus (21), Wilhelm Busch Museum (22), Museum für textile Kunst (23), Küchenmuseum World of Kitchen (24), Niki de St. Phalle Grotte (26), Stiftung Ahlers pro Arte (27), Theatermuseum (28), Exposeeum (29), Blindenmuseum (30), Feuerwehrmuseum (31)

Theatral: Schauspielhaus (32), TAK – Theater am Küchengarten (33), GOP (34), Commedia Futura in der Eisfabrik (35), Ballhof Eins und Zwei (36), Neues Theater (37), Werkstatt Galerie Calenberg (38), Atelier KrAss UnARTig (39), Klecks-Theater (40), Theater am Aegi (41), Café Lohengrin (42), Cumberlandsche Galerie (43), Literarischer Salon, Uni Hannover (44)

Musik, & Nightlife: Oper (45), Faust – hier gibt's auch jede Menge alternatives Kulturprogramm (46), JazzClub (47), Marlene (48), Café Glocksee (49), Capitol (50), Pavillon (wird bis 2014 renoviert) (51), Musikzentrum Hannover (52), Musikzentrum Bad (53), Palo Palo (54), Steintor (55)

Für Cineasten: Apollokino (56), Kino am Raschplatz (57), Kino im Künstlerhaus (58), Seh-Fest an der Parkbühne – Open-Air-Kino im Sommer (59)

Grün, so grün: Eilenriede (60), Herrenhäuser Gärten (61), Georgengarten (62), Kinderwald (63), Tiergarten (64), Stadtpark (65), Ricklinger Masch (66), Leinemasch (67)

Sportlich: Eilenriedestadion (68), Aspria (69), Spiele der UBC Tigers (Basketball) (70), Spiele des TSV Burgdorf (Handball) (71),

Spiele der Indians (Eishockey) (72), Spiele der Scorpions (73), Spiele von Hannover 78 (Rugby) (74)

Staunen und Einkaufen: Alt-Flohmarkt (75), Markthalle (76), European Cheese Center (77), Lister Meile (78), in den Einkaufsführer »Kauflust« schauen und jede Menge tolle inhabergeführte Ladengeschäfte in ganz Hannover finden (79)

Kulinarisch & Café: Max Walloschke – Currwurst & Co. (80), Plümecke – Currywurst (81), Zanzarelli – italienisch und jede Menge lecker, hier trifft man den einen oder anderen 96-Spieler (82), Restaurant Hiller – vegan und vegetarisch (83), Die Insel – die neue Essklasse – Haute Cuisine (84), Salikum – leichte, gesunde Küche und eine Salzkammer zum Entspannen (85), Holländische Kakao-Stube (86), Pâtisserie Elysée (87), EMMA Tea – über 60 Teesorten zu erschmecken (88)

Stadtwandel: Altstadt (89), Marktkirche (90), Altes Rathaus (91), Beachclub (Parkhaus Röseler Straße) (92), Calenberger Neustadt (93), Zooviertel (94), Am Kronsberg (95), Expo Plaza (96), Yachthafen (97) Lindener Flair mit Limmer Straße (98), Strandleben (99), Lindener Berg (100), Wochenmarkt am Lindener Marktplatz (101)

Ausflüge: Zoo Hannover (102), Steinhuder Meer (103), Marienburg (104), Kloster Wienhausen (105), Kloster Loccum (105), Stadtteilbauernhof (106), Familienpark Sottrum (107), Otter-Zentrum Hankensbüttel (108), Mühlenmuseum Gifhorn (109), Deister (110), Ausflug zum Brocken im Harz (111)

Und noch etwas: Wenn Sie in Hannover in der Innenstadt unterwegs sind, stoßen Sie dann und wann auf einen roten Pinselstrich auf dem Bürgersteig. Da war kein Schmierfink unterwegs (habe ich tatsächlich zunächst gedacht, als ich einmal zu Gast in Hannover war). Dabei handelt es sich um den *»roten Faden«*, einen Rundgang zu den 36 wichtigsten Sehenswürdigkeiten aus Hannover. Ergänzt wurde der Rote Faden um die »Erweiterung«, den *»blauen Faden«*, der zu 38 Sehenswürdigkeiten in der Calenberger Neustadt führt. Und zu einer der grünsten Städte Deutschlands gehört natürlich auch ein *»grüner Faden«*, der allerdings nicht durch Hannover, sondern zu einigen Anlaufpunkten in Wennigsen führt.

Noch nicht genug?

Jetzt starten wir mal mit einem unbedingt selbst initiierten Werbeslot: Als Bürger Hannovers gibt es eine ganz schöne Möglichkeit, Hannover von noch einmal ganz anderen Seiten kennenzulernen. Der größte Bürgerverein Hannovers, der Freundeskreis Hannover e. V., bietet regelmäßig Veranstaltungen und Führungen zu bekannten und auch bisher unentdeckten Perlen dieser Stadt. Besonderes Schmankerl: Meist plaudert der Museumsdirektor, der Intendant, der Geschäftsinhaber direkt aus dem Nähkästchen. Bei den regelmäßigen Frühstücken und gemeinsamen Abendessen in den heimischen Hotels lässt es sich gut plauschen, da lernt man nette Menschen kennen, die meistens recht engagiert in der Stadt tätig sind – oder es waren.

Und noch ein PS: Wenn Sie noch mehr Gründe suchen, schauen Sie doch mal ins Buch unserer Kollegin Cornelia Kuhnert, die »111 Orte, die man in Hannover gesehen haben muss« zusammengetragen hat. Sie hat noch viel mehr entdeckt. Prädikat: Lesenswert!

7. KAPITEL

WEIL IN 96 MEHR STECKT, ALS VIELE GLAUBEN

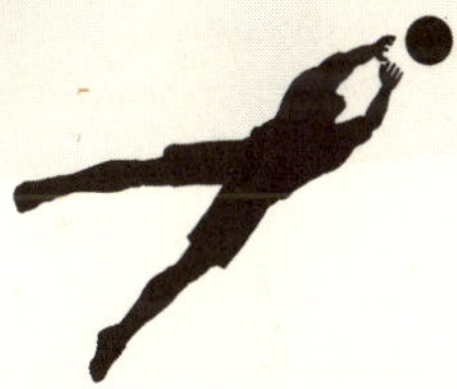

67. GRUND

Weil Jupp Heynckes seine Zeit bei 96 versteckt

Im Februar 2013 wurde Jupp Heynckes für sein 1000. Bundesligaspiel geehrt. Gerade ist er mit dem Champions-League-Gewinn der Bayern zum Supertrainer avanciert. Der Mann hat als Spieler und Trainer fast alles erreicht, was es an Titeln zu holen gibt. Gerne wird vergessen, dass Heynckes neben Borussia Mönchengladbach nur für einen anderen Bundesligaverein die Schuhe schnürte: Hannover 96. Und Don Jupp hängt dieses Engagement auch nicht gerne an die große Glocke. Zu Recht.

Die Roten hatten 1966/67 unter Trainer Horst Buhtz eine mittelmäßige Saison hingelegt. Neunter Tabellenplatz mit 40:46 Treffern. Am meisten schmerzte es in der Landeshauptstadt, dass der verhasste niedersächsische Rivale aus Braunschweig Deutscher Meister geworden war. Dies sollte sich ändern. So der Plan: 96 wird Meister.

Jupp Heynckes hatte für die Gladbacher 50 Tore in 82 Spielen erzielt. Ihm wurde mit Josip Skoblar aus Marseille ein genialer Techniker zur Seite gestellt. Selbst außerhalb Niedersachsens glaubten einige Experten, dass 96 die Meisterschaft mit diesem Personal wuppen würde. Doch bisher hatten Hannoveraner Mannschaften eher Fußball gearbeitet, als die Bälle durch brillante Ballstafetten ins Tor zu zaubern. Heynckes und Skoblar passten in die biedere 96-Fußballwelt wie Austern in eine Pommesbude, wie Lionel Messi zum SV Meppen, wie Anne-Sophie Mutter zum Schulorchester einer Grundschule. Im Kollektiv gab es auf einmal Stars, die natürlich auch ein paar Mark mehr verdienten. Die mannschaftliche Geschlossenheit war dahin. Dabei gewannen die Roten mit zwei Toren von Heynckes zum Saisonstart 3:0 gegen Köln. Vier Spieltage später standen sie trotzdem nur auf dem 11. Rang. In dieser Tabellenregion sollten die 96 bis zum Saisonende haften bleiben. Für den Erfolg hatte sich der Club hoch verschuldet. Doch die Hannoveraner beobachteten lieber die Enten auf dem Maschsee, als ihrer oft lustlosen Stümpertruppe im Niedersachsenstadion zuzusehen. So wollten nur 11.300 Zuschauer den Besuch der Münchener Bayern sehen. Gegen weniger bekannte Gegner fanden noch weniger Zuschauer den Weg in ins Stadion. Dies verschlimmerte die finanzielle Lage.

Gegen Ende der Saison wurde Trainer Buhtz entlassen. Wenn Klotzen keinen Erfolg bringt, klotzt man mehr. Es wurde der Startrainer Tschik Čajkovski (Pokalsieger mit Bayern München 1966, 1967; Europapokalsieger der Pokalsieger 1967) verpflichtet. Doch auch unter diesem Trainer belegten die Roten am Ende der Folgesaison einen mageren 11. Platz. Dabei erzielte Skoblar immerhin 17 Treffer, Jupp Heynckes allerdings nur schlappe neun. Immerhin herrschte in dieser Saison eine ungeheure Leistungsdichte: Vizemeister Aachen konnte lediglich 6 Punkte mehr erzielen, Absteiger Nürnberg nur 3 weniger. Es hätte also alles viel besser ausgehen können. Darauf gründete sich die Hoffnung fürs nächste Jahr.

Doch auch die Saison 1969/70 verlief unbefriedigend. Čajkovski wurde während der Saison gefeuert. Am Ende konnte die Roten als 13. froh sein, den Klassenerhalt geschafft zu haben. Heynckes erzielte in dieser Saison nur sechs Treffer. Da Jupps alter Club Mönchengladbach in dieser Saison Meister geworden war, bekundete er Interesse an einer Rückkehr. Spitzenfußball ist attraktiver als Mittelmaß. Hennes Weisweiler holte ihn an den Bökelberg zurück, und die Erfolgsgeschichte des Jupp Heynckes setzte sich fort. Seine Zeit in Hannover war allerdings persönlich und für den Verein vollkommen unbefriedigend.

Es gibt Spieler, die nur bei bestimmten Clubs in bestimmten Spielsystemen ihre Leistung bringen. Heynckes und Hannover passten zusammen wie ein Schlemmermenü auf der Bahnhofstoilette. Dennoch denken die Fans gerne daran zurück, dass ein so grandioser Fußballer wie Heynckes bei uns gespielt hat. Vielleicht hat er in Hannover den letzten Schliff für seine so erfolgreiche Karriere erhalten. Vielleicht auch nicht. Das weiß nur der Maschseegeist.

68. GRUND

Weil auch Sebastian Kehl sich bei den Roten entwickeln konnte

Kommen wir zu einem weiteren Anwärter, der mit seiner Zeit bei 96 gern Verstecken spielt: Sebastian Kehl ist vielen aus seiner Zeit in Freiburg und jetzt als Kapitän der Dortmunder Borussen bekannt. Ein wichtiger Stratege und Kämpfer im defensivem Mittelfeld, der Fäden zieht und genauso versiert gegnerische Angriffe zerstört. Kaum einer erinnert sich daran, dass Kehls Karriere bei den Roten begann. Der gebürtige Hesse spielte in der Jugend für den SV Lahrbach, wechselte von dort zu Borussia Fulda. 1996 wurde er von Hannover 96 unter Vertrag genommen. In der Saison 1998/99 stieß er zur Aufstiegsmannschaft, die den unglücklichen vierten Platz in der 2. Liga belegte. Immerhin gewannen die Roten mit der Zeit durch zwei spielerisch attraktive Saisons das Vertrauen der Fans zurück, was mit dem bis dahin besten Zuschauerschnitt eines Zweitligisten belohnt wurde.

In der Folgesaison im Expojahr stieg Kehl vom Aufbauspieler zum Stammpersonal auf. Keine einfache Zeit für den hannöverschen Profifußball. Addo, Asamoah, Rasiejewski und Hecking hatten den Verein verlassen. Die Erfolgsmannschaft der letzten beiden Jahre wurde auseinandergerissen. Doch der Kader wurde aufgebläht, umfasste insgesamt 30 Spieler. Die Mannschaft kam auch unter Trainer Branko Ivanković nicht richtig in Tritt, sodass dieser durch Horst Ehrmantraut ersetzt wurde. Am Ende belegte Hannover den 10. Platz und Kehl wechselte zum SC Freiburg, der ihm bessere Perspektiven bot. 2002 wechselte Kehl nach Dortmund, obwohl er Bayern bereits zugesagt hatte. Aber Kehl war und ist fairer Sportsmann: Er schickte Uli Hoeness' Scheck über 1,5 Millionen Mark zurück an die Säbener Straße. An den Verhandlungen soll Hannovers Manager Gerber trotz ausdrücklichen Verbots der Präsidenten teilgenommen haben. Daher musste Schlangenfranz seine

Reptilien wieder aus dem Büroterrarium ausräumen. Kehl sah in Dortmund bessere Zukunftsaussichten. Er absolvierte 31 Spiele für die Nationalmannschaft und bis heute mehr als 200 für die Borussen. Ein wertvoller und sehr sympathischer Spieler, der seine ersten Sporen an der Leine verdiente. Die Roten können stolz sein, solche Spieler ausgebildet zu haben, die später ganz Fußballdeutschland verzauberten. Wir wünschen dir noch viele tolle Spiele und Siege, Sebastian. Nur nicht gegen deinen alten Club.

69. GRUND

Weil Peter Anders Hannovers Rekordspieler ist

»Der treue« Charly Körbel ist mit 602 Einsätzen unangefochtener Rekordbundesligaspieler. Ihm folgt mit 581 Einsätzen Manni Kaltz. Beide spielten in der Bundesliga nur für einen Verein: Körbel für die Frankfurter Eintracht, Kaltz für den Hamburger SV. Der Rekordspieler der Roten heißt Peter Anders. Dieser lief in 458 Spielen für die Niedersachsen auf, allerdings nur 236 in der Beletage des deutschen Fußballs. Der gelernte Schlosser spielte in der Jugend für Kleeblatt Stöcken. Von dort wechselte er zur Arminia, 1966 schließlich zu den Roten. In der ersten Saison absolvierte er nur ein Bundesligaspiel und lief hauptsächlich für die Amateure auf. Es waren auch Zeiten des Umbruchs. Das Profifußballertum hatte Einzug bei den Roten gehalten. Die Legende von den 11 Freunden war endgültig Geschichte. Wettbewerb war das neue Schlagwort.

In der Folgesaison wurde das sensationell erfolglose »Alb«-Traumduo Heynckes und Skoblar verpflichtet, mit dem 96 die Sterne vom Himmel holen wollte. Dies ging gründlich daneben, wie wir wissen. In der Seuchensaison war der junge Anders eine der wenigen positiven Überraschungen und kam auf 19 Einsätze. 1968/69 hatte sich Anders endgültig in Hannovers Hintermannschaft festgespielt.

Unter »Startrainer« Tschik Čajkovski reichte es in der Endabrechnung wieder nur zu einem weit von den Ansprüchen entfernten 11. Tabellenplatz. Hannover hatte aber weniger Gegentore erhalten als die Spitzenmannschaften aus Aachen und Mönchengladbach. Ein Verdienst von Anders und seinen Defensivkollegen.

Die Folgesaison verlief noch schlechter. Tschik richtete seine Mannschaft offensiv aus, vergaß dabei aber, dass ihm nur ein Durchschnittskader zur Verfügung stand. Die Roten kassierten 61 Treffer und schossen nur 49. Insbesondere Jupp Heynckes kam mit nur schlappen sechs Treffern überhaupt nicht in Tritt. Nach dieser Saison wechselte er zurück nach Gladbach, was sich für beide Seiten als das Beste herausstellen sollte. In der Saison 1970/71 absolvierte Anders unter Trainer Johannsen alle 34 Spiele. Der zuverlässige Abwehrrecke wurde geschätzt. Auch nach dem Abstieg 1973/74 blieb er den Roten treu. Dabei zeichnete ihn eine sowohl bissige als auch faire Spielweise aus. In seinen 458 Spielen für Hannover flog er nur zwei Mal mit Rot vom Platz. Eine Topquote für einen Verteidiger.

Am 30.05.1981 bestritt Peter Anders beim 2:7-Erfolg in Oldenburg sein letztes Spiel als Berufsfußballer. Nach 15 Jahren in Hannover wechselte er zum unterklassigen SV Osterwald. Eine Gallionsfigur, die 96 durch turbulente Zeiten begleitet hatte, ging von Bord. Peter, wir werden dein Andenken ehren.

70. GRUND

Weil Michael Gue fast das Tor des Jahres erzielt hätte

Ein wichtiger Teamplayer der Biskupschen Rasselbande war der 1962 in Hildesheim geborene Michael Gue. Über die Stationen VfL Borsum und Concordia Hildesheim gelangte er zum Lokalrivalen der Roten Arminia Hannover. Dort traf er in der Saison 1983/84 15 Mal ins Eckige. Das Interesse der Roten war geweckt, da Geld für namhafte Stars fehlte. Gue wurde von 96 engagiert. In seiner ersten Saison für die Roten erzielte er 14 Zweitligatore und führte vor Frank Hartmann und Franz Gerber die interne Torschützenliste am Ende der Saison an. Zu diesem Zeitpunkt belegte 96 den zweiten Tabellenplatz und stieg in die Bundesliga auf. Leider konnte die Klasse trotz acht Gue-Toren nicht verteidigt werden und die Leineelf stieg prompt wendend wieder in die Zweitklassigkeit ab. Beim neuen Trainer Jürgen Wähling spielte er hinter Gregor Grillemeier und Siggi Reich die dritte Geige und erzielte lediglich einen Treffer. Danach beendete Gue seine aktive Profikarriere.

Unvergessen bleibt sein Tor gegen die Offenbacher Kickers am 15.03.1985, das wir uns im Textbeweis anschauen wollen.

These: Ein Zweitligaspieler aus Hannover schießt ein Tor des Monats.

89. Minute: Spielstand 3:2. Die Offenbacher Fans haben bereits das Siegesbier aus der Kühlbox geholt. Da bekommt Gue auf der linken Spielfeldseite den Ball. Er lässt einen Offenbacher stehen, umkurvt fünf Meter weiter den nächsten, dringt in den Strafraum ein, dort fallen ihm drei Offenbacher vor die Füße, halten ihn aber nicht auf. Vielleicht suchen die am Bieberer Acker nach Kartoffeln? Man weiß es nicht. Nur Pannen-Olli steht dem Hannoveraner im Weg. Das sollte doch kein Hindernis sein. Ist es nicht. Gue schießt rechts an Torwart Reck – an diesem Treffer völlig unschuldig – vorbei. 3:3. Das Offenbacher Siegesbier vergärt augenblicklich in den Flaschen zum Frustbier. Die mitgereisten Hannoveraner sind aus dem Häuschen. Was für ein Tor.

Diese unvergessliche Energieleistung wurde von den Zuschauern der *Sportschau* zum Tor des Monats März gewählt. In der Geschichte dieses Wettbewerbs gewannen bisher sieben Mal Torschützen der Roten, zuletzt Mame Diouf im Januar 2013. Das von Gue gegen Offenbach war sicherlich eines der schönsten hannöverschen Tore.

Quod erat demonstrandum: Auch Zweitligaspieler können Tore des Monats schießen. Besonders wenn sie bei den Roten spielen.

71. GRUND

Weil die Roten mit Professor Rangnick und 93 Toren in der Saison 2001/02 zurück in die 1. Liga stürmten

Am Ende der Saison 2001/02 sollte eine Durststrecke von 13 Jahren zu Ende gehen. Hannover stieg wieder in die Bundesliga auf. Und wie! Mit Ralf Rangnick hatte Präsident Martin Kind einen absoluten Fußballfachmann engagiert. Dieser war mit Ulm in die 2. Liga aufgestiegen und danach zum VfB Stuttgart gewechselt. Doch Maultaschen und Spätzle bekommen nicht jedem. Nach einer fußballerischen Durststrecke musste er Quälix Magath weichen und Rangnick besann sich seines Faibles für Braunkohl und Lüttje Lage. Er überquerte den Weißwurstäquator und unterschrieb beim großartigsten Fußballverein, bei unseren Roten.

Vor der Saison rechnete niemand mit dem großen Erfolg der Rangnick-Truppe. »Stars« wie Michél Dinzey und Holger Ballwanz wurden verkauft oder in den Ruhestand versetzt, relativ unbekannte Spieler wie Heiner Backhaus und Dame Diouf wurden engagiert. Für diese Mannschaft tüftelte Ragnick ein modernes 4-3-3-System aus. Dabei wurde der Gegner mit Pressing bereits in der gegnerischen Hälfte angegriffen. Eine Taktik ähnlich der Kloppschen, mit der die Dortmunder Borussen zwei Mal Meister wurden. Anfang des Jahrtausends war diese lauf- und kampfintensive Spielweise allerdings Neuland und wurde von den arrivierten Fußballlehrern mit Argusaugen beobachtet. Nach Einschätzung aller Experten konnten die Roten am Ende der Saison nur einen Mittelfeldplatz belegen.

Doch nach acht Punkten aus den ersten vier Spielen mit Siegen gegen Aachen und Bochum nahm keiner die 96er mehr auf die leichte Schulter. Insbesondere das Offensivtrio mit Jan Šimák (18 Saisontreffer), Jiří Kaufman (11) und Daniel Stendel (16) versetzte die gegnerischen Abwehrreihen in Angst und Schrecken. Šimák erwies sich allerdings als schwieriger Spieler: Auf dem Platz ein Genie, außerhalb ein Sorgenkind. Zumindest schien es ihm neu zu sein, dass die deutsche Polizei nach alkoholisierten Autofahrten gerne den Führerschein des Fahrers einzieht. Allerdings konnte ihn in dieser Saison das mannschaftlich geschlossene Kollektiv noch auffangen; später sollte das mehr Probleme bereiten.

Zu Beginn der Rückrunde eroberte die Rangnick-Truppe durch ein 3:2 gegen Union Berlin die Tabellenführung. Den Platz an der Sonne sollte die Mannschaft bis zum 34. Spieltag nicht mehr abgeben.

Bereits fünf Spieltage vor Saisonende standen die Kicker vom Mittellandkanal nach einem 6:0 vor mehr als 40.000 Zuschauern gegen Schweinfurt als Aufsteiger fest. Eine Rekordsaison. Mit 22 Siegen und neun Unentschieden erreichten die Niedersachsen 75 Punkte. Dabei schossen die Roten insgesamt 93 Tore und belegten Platz 2 in der Fair-Play-Wertung. Erst 2012/13 übertraf die Berliner Hertha diese Bestmarke um einen Punkt.

Jeder prophezeite dieser Mannschaft eine goldene Zukunft in der Bundesliga. Diese behielt ihre offensive Spielweise auch eine Etage höher bei, dies allerdings mit mäßigem Erfolg. Dabei zeigte sich vor allem die Defensive als Schwachpunkt. Mit 57 Gegentreffern stellten die Roten die drittschlechteste Abwehrreihe der Liga. Dennoch reichte es zum Klassenerhalt: Platz 11 mit sieben Punkten Abstand auf den ersten Abstiegsplatz.

Trotzdem musste Trainer Rangnick die Roten im März 2004 verlassen. Sein Nachfolger »Zettel-Ewald« Lienen verbesserte die Abwehrarbeit und schaffte ebenfalls den Klassenerhalt. Den Grundstein für die Bundesligazeiten der Roten legte aber Rangnick in der Rekordsaison 2001/02. Der Verein und die Fans verdanken ihm viel. Noch gerne denken wir an die begeisternde Spielweise der Aufstiegsmannschaft zurück. Danke, Ralle, du hast Fußball à la Kloppo an die Leine gebracht, noch bevor wir wussten, dass es das überhaupt gibt.

72. GRUND

Weil mit Jürgen Rynio ein Rekordmann verpflichtet wurde

Vereine verpflichten gerne Spieler, die für außergewöhnliche Leistungen bekannt sind: Torschützenkönige, Flankengötter oder Zweikampfmonster werden gerne engagiert. Schließlich besteht die berechtigte Hoffnung, dass sie mit diesen Leistungen auch dem neuen Verein zu ungeahnten Höhenflügen verhelfen. Was die Verantwortlichen der Roten sich bei der Verpflichtung von Jürgen Rynio gedacht haben, wird für immer ihr Geheimnis bleiben.

Diese Frage müssen wir allerdings etwas relativieren. Immerhin war Rynio ein guter Torwart und galt in seiner Jugend als eines der vielversprechendsten Torwarttalente des Ruhrgebiets. Mit 19 Jahren trat er seine erste Profistelle beim Karlsruher SC an und setzte sich gleich als Stammtorwart durch. So weit, so gut. Und gleich in dieser Saison sammelte Rynio den ersten Titel einer Kategorie, in der er später Rekordhalter werden sollte. Eine Sparte, in der niemand Berühmtheit erlangen will: Er stieg als Tabellenschlusslicht aus der Bundesliga ab. Abstieg olé.

Rynio blieb der Spielklasse erhalten. Er wechselte zum Deutschen Meister aus Nürnberg. Da konnte nichts schiefgehen. Dachte er. Leider verlief auch diese Saison katastrophal und Nürnberg stieg als Vorletzter in die Regionalliga ab. Abstieg olé. Zu diesem Zeitpunkt drängte sich bereits der Eindruck auf, dass Pech an Rynio wie Taubenexkremente klebte. Rynio kehrte 1969 in den Pott zurück und hielt den Kasten der Dortmunder Borussen sauber. Zumindest bis 1972. Dann stiegen auch die Borussen ab. Der Abstiegsgeist in Rynios Gepäck hatte wieder zugeschlagen. Abstieg olé. Er wechselte zu Rot-Weiss Essen, setzte sich dort aber nie richtig durch. 1976 zog es Rynio zum FC St. Pauli, mit dem er 1977 in die Bundesliga aufstieg. Im Folgejahr stieg er wieder ab. Abstieg Nummer 4.

1979 schließlich wurde er von den Roten engagiert, die in der 2. Liga kickten. Dort verhinderte er mit seiner Routine den Abstieg ins Amateurlager. 1984/85 war es so weit: Die 96er stiegen mit Werner »Auf vier Beinen kannst du nicht stehen«-Biskup in die Bundesliga auf. Rynio musste allerdings in dieser Saison für Ralf Raps den Platz im Kasten räumen und hielt sich als Ersatztorwart für Notfälle bereit.

In der folgenden Bundesligasaison stieg 96 sang- und klanglos ab. Abstieg Nummer 5 für Rynio. Die Fußballexperten sagten: So musste es kommen. Man schaut sich an, wen man einkauft. Hatten die Verantwortlichen auch, nur nicht genau genug. Ehrlicherweise sollten wir erwähnen: Rynio wurde nur in zwei Spielen eingesetzt, unter anderem beim 0:7 in Stuttgart. In diesem Spiel erzielte ein einziger Spieler, Michael Nushöhr, drei Elfmetertore gegen Rynio. Auch ein Rekord, auf den ein Torwart verzichten kann. Nach dieser Saison beendete Rynio nach sieben Jahren in Hannover seine aktive Karriere.

Wären unsere heiß geliebten Roten ohne Pechvogel Rynio in der Bundesliga geblieben und hätten als Rekordmeister die Nürnberger anstelle der Bayern abgelöst? Hätte, hätte, Fahrradkette. Trotz der unrühmlichen Rekorde war Rynio ein guter Torwart. Wir sind heute froh, einen Mann der Superlative in unseren Reihen gehabt zu haben. Danke, Jürgen.

73. GRUND

Weil Hannover 96 als deutscher Rekordmeister amtiert

Spricht man über Meistertitel, fallen meistens die Namen Bayern München, 1. FC Nürnberg, Schalke 04 oder Dortmund. Die Meisterschaften von Hannover 96 scheinen vergessen. Dabei ist Hannover 96 der Deutsche Rekordmeister! »Bitte?«, wird jetzt selbst Fußballexperte Udo Lattek im Sport1-*Doppelpass* fragen. »Was habt ihr denn getrunken?« Lüttje Lage, Herri und Gilde, stimmt. Aber das ändert nichts an den Tatsachen. Allerdings müssen wir uns diesen Titel mit Werder Bremen und dem FC Barcelona des Breitensports, dem SC Jülich 1910, teilen: den Titel des Deutschen Amateurmeisters. Dieser Wettbewerb wurde vom DFB nach Einführung des Vertragsspielerstatus 1950 eingeführt. Die Austragungsweise änderte sich mehrfach im Lauf der Jahre. 1960 starteten die Amateurmeister eines jeden Landesverbandes und spielten im K.-o.-System gegeneinander.

In Hannover wurden die Nachwuchskicker zu Beginn der Fünfzigerjahre vernachlässigt. Sie dümpelten in der 2. Kreisklasse herum; eine gezielte Nachwuchsförderung mit Ausrichtung auf die »Profi«-Mannschaft, sofern man zu dieser Zeit von Profis sprechen konnte, war nicht möglich. Dies sollte sich ändern, als 1957 Hannes Kirk die Mannschaft übernahm und 1958 in die höchste niedersächsische Amateurliga führte. 1960 besiegten die 96er Bubis in Herford den BV Osterfeld. Vier dieser Spieler (Bohnsack, Fahrtmann, Flegel und Schmidtke) spielten später in der Mannschaft, die 1964 in die Bundesliga aufsteigen sollte. Die Ausbildung einer starken Nachwuchstruppe war gelungen.

Die Roten sollten von 1964 bis 1967 vier Mal im Endspiel stehen. Zwei Finals wurden gewonnen. 1964 siegten sie in Hagen 2:0 gegen den SV Wiesbaden, ein Jahr später in Siegen gegen denselben Gegner 2:1. In den folgenden Jahren verlor man gegen Werder Bremen und den STV Horst-Emscher aus Gelsenkirchen. Viele Spieler wie zum Beispiel Rainer Zobel schafften aus dieser Mannschaft den Sprung in den Profifußball.

In den Siebzigern hatte der Verein genug mit sich und der ersten Mannschaft zu kämpfen, die Amateure wurden vernachlässigt und stiegen sogar in die Fünftklassigkeit ab. Die Lücke zur Profimannschaft verbreiterte sich.

In den Neunzigern wurde wieder umgedacht. Das Team spielte in der Oberliga Niedersachsen-Bremen. Mittlerweile kickt die U23 der Roten in der viertklassigen Regionalliga und spielt dort eine gute Rolle. Immerhin stammen Eigengewächse wie Per Mertesacker, Kocka Rausch, Jan Rosenthal oder Sebastian Kehl aus dieser Nachwuchsschmiede.

Den Titel »Rekordamateurmeister« wird den Roten jedenfalls so schnell keiner streitig machen. Seit 1998 wird der Wettbewerb nicht mehr ausgespielt. Eigentlich schade. Wann sieht man schon Endspiele wie den VfL Benrath gegen den BFC Alemannia 1890. Oder mit Beteiligung der kleinen Roten. Diese Erfolge unseres Nachwuchses wollen wir nicht vergessen und sagen »Dankeschön«. Und die Sport1-Experten sind jetzt auch informiert, wer der wahre Rekordmeister Deutschlands ist.

74. GRUND

Weil 96 mit Fredi Bobic erstklassig blieb

Hannover spielt gegen den kleinen HSV. Im Mephisto zwängen sich die Gäste zu sechst an Vierertische. Auch Hamburger Fans haben sich eingefunden. Denen werden wir heute zeigen, wie einfach Fußball geht. Hoffe ich. Nur Joe sitzt alleine an unserem Stammtisch und futtert Spätzle.

»Moin«, grüßt er. »Ist heute voll hier wie die Bahnhofskneipe, wenn es Freibier gibt.«

»Und, schmeckt es?«

»Die Nudeln sind das Einzige, was ich an den Schwaben mag. Schon ein seltsames Volk.«

Ich bestelle mir ein Gilde. Hannover geht durch Diouf in Führung. Wir umarmen uns und versuchen, eine Polonaise zu starten, doch dafür ist es zu eng.

»Klasse. Wie der Bobic damals. Der war doch pure Magie. Und Schwabe.«

»Ja, das stimmt. Immerhin hat hier mal ein Drittel des magischen Dreiecks gespielt. Leider nur für eine Saison. Aber der ist Slowene«, korrigiert mich Joe.

»Beides.«

Fredi Bobic erlebt die erfolgreichste Zeit seiner Karriere beim VfB Stuttgart. Als Bestandteil des magischen Dreiecks mit Krassimir Balakow und Giovane Élber erzielte er in den Neunzigern 69 Tore in 148 Spielen für die Süddeutschen. 1999 wechselte er nach Dortmund. Doch dort konnte er an den großen Erfolg der Vorjahre nicht anknüpfen. Immerhin traf er in 56 Spielen 17 Mal ins Eckige.

Van der Vaart gleicht durch einen ungerechtfertigten Elfmeter aus.

»Für diesen harmlosen Rempler kann die Pfeife in Schwarz doch keinen Elfer geben«, regt sich Joe auf. »Um auf Bobic zurückzukommen. Ohne den Maultaschenbomber würden wir hier keinen Bundesligafußball sehen. Vielleicht ist der Südwesten doch nicht rundum schlecht.«

Dafür spricht einiges. Als 96 mit Rangnick 2002 ins Oberhaus aufstieg, setzte es in den ersten vier Spielen vier Pleiten. Die rote Laterne brannte an der Leine. So hatte sich niemand das Abenteuer Bundesliga nach dem souveränen Aufstieg vorgestellt. Alle Mannschaftsteile hatten es bis zu diesem Zeitpunkt nicht geschafft, sich auf das höhere Niveau der 1. Liga einzustellen.

Elfmeter durch Huszti. Wir führen wieder.

»Der Huszti kam auch völlig unerwartet. Der ist Gold wert. Aber Bobics Wert musst du in Platin aufwiegen.«

Ich stimme Joe zu. Der spanische Sportdirektor Ricardo Moar verpflichtete Bobic, der in Dortmund die Kerben in der Auswechselbank besser als den Platz kannte. Die Verpflichtung alternder Profis ist immer ein Risiko. Meistens wollen sie sich noch den raschen Euro auf ihre alten Tage sichern und erweisen sich als Fehlkauf. Nicht so Bobic. Bereits in seinem zweiten Spiel in Leverkusen gelang ihm ein Doppelpack und 96 besiegte die Pillendreher mit 3:1. Die Talfahrt war gestoppt.

Ya Konan erzielt durch einen sehenswerten Fernschuss das 3:1. Wir stimmen *96 – Alte Liebe* an. Schön ist anders, aber immerhin schaffen wir es, uns durch drei Tonarten zu modulieren, ohne den Text zu vergessen.

Zurück zu Bobic und seinen Kickerzeiten bei den Roten: Deren Leistungen damals waren äußerst wechselhaft. Siege in Bochum und gegen Rostock rangen mit Niederlagen in Dortmund und Wolfsburg. Resultat: Abstiegsplatz 16, den die Roten elf sagenhafte Mal in dieser Saison belegen sollten. Dabei spielten sie attraktiven Fußball, brachen aber wegen mangelnder Erfahrung oft in der zweiten Hälfte ein. Erst am vorletzten Spieltag gelang durch ein 2:2 gegen Mönchengladbach der langerhoffte Klassenerhalt. Eine der wenigen Konstanten in dieser Saison hieß Fredi Bobic. Der Schwabe mit slowenisch-kroatischen Wurzeln traf insgesamt 14 Mal ins gegnerische Gehäuse. Dies blieb auch Bundestrainer Völler nicht verborgen. Er berief Bobic wieder ins Nationalteam. Nach einem Tor im Freundschaftsspiel gegen die Niederlande wurde er zur festen Größe in der Mannschaft und durfte sogar die Europameisterschaft in Portugal spielen.

»Schau dir das an. Heute brauchen wir keinen Bobic mehr«, bejubelt Joe das 4:1 durch Didier »Dieter« Ya Konan.

Gott sei Dank. Bobic, der wiedererstarkte Torjäger verließ nach einer gerade für ihn persönlich grandiosen Saison die schönste Stadt der Welt und heuerte bei Hertha BSC Berlin an. Dort konnte er aber nicht an seinen Erfolg in Hannover anknüpfen. Ihm gelangen lediglich acht Treffer in 54 Spielen.

Moa Abdellaoue trifft zum 5:1. Oh, wie ist das schön.

»Wenn der Bobic nicht nach Berlin gegangen wäre, wären wir 2004 Meister geworden. Das fand ich schon erbärmlich. Wegen ein paar Kröten mehr unsere tolle Stadt zu verlassen.«

»Er hat immer alles gegeben. Das kannst du nicht von jedem Spieler sagen, der durchs Niedersachsenstadion tappen durfte. Und ob wir Meister geworden wären …«

Während die Hamburger Fans traurig das Lokal verlassen, trinken wir einen Slibowitz auf Fredi Bobic, die zukünftigen Meisterschaften und das Leben. Fredi, wir sind dir für deine Leistungen in der kurzen Zeit in Hannover sehr dankbar.

75. GRUND

Weil Startrainer Tschik Čajkovski den Erfolg in München liegen ließ

Hannover hatte zwar 1967/68 die Starstürmer Heynckes und Skoblar verpflichtet, war aber vom Gewinn der Deutschen Meisterschaft genauso weit entfernt wie Greuther Fürth von der Champions League. Doch statt die Träume von der Vorherrschaft im Deutschen Fußball zu begraben, wurde noch eine Schüppe draufgelegt. Die Roten verpflichteten Tschik Čajkovski, die wohl schillerndste Trainergestalt in der hannöverschen Fußballgeschichte.

Bereits als Spieler nahm Čajkovski an zwei Weltmeisterschaften teil, gewann zwei Olympiamedaillen, wurde Meister und Pokalsieger mit Partizan Belgrad. Seine Trainerkarriere verlief noch erfolgreicher: 1962 Meister mit den Kölnern, im Folgejahr Vizemeister. Die Münchener Bayern führte er in die Beletage des deutschen Fußballs, wurde mit ihnen zwei Mal Pokalsieger und Pokalsieger der Pokalsieger. Eine Vita, die für die ehrgeizigen Roten an der Leine qualifizierte.

Der wegen seiner geringen Körpergröße Tschik (serbisch Čik = Stummel) genannte Čajkovski war ein Unikum. Vor allem durch seinen kreativen Umgang mit der deutschen Grammatik. »Wo Tschik sein, ist Erfolg.« Dann man tau. Er entdeckte in durchschnittlich talentierten Nachwuchsspielern zukünftige Nationalspieler vom Niveau eines Beckenbauers. Die Vorbereitung und der Intertoto-Cup, bei dem 96 den 2. Gruppenplatz belegte, verhieß

Großes. Der Start in die Saison mit drei mageren Punkten aus sechs Spielen verlief wie immer. Guten Tag, Realität. Dies lag natürlich nicht am Starttrainer. Der moserte: »Was soll ich machen? Habe keine Flügelspieler.« Die Roten stürzten auf einen Abstiegsplatz. Dann schien sich die Mannschaft zu fangen, kletterte auf Platz 5. Doch eine Niederlagenserie beendete den kurzen Fußballfrühling in Hannover. Bedingt durch zahlreiche Verletzungen erreichte die Mannschaft am Ende nur den 11. Tabellenplatz, zwar nur sechs Punkte nach oben von Vizemeister Aachen entfernt, doch auch nur drei Punkte nach unten zum ersten Absteiger Nürnberg. Nur vier Sturmreihen waren schlechter als der Hannoveraner (Alb-)Traumsturm Heynckes und Skoblar, wobei Letztgenannter immerhin mehr als die Hälfte der hannöverschen Tore erzielte.

Die Lösung für die Kluft zwischen Anspruch und Wirklichkeit war schnell gefunden. Tschik Čajkovski forderte neue Spieler. Es kamen aber mit Kurt Ritter und Bernd Kettler lediglich begabte Nachwuchsspieler. Erst hat man kein Glück, dann kommt das Pech dazu, weiß der Fußballphilosoph. Anders, Skoblar und Siemensmeyer verletzten sich. Damit waren Tschiks Planungen passé. Der Saisonstart 1969/70 verlief zwar vielversprechend – am 2. und 3. Spieltag grüßte 96 von der Spitze –, dann ging es rasant bergab. Die Roten wurden bis auf den 16. Platz durchgereicht. Dabei brauchte Tschik nur einen »guten Torhüter und einen Beckenbauer«.

Die Entlassung Čajkovskis passte zum Chaos seiner Amtszeit: Am 06.12. hieß es, der Jugoslawe sei fristlos entlassen, da er mit 1860 München verhandelt habe. Einen Tag später sollte er doch bleiben und der designierte Nachfolger Scheider durfte wieder abreisen. Am nächsten Tag bekam Tschik endgültig die Papiere. Rolf Paetz übernahm das Training kommissarisch. Nach der Winterpause übernahm Hans Pilz, der die Roten zum Klassenerhalt führte. Alles noch mal gut gegangen.

Welche Erkenntnis bleibt aus der Ära »Bin ich nix Lehrer für Deutsch, sondern für Futball«-Čajkovski? Geld schießt keine Tore, sagt der gemeine Fan. Es hätte aber klappen können. Die Ambitionen der Roten waren erst einmal gestoppt. Zumindest konnte der Abstieg, ein Super-GAU, vermieden werden. Jetzt galt es, das Vertrauen der Fans zurückzugewinnen.

Tschik wurde erst mit dem AEK Athen wieder Meister und Pokalsieger. Den ganz großen Erfolg hatte er aber in München liegengelassen. Trotzdem erinnern wir uns gerne an das urige Traineroriginal.

76. GRUND

Weil mit Helmuth Johannsen die Sachlichkeit nach Hannover zurückkehrte

1970 verpflichtete Hannover den Hamburger Helmuth Johannsen als Trainer. Der war zwar sensationell mit Eintracht Braunschweig 1967 Deutscher Meister geworden, bevorzugte aber im Gegensatz zum schillernden Tschik Čajkovski die leisen Töne. Keine vollmundigen Versprechen, keine Fantasien, die eine existenzgefährdende Neuverschuldung des Clubs nach sich zogen.

Johannsen eröffnete sofort, dass er Zeit für den Aufbau einer guten Mannschaft bräuchte. Eine realistische Einschätzung. Die unzufriedenen Stars wie Heynckes, Skoblar und Zobel verließen den Verein. Es kamen lediglich drei Spieler mit Erstligaerfahrung an die Leine: Rudi Nafzinger, Horst Berg und Ferdinand Keller. Dazu drei Regionalligaspieler mit Willi Reimann, Horst Bertl und Hans-Joachim Weller.

Doch der Saisonstart verlief holprig. Zwei magere Pünktchen aus den ersten sechs Spielen reichten nur für den Kriechkeller der Tabelle. Trainer Johannsen forderte gebetsmühlenartig Geduld mit seiner neu formierten Truppe. Das fiel schwer, denn erst am 15. Spieltag wurde die rote Laterne an Eintracht Frankfurt weitergegeben. Am 16. Spieltag kletterten die Kicker von der Leine durch ein torloses Remis in Berlin aus der Gefahrenzone. Erst in der Rückrunde griffen die Neuerungen des Trainers. Bielefeld, Offenbach und Schalke wurden deutlich dominiert, sogar gegen die Bayern spielte man unentschieden. Besonders der Angriff mit Bertl und Keller wusste zu überzeugen. Keller erzielte in dieser Saison sagenhafte 19 Treffer. Am Ende der Saison erreichten die Roten einen guten 9. Platz. Das hatte am Anfang der Saison niemand erwartet.

In Johannsens zweitem Jahr erwartete die Öffentlichkeit eine deutliche Leistungssteigerung. Dafür gab es eigentlich keinen Grund, denn die 96-Konten waren leerer als die griechische Staatskasse. Für namhafte Neuverpflichtungen gab es keinen Etat, und die alten Recken Bohnsack und Podlasly beendeten ihre Karriere.

Und die neue Saison begann wie die letzte: Im Eröffnungsspiel gab es ein 1:5-Heimdebakel gegen Schalke. Dem folgten Niederlagen gegen Düsseldorf und Braunschweig, dazwischen ein Remis gegen Hertha. Und täglich grüßte das Murmeltier. Es sollte bis zum 5. Spieltag dauern, ehe 96 mühsam gegen Rot-Weiß Oberhausen gewann. Die guten Ansätze der Rückrunde der letzten Saison waren nicht mehr erkennbar. Ganz Fußballdeutschland verspottete Hannover, das zu Hause gegen die Hamburger eine 2:0-Führung vergeigte und noch unterlag. Es war erbärmlich.

Am 26.10. hatte Trainer Johannsen fertig und bekam die Papiere ausgehändigt. Die Abwicklung der Trennung verlief dabei genauso armselig wie schon oft zuvor oder später in Hannover: Da die Wunschnachfolger nicht sofort verfügbar waren, durfte der entlassene Johannsen beim 1:3 gegen Köln noch einmal die Mannschaft betreuen. Stil geht anders. Das hatte Johannsen nicht verdient.

Unter Nachfolger Hans Hipp konnte die Klasse mit drei Punkten Abstand auf den ersten Absteiger Dortmund gehalten werden. Eine weitere Horrorsaison hatte noch einmal ein gutes Ende genommen.

Helmuth Johannsen wechselte zum SV Röchling Völklingen in die Regionalliga. Er erreichte mit dem Verein sofort die Aufstiegsrunde zur Bundesliga, scheiterte dort aber an Rot-Weiss Essen. Johannsen war mit Sicherheit ein guter Trainer, doch bei 96 funktionierten seine Methoden nur bedingt. Wir danken ihm trotzdem. Vielleicht liest er im Himmel mit.

77. GRUND

Weil der Hannoveraner Junge Frank Pagelsdorf von der Leine bis in die Emirate reiste

128 Spiele für Bielefeld, 102 für Borussia Dortmund, sechs Jahre Trainer von Hansa Rostock, vier Jahre beim Hamburger SV. Diese Stationen machten Frank Pagelsdorf bekannt. Nur die wenigsten wissen, dass Pagelsdorf ein waschechter hannöverscher Junge ist.

Geboren wurde der sympathische Norddeutsche nämlich am 05.02.1958 in Hannover. Das Fußballspielen erlernte er von 1964 bis 1972 beim TSV Havelse in Garbsen, einer Nachbarstadt Hannovers. Mit Beginn der Volljährigkeit wechselte er zu den Roten.

Doch es herrschten harte Zeiten bei den 96ern. In der Saison 1975/76 war man aus der Bundesliga abgestiegen. Die Mannschaft fiel auseinander, die Kassen waren leerer als der Gyrosspieß im Dönerladen. Trotz der ersten Saison mit Trikotwerbung konnten Spielergehälter nur verspätet gezahlt werden. Im November suchte das Präsidium Hilfe in der Öffentlichkeit.

Unter diesen Umständen litt natürlich auch der sportliche Erfolg. Die Mannschaft bewegte sich die ganze Saison im Mittelfeld der Nordstaffel der 2. Bundesliga. Pagelsdorf durfte als Frischling alle 38 Spiele absolvieren und erzielte fünf Tore. Recht ordentlich. Am Ende erreichte das Team einen halbwegs versöhnlichen 5. Platz.

In der nächsten Saison wurde es finanziell noch knapper. Der DFB verweigerte den Roten in erster Instanz die Lizenz. Durch das Engagement des niedersächsischen Fußballpräsidenten Wenzel konnte der Abstieg ins Amateurlager verhindert werden. Präsident Lehners fuhr gezwungenermaßen einen rigiden Sparkurs. Pagelsdorf lief auch in dieser Saison als wichtiger Spieler regelmäßig auf und erzielte fünf Treffer. An ihm lag es bestimmt nicht, dass die Roten nur Fünfter wurden. Durch die mauen Leistungen der Mannschaft und Kracher-Gegner wie Union Solingen oder den SC Herford mieden die Fans das Niedersachsenstadion. Nur 6000 Zuschauer wollten im Schnitt die Roten beim Fußballspielen beobachten. Skat und Schach avancierten zu den beliebtesten Publikumssportarten. Dies verschärfte die finanzielle Krise. In der nächsten Saison drohten wiederum Pleite und Lizenzentzug. Das Tafelsilber musste verscherbelt werden, um die letzte Chance für Profifußball in Hannover zu wahren. Im Zuge der Sanierung wurde »der Netzer der Underdogs« nach Bielefeld verkauft. Schade, dass ein vielversprechender Spieler aus der eigenen Stadt nicht gehalten werden konnte.

Im Lauf der Saison 1988/89 wurde Pagelsdorf noch einmal zurückgeholt. Die Roten spielten ihre zweite Saison hintereinander in der Bundesliga, verschlissen drei Trainer und stiegen als abgeschlagenes Schlusslicht wieder in die zweite Liga ab. Daran konnte auch ein Pagelsdorf im Winter seiner Karriere nichts ändern. Er absolvierte noch sechs Spiele für die Roten und beendete anschließend seine aktive Laufbahn. 1991 stieg er wieder bei Hannover 96 ein, diesmal als Trainer. Er betreute die zweite Mannschaft für eine Saison und wechselte dann zu Union Berlin. Zuletzt trainierte er al-Nasr Sports in den Vereinigten Arabischen Emiraten. Wir wünschen Frank Pagelsdorf alles Gute für die Zukunft und würden ihn gerne auf deutschen Trainerbänken wiedersehen.

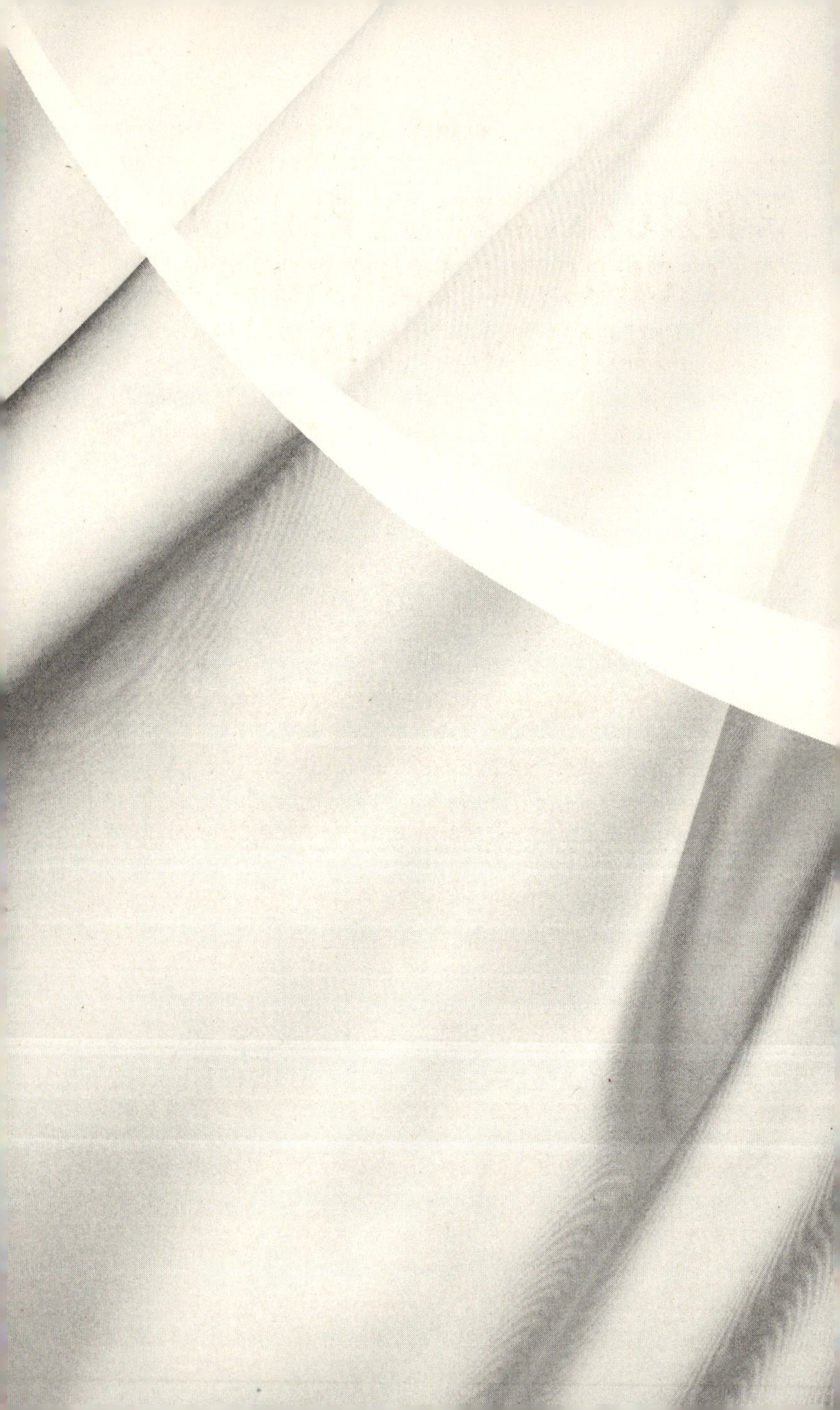

8. KAPITEL

WEIL FOLGENDE PERSÖNLICHKEITEN DIE ROTEN BEREICHERT HABEN

78. GRUND

Weil Fiffi Kronsbein Hannover 96 im Jahr 1954 sensationell zur Deutschen Meisterschaft führte

Über den Erfolgstrainer Helmut Kronsbein wurde und wird noch heute, mehr als 20 Jahre nach seinem Tod, viel geschrieben. Gerne hätten wir ihn zu seiner Zeit bei den Roten, dem modernen Fußball und dem Leben überhaupt befragt. Leider zu spät. Dennoch wollen wir auf ein Interview mit einem der wichtigsten 96-Trainer nicht verzichten. Der *Leine-Kurier* buchte daher den ICE *Hannover – Himmelspforte*, passierte Petrus' Einlasskontrolle und führte ein fiktives Interview mit good old Fiffi.

Himmel. Wir sitzen in einer schattigen Bar mit Südseecharme. Kronsbein schlürft Piña Colada aus einem Cocktailglas mit Sonnenschirm. Er wirkt entspannt.

Leine-Kurier: Es scheint Ihnen gut zu gehen, Herr Kronsbein. Haben Sie sich mittlerweile eingelebt?

HK: Nennen Sie mich Trainer! 20 Jahre sollten reichen, um sich zu akklimatisieren. Anfangs fand ich es hier oben zu locker. Jeder kann machen, was er will. Mittlerweile ist es mir gelungen, Struktur in das Ganze zu bringen. Präsident und Manager sind von meiner Arbeit begeistert.

Leine-Kurier: Gott bezeichnen Sie als Präsidenten, Trainer?

HK: Schon zu Lebzeiten war mir klar, dass das ganze Leben wie ein Fußballclub funktioniert: Familie, Gemeinwesen oder Politik; es gibt Präsidenten, Manager, Physiotherapeuten oder Spieler. Warum sollte es nach dem Tod anders sein?

Plötzlich stürzt Kronsbein zum Fenster.

HK: Bewege deinen knochigen Arsch, Horst. Hacke, Spitze, eins, zwei, drei ist nicht mehr. Da sitzt du schneller auf der Bank, als dir lieb ist. Penner. Heute Abend kontrolliere ich deinen Spind, ob du Wein versteckt hast. Ich erkenne meine Schweine am Gang.

Kronsbein setzt sich wieder an den Tisch.

HK: Fritz Walter und wie sie alle heißen, die hätten sich auch zu Lebzeiten nicht träumen lassen, dass sie nach meiner Pfeife trainieren. Selbst so brillante Fußballer musst du als Trainer immer wieder motivieren. Sonst bauen die ab. In einer Woche spielen wir gegen die Truppe aus der Hölle. Da will ich alle Jungs fit haben.

Leine-Kurier: Kommen wir auf Ihre Lebenszeit zu sprechen. Was war Ihr prägendstes Erlebnis?

HK: Was soll ich sagen? Da gab es einige: die Meisterschaft 1954 mit unseren Roten, der Einstieg in die Bundesliga zehn Jahre später. Aber auch meine Zeit bei der Hertha hat Spuren hinterlassen: viele spannende Auftritte auf europäischem Parkett. Aber zu Hannover 96 fühle ich einfach eine noch stärkere Verbundenheit. Deswegen bin ich auch gern immer wieder zurückgekommen, wenn man mich gerufen hat. Auch heute würde ich wohl gelegentlich aushelfen.

Leine-Kurier: Was war Ihr Geheimnis? In Lautern spielte in den Fünfzigern die Crème-de-la-Crème des deutschen Fußballs.

HK: Kennen Sie meinen Spitznamen? Man nannte mich Fiffi, abgeleitet von pfiffig. Aber noch besser war Ratte. So hat mich Sepp Herberger genannt, von dem ich viel gelernt habe. Weil ich ehrgeizig und rege war. Ich habe den Pfeifen Teamgeist und Disziplin eingebläut. In meiner Mannschaft hat jeder für den anderen gekämpft. Hätten sie auch die Meisterschaft vergeigt, hätte ich die Jungs in den Allerwertesten getreten. Zumindest habe ich Ihnen das gesagt. Getan habe ich nichts dergleichen. Ehrlich gesagt, war es ein wirkliches Wunder, dass wir die Lauterer geschlagen haben. Und ohne dieses Wunder wäre ich mit Sicherheit nach meinem Tod in der Hölle gelandet. Zum Glück hat unser Chef ein Herz für die Roten und wollte mich unbedingt als Trainer fürs Himmels-Team. Noch mal zum Endspiel 1954: Die Betzebuben hatten einen rabenschwarzen Tag, wir einen guten. Fußball kann so einfach sein.

Leine-Kurier: Denken Sie, Ihre manchmal hemdsärmeligen Trainingsmethoden hätten noch heute Erfolg?

HK: Auf jeden Fall. Schauen Sie Trümmertruppen wie Hoffenheim an. Mit mir als Motivator würden die um die Meisterschaft mitspielen. Tim Wiese wäre Nationaltorhüter Nummer 1. Gel aus den Haaren, Partyverbot und stramme Waldläufe. Das hat noch keinem geschadet.

Leine-Kurier: Eine letzte Frage. Wie beurteilen Sie aus der Ferne Mirko Slomkas Arbeit bei Ihrer Lieblingsmannschaft?

HK: Mir persönlich wäre er zu nett. Das ist nie gut. Anderseits gibt ihm der Erfolg recht. Genug geschnackt. In zehn Minuten ist Trainingsbeginn. Wollen Sie ein paar Runden mitdrehen?

Leine-Kurier: Wir verzichten. Danke fürs Gespräch und alles Gute für die weitere sportliche Karriere.

HK: Weichei! Bestellen Sie den Roten schöne Grüße von mir. Ich denke oft an die Jungs.

Mit diesen warmen Worten verlassen wir den guten Fiffi. Back from heaven to Mother Earth.

79. GRUND

Weil der Tafelmann Peter Neubauer der erste Mentalcoach der Bundesliga war und uns berührt hat

»Ach, du bist ja immer noch da«, soll ihn einst Franz Beckenbauer begrüßt haben, als er nach mehreren Jahren wieder einmal ein Spiel in der 96-Arena besuchte. Ja, er war lange da, 40 Jahre lang, bei exakt 1682 Heimspielen im Einsatz, hat 47 Trainer und elf Vereinspräsidenten kommen und gehen sehen. Er war die sympathische Konstante, das Maskottchen der Roten: der Tafelmann Peter Neubauer.

Ihn hätten wir für dieses Buch bestimmt gut gebrauchen können. Wie viele Anekdoten und Schoten hätte er uns erzählen können, die jetzt vielleicht niemals aufgeschrieben werden? An dieser Stelle starten wir einen dringenden Aufruf an die Menschen, die Peter

Neubauer gut kannten, die er nicht nur mit seinen Schokoladentäfelchen, sondern insbesondere mit seinen Geschichten fütterte. Es wäre doch schade darum, wenn sie verloren gingen … Denn: Außer ein paar mit pathetischen Sounds untermalten Bildern, einem Wikipedia-Eintrag und einer Website des Tafelmann-Teams, die seit 2011 nicht mehr gepflegt wurde, hat der Mann mit dem markanten Bart zumindest im Internet keine Spuren hinterlassen. Ein Link zu einem Interview mit ihm, aus dem man zumindest einige nette Zitat-Häppchen ergattern könnte, endet im Error-404-Nirwana.

In den Erinnerungen vieler 96-Fans und vieler professioneller Akteure aus der ganzen Bundesliga lebt er noch: Seine freundliche und originelle Art machte ihn, dessen Karriere als Flaschenaufsammler begann, überall beliebt. Er verteilte kulinarische Streicheleinheiten für die Gegner, bewirtete die Gastmannschaften und Schiedsrichter mit Kaffee und Schokolade – aus freien Stücken zunächst, bis sich dies als fester Brauch etablierte, der nicht mehr wegzudenken war. Ein besonderes Ritual war es, »seinen« 96-Spielern vor Spielbeginn Minze-Fruchtgummis zuzustecken – als Ansporn und Motivation. Peter Neubauer war quasi der erste intuitive Mentalcoach der Bundesliga. Und sein Job während des Spiels? Er war eben ganz Tafelmann, hielt die Tafel hoch: die die Auswechslungen oder die Nachspielzeit anzeigten. Und wegen des ganzen Drumherums, das er inszeniert hat, die Schokoladentafeln und so, durfte er das auch, längst nachdem dafür der vierte Mann vorgesehen war.

Einer der Höhepunkte seiner Karriere war es sicherlich, während der Fußball-WM 2006 von der ARD zum Stadionpaten auserkoren worden zu sein – kurz nach seinem 40-jährigen Dienstjubiläum, für das er in der AWD-Arena gebührend gefeiert wurde. »96 ist meine Liebe«, dieser eine Satz ist von Peter Neubauer überliefert – und so war es auch. Als er im November 2005 kurz vor einem Heimspiel mit Herzrhythmusstörungen zusammenbrach und ins Krankenhaus eingeliefert werden musste, da dachte er nicht zuerst an sich, sondern an 96 und wer denn jetzt den Schiedsrichtern eine Tafel Schokolade geben würde. Vielleicht kam Neubauers zuvorkommende Art nicht von ungefähr: 1998 hatte ein brutaler Überfall in den hannöverschen Herrenhäuser Gärten sein Leben verändert. Neubauer war von vier Skinheads zusammengeschlagen worden; Angst war danach sein ständiger Begleiter. Von den psychischen und körperlichen Folgeschäden erholte er sich nie ganz und war ständig in ärztlicher Behandlung.

Am jenem Freitag Anfang Februar 2007 war alles wie immer. Ein Heimspiel von Hannover 96, und wie in vier Jahrzehnten mit Heimspielen der Roten stand am Rand des Rasens der freundliche Mann mit dem markanten Bart, einem Peter Lustig so ähnlich. Peter Neubauer zeigte die Ein- und Auswechslungen an, so hatte er das immer gemacht, früher im Niedersachsenstadion und jetzt in der AWD-Arena. Früher mit einer Tafel, auf der er die Nummern mit der Hand umklappen musste, seit ein paar Jahren mit einer elektronischen Tafel. Bis zwei Uhr morgens blieb er im Stadion, diskutierte mit Freunden über das 2:2 gegen die Wolfsburger und fuhr dann, wie immer noch ein bisschen aufgewühlt, nach Hause. Am nächsten Morgen hörte das Herz des Tafelmanns plötzlich auf zu schlagen, die Ärzte in der Medizinischen Hochschule konnten Peter Neubauer nicht mehr helfen. Er starb zwei Tage nach seinem 56. Geburtstag. Er hatte noch viel vor: ein Buch schreiben über die kleinen und großen Geschichten, die man am Spielfeldrand hört, eine Fußball-Ausstellung machen. Und wenn er davon erzählte, dann leuchteten seine Augen.[17]

80. GRUND

Weil Martin Kind der streitbare Architekt für die »Marke Hannover 96« ist

Macchiavelli von der Leine, sportferner Sanierer, seelenloser Markenmacher mit patriarchalischem Führungsstil, der letzte Absolutist der Liga – mit derartigen, meist nicht so netten Attributen wird 96-Vereinspräsident Martin Kind umschrieben. An ihm scheiden sich die Geister, er polarisiert. Insbesondere mit den Fans, die sich von ihm wahlweise als bloßes Mittel oder auch Hindernis zur »Weiterentwicklung der Marke 96« behandelt fühlen, gibt es immer wieder Hakeleien, die im Frühjahr 2013 in einem offenen Brief an den Vereinspräsidenten eskalierten – bisherige Verständigung Fehlanzeige. Darüber wird noch zu reden sein.

Doch trotz allem lässt sich feststellen: Martin Kind hat sich um Hannover 96 verdient gemacht. Darin ist sich wohl jeder einig: Ohne Martin Kind wäre Hannover 96 vielleicht in der Bedeutungslosigkeit versunken, würde vielleicht noch immer in der Regionalliga herumkicken. Niemand kann bestreiten: Seit der Geschäftsführer und Eigentümer der KIND Gruppe im September 1996 wie die Jungfrau zum Kinde zur Präsidentschaft kam, hat sich Hannover 96 berappelt und ist gesundet. Gleich ein Jahr nach seinem Wechsel an die Vereinsspitze gelang den Roten der Aufstieg in die 2. Fußball-Bundesliga. Martin Kind packte an, räumte auf, schaffte professionelle Vereinsstrukturen, machte aus dem Verein »Hannover 96« buchstäblich ein Unternehmen, indem er das Fußballer-Profisegment aus dem Verein ausgliederte und hierfür eine Kapital-Gesellschaft gründete.

Ein Schlagwort muss in diesem Zusammenhang immer fallen, ohne das geht kein Artikel über Martin Kind: die 50+1-Regel. Dabei handelt es sich nicht etwa um eine Neuregelung des Rentensystems oder darum, welche Lösungen es für den vielzitierten demografischen Wandel gibt. Nein, es geht dabei darum, wie sich

Fußballvereine finanzieren und wer dabei wie viel zu sagen hat. Die 50+1-Regel besagt im Klartext, dass jemand (eine Privatperson, ein Investor oder auch ein Unternehmen) zwar mehr als 50 Prozent Vereinsanteile erwerben kann, aber nur zu maximal 50 Prozent darüber bestimmen kann, wie es wo im Verein langgeht. Klingt zu Zeiten von »Werksvereinen« wie dem VW-L-Wolfsburg und dem SAP Hoffenheim merkwürdig, finden Sie? Finden wir auch. Aber auch wenn Martin Kind damit in der Liga aneckt und eine Legitimation für etwas will, wo andere Vereine längst kreative Abstimmungstürchen geöffnet haben: Er beweist damit Weitsicht und feuert eine Diskussion um das Thema »Perspektivisches Fußball-Unternehmertum« an, wo viele still und heimlich ihr eigenes 50+1-Süppchen kochen.

Ein besonderer Coup für Hannover 96, aber auch für die ganze Stadt Hannover, um den sich insbesondere Martin Kind verdient gemacht hat, war der Umbau des Niedersachsenstadions in den Jahren 2004 und 2005. Damit ermöglichte es Martin Kind, dass im WM-Jahr 2006 die Welt zu Gast auch bei Freunden in Hannover sein konnte. Verein wieder erstklassig gemacht, solide finanzielle Basis geschaffen, tolles neues Stadion hingestellt: 2006 war ein ideales Jahr zu gehen, sich gebührend feiern zu lassen, sich verdientermaßen die Stadtplakette der Stadt Hannover abzuholen und im städtisches Orgateam der WM einiges zu bewegen. Dachte sich Martin Kind. Gute Idee, nur seine Nachfolger Götz von Fromberg und Karl-Heinz Vehling machten ihm einen Strich durch die Rechnung. Dass da in kurzer Zeit etwas zerstört wurde, was Martin Kind in jahrelanger Arbeit aufgebaut hatte, konnte er nicht angehen lassen. Und so kam er nach kurzer Auszeit wieder – und ist seit 2006 geblieben.

Neben diesen großartigen Leistungen hat Martin Kind oft einen richtigen Riecher bewiesen: Mit Trainer Ralf Rangnick an seiner Seite gelang es dem Vereinspräsidenten nicht nur, das »Unternehmen 96« wieder Klarschiff zu machen, sondern auch Fußball und Verein in die richtigen Bahnen zu lenken: Ralf Rangnick stand nicht nur für begeisternden Offensiv-Fußball ein, sondern auch für zukunftsweisende Trainingsmethoden wie Videoanalysen und den Aufbau einer Scouting-Abteilung. Mit seiner Persönlichkeit und ebenjenem begeisternden Fußball sorgte der ehemalige 96-Trainer auch dafür, dass es mit den Fans wieder klappte. Dies ist auch indirekt Martin Kinds Verdienst, denn er weiß ziemlich genau, in welchen Bereichen seine Grenzen sind.

Die sind oft da, wo es menschelt. Fußballunternehmertum, das heißt eben nicht nur 50+1, das heißt nicht nur, sauberes, zukunftsfähiges Zahlenwerk zu schaffen, das heißt eben nicht nur, saubere Unternehmensstrukturen zu etablieren. Die Produkte des »Unternehmens Fußball« sind eben keine Hörgeräte, die »Produkte« sind Menschen mit ihren Emotionen. Und ihre Kunden sind eben keine Kunden, sondern »Fans«. Fans lieben, und sie wollen zurückgeliebt werden, wollen gestreichelt werden und brauchen Wertschätzung. *In sportlich wie wirtschaftlich schwierigen Zeiten haben Sie sich persönlich um den Verein verdient gemacht und ihn in ein sicheres und zukunftsfähiges Fahrwasser gelenkt. Sie sollten aber nicht vergessen, dass auch wir immer dabei waren. Teilweise schon vor Ihnen. … Werfen Sie einmal einen Blick in den aktuellen Fanartikel-Katalog, der mit den Choreografien der vergangenen Saison wirbt. … Das ist Fankultur! Das ist Fußball!*, so wandten sich im Februar 2013 einige 96-Fans in einem offenen Brief an Martin Kind, der auch in der *HAZ* veröffentlicht wurde und den mittlerweile über 1700 Fans unterschrieben haben. Den Brief verfassten sie, nachdem das Fass wieder einmal übergelaufen war: Martin Kind hatte in Unkenntnis der tatsächlichen Umstände einige Hundert 96-Fans nach einem Auswärtsspiel gegen Werder Bremen pauschal verurteilt und rasche, drastische Sanktionen bis hin zum Stadionverbot gefordert. Mit Redaktionsschluss schwelt dieser Konflikt noch immer, der Fan-Dachverband »Rote Kurve« scheint vorerst auf Eis gelegt.

Das Stadion ist seit Jahren erfolgreich saniert; doch eine neue Riesenbaustelle hat sich wieder aufgetan: Die Fans streiten um ihre

Wertschätzung. Hoffen wir, dass es 96 gelingt, eine Integrationsfigur zu finden, die an dieser Stelle aufräumt und die Friedenspfeife stiftet. Dennoch: Applaus, Applaus an Martin Kind, der sich großartig um Hannover 96 und um die ganze Stadt Hannover verdient gemacht hat.

81. GRUND

Weil mit Otto Addo der größte Hamburger für 96 zauberte

Als ich das Mephisto betrete, sitzen Joe und mein Arbeitskollege Tim bereits am Stammtisch. Sie diskutieren heftig, als würde es um weltbewegende Probleme wie den Klimawandel, den Syrienkonflikt oder die Sommerpause von Mon Chérie gehen. Natürlich geht es um Fußball, genauer gesagt um die Vorherrschaft im Norden.

»Sag doch auch mal was«, herrscht mich Joe an. »Wir haben Timbos Hamburger beim 5:1 im Rückspiel am Nasenring durch die AWD-Arena geführt. Damit gebührt uns der Titel als beste Mannschaft des Nordens.«

»Du Dummschnacker«, faucht Tim. »Wir lagen in der Abschlusstabelle drei fette Punkte vor euch. Wolfsburg und Bremen konnten wir nur mit dem Feldstecher im Tabellenkeller entdecken. Ist doch klar, wer die norddeutsche Nummer 1 ist.«

Während ich mir ein süffiges Herri bestelle, geht die hitzige Debatte in die nächste Runde.

»Das ist sowieso alles wumpe«, doziert Joe. »Immerhin spielte der größte Hamburger aller Zeiten länger in Hannover als in der Hansestadt.«

Tim stutzt. »Ich wusste nicht, dass Uwe Seeler bei den Roten gekickt hat. Oder habt ihr Freddy Quinn unter Vertrag? Würde mich nicht wundern.« Tim feixt.

Joe erhebt und streckt seinen Humpen Richtung Decke. »Uwe Seeler ist genauso ein abgebrochener Gartenzwerg wie ich. Nein, ich spreche von Otto Addo. Stattliche 1,90 Meter, ein filigraner Technikgott, ein Zauberer am Ball. So einer wird nur alle Jubeljahre in Deutschland geboren.«

Otto Addo erblickte das Licht der Welt am 09.06.1975 in besagtem Hamburg. Nach mehreren Stationen in der Jugend, darunter dem Hamburger SV, wechselte er als Erwachsener zum Oberligisten VfL 93 Hamburg, mit dem er sofort in die Regionalliga aufstieg. 1996 schlug er nach dem Abstieg der Hamburger seine Zelte in der schönsten Stadt der Welt auf. Hannover war gerade in die 3. Liga abgestiegen. Geld für namhafte Neuverpflichtungen fehlte. Also mussten es die jungen Talente richten. Und Addo hatte Talent! Die Mannschaft wurde mit 5 Punkten Vorsprung auf den Lokalrivalen aus Braunschweig Regionalligameister und erzielte 105 Tore. Auch dank Mittelfeldlenker Addo, der selber sieben Mal ins Eckige traf. Doch der Aufstieg sollte noch nicht klappen; die Roten scheiterten an Cottbus. In der nächsten Saison lief es besser. Addo schoss selber zwar nur sechs Tore, doch die von ihm mit Zauberpässen versorgten Stürmer Asamoah und Milovanovic trafen zusammen 41 Mal. Auch die Relegation gegen Tennis Borussia Berlin wurde diesmal erfolgreich gestaltet. Hannover war wieder ein Profiverein. Großen Anteil daran hatte der große Otto.

»In der Saison 1998/99 war er zu gut. Sonst wären wir vielleicht schon Deutscher Meister oder sogar Champions-League-Sieger«, träumt Joe laut vor sich hin.

Im Grunde hat er recht. Die 96er traten die Zweitligasaison mit dem punktuell verstärkten Aufstiegskader an und rockten die Liga. Am Ende sollte es allerdings nur zur blechernen Medaille, dem undankbaren 4. Platz, reichen. Dennoch waren alle von den hannöverschen Jungs begeistert. So begeistert, dass Addo von Dortmund und Asamoah von Schalke verpflichtet wurden. Das Dreamteam war Geschichte.

In Dortmund setzte Otto Addo sich auf Anhieb durch, hatte aber mit vielen schweren Verletzungen zu kämpfen. Sein unbändiger Wille zeigte er ganz Europa, als er mit gerissenem Kreuzband nach Spurt über das halbe Spielfeld ein Tor gegen Austria Wien erzielte. Das war wirklich groß.

»Immerhin ist er nach Hamburg zurückgekehrt. Euer hannöverscher Fußballzauberer trainiert jetzt die A-Junioren des Hamburger SV. Der Junge weiß, wo es gut ist.« Tim grinst.

»Er ist halt ein geborener Hamburger. Davon sollen gar nicht so viele in eurer Stadt leben. Außerdem der Größte, den ich kenne«, gebe ich meinen Senf dazu.

»Aber eines Tages kommt er wieder nach Hannover und hilft uns, Deutscher Meister zu werden«, verkündet Joe. »Dafür könnt ihr gerne Freddy Quinn behalten.«

82. GRUND

Weil auch einige »rote Spieler« gut engagiert unterwegs sind

Fußballer sind Vorbilder, stehen in der Öffentlichkeit, können uns Fans gut was vormachen, uns motivieren und inspirieren. Super also, wenn Fußballprofis ihre Bekanntheit nutzen, um für gute Zwecke zu werben, und sich für Belange einsetzen, die ihnen persönlich wichtig sind, oft auch aus eigener Betroffenheit – wie beispielsweise bei Gerald Asamoah.

Hannover 96 war gerade – auch dank unserem Asa – putzmunter wieder in die 2. Bundesliga zurückspaziert, als er nach einem gewonnenen Spiel gegen den 1. FC St. Pauli zusammenbrach – die Ursache: eine chronische Verdickung der Herzscheidewand. Das Ende von Asamoahs Karriere drohte. Doch ein Herzspezialist entdeckte schließlich eine Therapiemöglichkeit, die das Risiko eines

Herzstillstandes bei Gerald Asamoah zu 99 Prozent ausschließt. Asa konnte seine Karriere als Profifußballer fortsetzen. Als »Dankeschön« und auch, um insbesondere Kinder mit ähnlichen Herzfehlern in ihrer Therapie zu unterstützen, gründete er eine eigene Stiftung. Bisher konnte die Gerald Asamoah Stiftung einige erkrankte Kinder unterstützen und Herzoperationen co-finanzieren. Langfristig plant man, ein Herzzentrum in Accra in Ghana, dem Heimatland Asamoahs, zu finanzieren. Ferner unterstützt die Stiftung die Ausbildung lokaler Ärzte in Mosambik.

Auch Robert Enkes Tochter Lara wurde bekanntlich mit einem Herzfehler geboren. Unvergessen sind wohl für jeden Fan die Bilder, wie liebevoll und stolz zugleich Robert Enke seine Tochter zum Saisonabschluss im Mai 2006 durchs Stadion getragen hat. Leider starb sie wenige Monate darauf. Bereits kurz nach Laras Tod unterstützten Robert und Teresa Enke den Bereich Kinder-Herzkrankheiten der Medizinischen Hochschule Hannover (MHH). Der Selbstmord Robert Enkes, verursacht durch seine Depressionen, erschütterte nicht nur uns 96-Fans, sondern auch viele Profis, Funktionäre und Fußball-Fans auf der ganzen Welt. Für Teresa Enke, Hannover 96 und den DFB war rasch klar, dass das Themenfeld »Depressionen und ihre Bekämpfung – insbesondere im Spitzensport« eine Lobby braucht; ergänzend sollte auch das Engagement der Enkes zur Erforschung von Herzkrankenheiten und der Betreuung Betroffener und deren Familienangehöriger fortgesetzt werden: Die Robert-Enke-Stiftung war geboren und wurde im März 2010 gegründet.

Besonders engagiert und rührig ist Per Mertesacker unterwegs und setzt sich mit seiner Stiftung für Kinder in Not und die Förderung des Sport-Nachwuchses ein. Erfreulich ist, dass Per Mertesacker sich dabei hauptsächlich auf die Förderung von jungen Fußballern aus der Region Hannover einsetzt; ein wenig ist Per damit also zu Hause geblieben, auch wenn er den Roten vor Jahren schon den Rücken gekehrt hat und jetzt beim FC Arsenal den Strafraum sauber hält.

Im Projekt »Sport macht Schule« werden über ein Dutzend Jungen, die aus sozial benachteiligten Hintergründen stammen, handfest gefördert – in der Kombination von Förderunterricht und Fußball. Und daran hat unser Per auch Anteil: Im Frühjahr 2013 haben ihn »seine Kids« in London besucht und er führte sie exklusiv durch seinen Arbeitsplatz; außerdem verfolgten die Kids ein Heimspiel der »Gunners«.

Unter dem Titel »Per Mertesacker & Friends« veranstaltet Per Mertesacker mindestens einmal jährlich ein Benefizspiel zugunsten seiner Stiftung. Dabei gelingt es dem Nationalspieler und ehemaligen Roten, sowohl Fußballprofis als auch andere Promis als Mannschaftsmitglieder zu gewinnen, beispielsweise: Philipp Lahm, Lukas Podolski, René Adler, Timo Hildebrandt, Comedian und 96-Fan Oliver Pocher, ARD-Moderator Gerhard Delling oder auch Fernsehkoch Tim Mälzer. An Pfingsten 2013 veranstalteten die Lukas-Podolski- und Per-Mertesacker-Stiftung ein Benefizspiel unter dem Motto »Kicken für den guten Zweck«.

83. GRUND

Weil Richard Lehners 96 vorm Pleitegeier rettete

Treten wir eine Reise in die Saison 1976/77 an, in der unser nächster Protagonist eine Rolle spielt. Sie verlief sportlich unbefriedigend. Am Ende reichte es nur zu Platz 5 in der zweigleisigen 2. Bundesliga Nord. Mittelmäßiger als die Qualität eines in Bangladesch gewebten kik-Pullis. Im Schnitt verfolgten nur um die 8500 Zuschauer Spiele der Roten. Gegen Wacker Berlin fanden sogar nur frustrationstolerante 700 Leute den Weg ins Stadion. Finstere Zeiten für den Profifußball in Hannover.

Daher wunderte es auch niemanden ernsthaft, dass 96 die Lizenz für die nächste Saison verweigert wurde. 3,6 Millionen DM Verbindlichkeiten waren angehäuft worden. Unter harten Bedingungen wurde die Lizenz schlussendlich doch erteilt. Die Sparkasse musste ihre als Sicherheit überschriebenen Kicker an den Verein zurückgeben. Ferner sollte ein Transferüberschuss von 300.000 Mark erzielt werden. Die Bundesliga war in diesem Moment genauso weit entfernt wie Hansa Rostock von der Champions League.

Da fußballerisch in dieser Saison aufgrund des rigiden Sparkurses nur biedere Hausmannskost geboten wurde, verschlechterten sich die eh schon mauen Zuschauerzahlen noch. Im Schnitt wollten nur 6000 Zuschauer die Roten sehen. Im Oktober trat Präsident Ferdinand Bock zurück.

Sein Nachfolger wurde der ehemalige niedersächsische Innenminister Richard Lehners – ein Glücksfall für Hannover 96. Lehners wollte den Verein konsolidieren und wieder auf gesunde Füße stellen. Dass dies nicht einfach werden würde, war jedem klar. Am Ende der Saison wurde 96 wieder Fünfter.

Und täglich grüßte das Murmeltier. Auch dieses Mal wurde die Lizenz verweigert. Der Schuldenberg war auf über vier Millionen angewachsen, trotz des Sparprogramms von den Mannen um Richard Lehners. Der Sturz in die Bedeutungslosigkeit drohte. Die Pleitegeier kreisten gierig über der Leinemetropole.

Was blieb anderes übrig: Man verkaufte alles, was Geld brachte. Pagelsdorf ging nach Bielefeld, Wehmeyer zum HSV, Milewski nach Berlin. Doch die erzielten 800.000 Mark reichten nicht. Aber die hannöverschen Bürger mobilisierten nun alle Kräfte. Die Stadt hielt zusammen. Die *BILD-Zeitung* sammelte Spenden für 96, neue Bürgen fanden sich, die Hausbank stundete fällige Kredite. Als am 13.05.1978 der DFB-Vorstand Hannover doch noch die Lizenz erteilte, war dies fast ein größeres Wunder als die Meistertitel von 1938 und 1954. Der Jubel kannte keine Grenzen. Viele verloren gegangene Fans entdeckten ihre alte Liebe von Neuem.

Doch die Auflagen aus Frankfurt waren hart. Es durften keine Profis verpflichtet werden, außerdem mussten 300.000 Mark beim

DFB hinterlegt werden. Der Klassenerhalt schien unter diesen Bedingungen in der Saison 1978/79 unmöglich. Dennoch war Präsident Lehners froh, das Damoklesschwert Insolvenz vom Verein abgewendet zu haben.

Es wurde eine Reihe junger Spieler verpflichtet, unter anderem ein gewisser Dieter Schatzschneider vom Lokalrivalen OSV Hannover, der in seiner ersten Saison gleich 23 Mal traf. Mit 34 Punkten erreichte die aus der Not geborene Mannschaft Rang 15. Hannover atmete auf. Mission Klassenerhalt erfüllt.

In der Saison 1979/80 konnte man die Planung relativ entspannt angehen. Richard Lehners war es durch akribische Arbeit gelungen, den Schuldenstand auf zwei Millionen Mark zu senken. Dies honorierte auch der DFB mit weniger drastischen Auflagen als in den vorherigen Spielzeiten. Am Ende erreichten die Roten einen guten 3. Platz. Auch das Zuschauerinteresse stieg auf fünfstellige Besucherzahlen.

In der Saison 1980/81 spielten die Leinekicker dank Sturmtank Schatzschneider einen erfrischenden Offensivfußball, mussten durch Nachlässigkeiten in der Abwehr aber viele Gegentore hinnehmen. Am Ende sollte es zu Platz 4 reichen.

In der Saison 1981/82 trat Lehners zurück, er hatte seine Ziele erreicht: Der Verein brauchte zum ersten Mal keine Bürgschaft abzugeben und durfte frei über Spielverpflichtungen entscheiden. Lehners hatte 96 den Weg in eine erfolgreiche Zukunft geebnet. Ohne einen Mann wie ihn wäre Hannover wahrscheinlich von der Landkarte des bezahlten Fußballs verschwunden. Wir danken Ihnen, Herr Lehners. Vielleicht schauen Sie oben vom Himmel wohlwollend auf Ihre Roten hinab. Auch Sie haben einen großen Anteil am heutigen Erfolg.

84. GRUND

Weil 96 unter Mirko Slomka tatsächlich nach Europa reiste und endlich wieder Offensiv-Fußball spielt

Ich hocke mit Joe im »Treibhaus« und verspeise Hirtentaschen, eine der kulinarischen Köstlichkeiten dieser Kneipe. »Die Matheaufgaben mit Marten waren heute wieder eine Qual. Er veralbert mich und rechnet absichtlich falsch«, seufze ich.

Joe spießt ein Stück Schafskäse auf die Gabel, überlegt es sich anders und leert erst einmal sein Köstritzer. »Der Junge hat doch recht. Der betreibt Mathematik nach Slomka'schen Axiomen. Da ist jedes Ergebnis erlaubt, Hauptsache die Summe ist größer als die Menge ihrer Einzelteile. Das nennt man Synergie, Bresser.«

Ich bekenne, auf dem berühmten Schlauch zu stehen.

»Fußball und Mathematik sind so einfach«, doziert Joe. »Und der Trainer unserer heiß geliebten Roten hat doch beides studiert. Aus durchschnittlichen Spielern hat er eine Truppe geformt, die Europa gerockt hat. Elf Einzelspieler haben im Kollektiv wie 15 gespielt. Das ist die Mathematik der Zukunft.«

Eine gewagte Theorie, die aber einiges für sich hat. Der 1967 in Hildesheim geborene Mirko Slomka leistete und leistet Großartiges. Er startete seine Karriere 1989 als Nachwuchstrainer in der schönsten Stadt der Welt. Berühmte rote Eigengewächse wie Sebastian Kehl, Per Mertesacker, Gerald Asamoah oder Fabian Ernst erhielten unter Slomka den letzten Feinschliff für die große Fußballwelt. 1999 wechselte er zu Tennis Borussia Berlin. Der Hauptstadtverein wurde durch zweifelhaft erworbene Gelder des Sponsoren »Göttinger Gruppe« gefördert. Als die betrügerischen Machenschaften des Geldgebers bekannt wurden, entzog der DFB dem Club die Lizenz. Jugendtrainer Slomka wurde zum Cheffußballlehrer ernannt und musste ein schlagkräftiges Regionalligateam zusammenstellen. Dies gelang zunächst, doch nach einer Niederlagenserie musste Slomka vor der Winterpause die Koffer packen. Er heuerte wieder in Hannover an, diesmal als Co-Trainer von Ralf Rangnick, und ging mit ihm wenig später nach Schalke.

»Gott sei Dank wussten die Knappen Slomkas Qualitäten nicht zu schätzen. Die werden niemals mehr als Meister der Herzen sein«, sagte Joe, während er per Fingerschnippen ein neues Bier bestellt.

Ab Januar 2006 wurde Slomka zum Cheftrainer der Westherner ernannt. Mit den Blau-Weißen schied er gegen den FC Barcelona im Viertelfinale der Champions League aus. Als die Mannschaft das folgende Bundesligaspiel gegen Bremen verlor, jagten die Knappen Slomka vom Hof. Es sei keine sportliche Weiterentwicklung der Mannschaft festzustellen. Eine mehr als fragwürdige Aussage, da Slomka nach Erfolgstrainer Ottmar Hitzfeld zwischen 2006 und 2008 die meisten Bundesligapunkte holte. Aber wer mit einem Team wie Schalke nicht den Weltpokal gewinnt, kann nichts taugen.

»Der Mirko wohnt ja in Hannover. Der wusste die Schönheit unserer Stadt und das Potenzial des niedersächsischen Fußballs zu schätzen. Außerdem konnte er durch sein Mathematikstudium ausrechnen, dass seine Zeit als unser Trainer bald kommen würde.«

»Ein Prost auf unseren Mirko.«

Im Januar 2010 erinnerte sich Manager Schmadtke an Slomka. Die Mannschaft stand noch unter Schock von Robert Enkes Freitod – und völlig neben sich. Übungsleiter Bergmann war entlassen worden, obwohl er am Zustand der Mannschaft weitestgehend unschuldig war. Der Verein steckte in einer prekären Ausnahmesituation, in der ein Magier den Hebel umlegen musste, um noch den Klassenerhalt zu bewerkstelligen. Und tatsächlich: Mit Slomka sicherten die Roten am letzten Spieltag durch einen 3:0-Sieg in Bochum den Verbleib in der Bundesliga.

In der Saison 2010/11 spielten die Roten unter seiner Regie ihre beste Saison der Bundesligageschichte. Mit dem 4. Platz wurde die Champions-League-Qualifikation nur knapp verfehlt. Doch das Erreichen der Europa League mit dem Fast-Absteiger der Vorsaison war schon Erfolg genug. In diesem Wettbewerb erreichten Slomkas Mannen 2012 immerhin das Viertelfinale, in dem die Roten gegen den späteren Gewinner des Wettbewerbs Atlético Madrid ausschieden. In der Bundesliga konnte sich die Mannschaft erneut als Siebter für die Europa League qualifizieren. Dabei praktizierte die Roten einen ganz eigenen Stil: Das 10-Sekunden-Umschaltspiel. Diese Kontertaktik überraschte die Gegner und ermöglichte sogar Siege gegen Großkaliber wie Bayern München und Borussia Dortmund.

»Aber diese Saison war nichts«, stelle ich fest. »Wenn ich Mirko einmal treffen sollte, werde ich ihm das sagen. Da liefern die Roten einen großartigen Heimsieg gegen den kleinen HSV ab und vergeigen in Grottenkicks wie gegen Frankfurt oder Hoffenheim den Europapokalplatz.«

Joe lässt die letzte Möhre im Mund verschwinden. »Der Slomka braucht keine Klugschnacker wie dich, Bresser. Wenn die halbe Mannschaft verletzt ist, hilft auch kein Mathematikdiplom. Huszti, Stindl, Andreasen. Alle wichtigen Mittelfeldakteure im Lazarett. Aber nächste Saison zieht Mirko den Karren mit den Jungs wieder aus dem Dreck. Glaub mir.«

Wir bestellen ein weiteres Pils.

»Um noch mal auf Marten zurückzukommen: Dem verrate ich deine Theorie der Slomka'schen Axiome lieber nicht. Obwohl sein Lehrer Hardcore-96-Fan ist, dürfte ihm diese Mathematik zu modern erscheinen.«

»Dann sollte es dein Junge mit Ratemathik versuchen. Darin war ich immer spitze. Schick ihn nur zu mir, ich bringe ihm das bei. 5+7 ist 15, oder? Prost.«

85. GRUND

Weil kein 96-Manager besser und effektiver arbeitete als Jörg Schmadtke

In der Vergangenheit wechselte 96 Spieler und Trainer wie andere Leute Unterhosen. Kontinuität war selten, der Erfolg des Vorjahres oft nach kurzer Durststrecke in der nächsten Saison vergessen.

Erst in der Ära von Martin Kind ließ sich ein längerfristiges Konzept entdecken. Ein Glücksgriff des Präsidenten war mit Sicherheit, den Düsseldorfer Jörg Schmadtke als Sportdirektor zu verpflichten. Schmadtke blickte auf eine erfolgreiche Karriere als Torhüter bei Fortuna Düsseldorf und dem SC Freiburg zurück. Danach war er nach kurzen Intermezzi als Co-Trainer bei Gladbach und Torwarttrainer in Düsseldorf acht Jahre als Sportlicher Leiter der Aachener Alemannen verantwortlich. Unter seiner Ägide stiegen die Aachener 2006 in die Bundesliga auf und erreichten das DFB-Pokal-Finale.

Sein Beginn 2009 in Hannover stand unter keinem guten Stern. Nach einem Fehlstart in die Saison trat Trainer Hecking zurück. Unter dessen Nachfolger Bergmann konnte die Mannschaft ins Mittelfeld der Tabelle klettern. Doch nach dem tragischen Freitod Robert Enkes war die Mannschaft verunsichert. Ein dürftiger Punkt wurde aus sechs Spielen geholt. Nach der Niederlage gegen Berlin wurde Bergmann entlassen und Mirko Slomka verpflichtet. Doch auch unter Slomka verloren die Roten die nächsten sechs Spiele. So präsentiert sich ein sicherer Absteiger. Doch plötzlich legte die Mannschaft den Schalter um. Aus den letzten zehn Spielen holten die 96er 16 Punkte und entgingen durch ein 3:0 in Bochum am letzten Spieltag dem Abstieg.

Danach begann eine Erfolgsstory des Trios Schmadtke, Slomka, Kind. Obwohl Vorbereitung und das Pflichtspiel (Pokal-Aus gegen Fußballgigant Elversberg) mehr als holprig verliefen, standen die

Roten nach drei Partien auf dem 4. Tabellenplatz. Schmadtke zeigte sein Talent, relativ unbekannte Spieler für kleines Geld zu kaufen, die perfekt ins Spielsystem passten. So schlugen die Neuzugänge Moa Abdellaoue und der Österreicher Emanuel Pogatetz sofort ein. Moritz Stoppelkamp erwies sich im Laufe der Saison immer als guter Ergänzungsspieler. Am Ende der Saison stand bekanntlich das sensationelle Erreichen der Europa League. Ein Erfolg, den der Verein neben Mirko Slomka genauso Jörg Schmadtke zu verdanken hat. Die beiden Macher hatten eine Mannschaft geformt, die auch spielerisch zu überzeugen wusste.

Auch andere Spieler der Schmadtke-Ära verzücken die Fans: Lars Stindl, Heimkehrer Szabolcs Huszti, Sturmtank Mame Diouf und nicht zuletzt Ron-Robert Zieler, der sich in Hannover zum Nationaltorwart entwickeln sollte. Verziehen sei ihm der »Schrumpfbrasilianer« França, der hauptsächlich wegen seiner angeblichen Körpergröße von 1,88 Meter verpflichtet wurde, in Hannover aber Trainer Slomka nur bis zum Bauchnabel reichte. Vielleicht wächst der Junge doch noch. Dann hätte Schmadtke wieder einmal alles richtig gemacht.

Leider schien die Chemie zwischen Schmadtke und Trainer Slomka nicht mehr zu stimmen, obwohl Mirko Slomka stets das Gegenteil beteuerte. In der Presse kursierten ständig Gerüchte, dass die Kommunikation zwischen dem Erfolgsgespann gestört sei. Am 17.04.2013 wurde der Arbeitsvertrag zwischen 96 und Jörg Schmadtke auf dessen Wunsch hin aufgelöst. Weshalb genau, weiß nur der Katakombengeist der 96-Arena. Wir wünschen Herrn Schmadtke in Zukunft jede Menge Verpflichtungshits und Horst Heldt ein ebenso glückliches Händchen wie dem Rheinländer.

86. GRUND

Weil Werner Biskup 96 fulminant in die 1. Liga zurückführte, bevor sein Abstieg begann

»Welchen unserer Trainer bewunderst du eigentlich am meisten: Slomka, Rangnick oder Kronsbein?« Ich hocke mit meinem Kumpel Joe in »Charlys Eck«. Vor uns Charlys angebrannte Frikadellen, eine virtuose Mischung aus Frittierfett, alten Brötchen und einem Promille Hackfleisch. Aber mit genügend Herrenhäuser Edelpils füllen die Klopse wohlig den Magen.

»Die waren alle grandios. Aber Werner Biskup fühle ich mich am meisten verbunden. Schließlich stammt der aus meiner Heimatstadt Bottrop.«

»Der wusste einen guten Schluck zu schätzen. Wie wir. Prost.« Wir stoßen an und läuten mit Charlys Glocke über dem Tresen die Werner-Biskup-Gedenkstunde ein.

Biskup lernte beim heimischen VfB Bottrop das Fußballspielen. 1962 wechselte er zum Regionalligisten Bayer Leverkusen in die damals höchste deutsche Spielklasse. Für diese lief er 96 Mal aufs Spielfeld und erzielte sieben Tore. Für einen Abwehrspieler eine gute Quote. Von dort führte ihn der Weg zum rheinischen Konkurrenten aus Düsseldorf. Mit den Landeshauptstädtern stieg er gleich in seiner ersten Saison in die Bundesliga auf. 1968 schlug er seine Zelte wenige Kilometer südlich beim 1. FC Köln auf, einer Top-Adresse im deutschen Fußball. Mit den Domstädtern stand Biskup 1971 im DFB-Pokalfinale und im Halbfinale des Messepokals gegen Juventus Turin. Leider tappte er beide Male als Verlierer vom Platz.

»Damals zog er noch Fritten und Industrielandschaften dem Fusel vor. Charly, hast du schon mal über Erweiterung deiner kulinarischen Genüsse um Pommes nachgedacht?«

Natürlich hat Charly. Allerdings stehen Aufwand und Ertrag in keinem gesunden Verhältnis, behauptet er.

Biskup jedenfalls beendete seine aktive Karriere 1974 im belgischen Lüttich.

Dort wurde er bereits in der Folgesaison als Trainer tätig. Über die Stationen Preußen Münster, VfL Osnabrück und Bayer Uerdingen gelangte er 1983 zu den Roten, in die schönste Stadt der Welt.

»An das Jahr kann ich mich gut erinnern. Björn Borg erklärte seinen Rücktritt und der Hamburger SV gewann den Europapokal der Landesmeister«, plaudert Joe, während er durch Fingerschnippen frisches Herri ordert.

Vom Europapokal träumte in Hannover niemand. Die Saison 1982/83 hatten die Roten als Zwölfter des Unterhauses beendet. Trübes Mittelmaß. Zudem war Torgarant Schatzschneider zu Fortuna Köln gewechselt. In der Saison 1983/84 lief es noch schlimmer. In den ersten sieben Partien gelang den Roten kein einziger Sieg. Daher wurde Trainer Bohnsack entlassen und Werner »Auf einem Bein steht man schlecht« Biskup am 24.10.1984 verpflichtet. Mit ihm schafften die Roten am letzten Spieltag durch ein Remis in Freiburg den Klassenerhalt. Doch die Perspektiven waren schlecht. Nur 3500 Zuschauer (!) wollten im Schnitt die Spiele der Roten beobachten. Eine weitere Horrorspielzeit wurde erwartet.

Doch die Pessimisten wurden eines Besseren belehrt.

Eine sensationell erfolgreiche Saison wurde mit dem zweiten Tabellenplatz abgeschlossen, punktgleich mit Meister 1. FC Nürnberg. Bundesliga, wir kommen. Biskup hatte aus einer mit eher mittelmäßig begabten Spielern bestückten Mannschaft ein schlagkräftiges Kollektiv geformt.

Doch die Bundesliga erwies sich für »Biskups Rasselbande« als mehrere Nummern zu groß. Das Präsidium hielt nämlich strikt am eingeschlagenen Sparkurs fest.

»Hatte Biskup nicht den Spitznamen Doornkaat-Werner?«, sinniert Joe.

»Rodekamp nannte man Doornkaat-Walter. Aber auch Biskup hatte schwer mit dem Alkohol zu kämpfen.«

»Wahrscheinlich eher ohne«, seufzt Joe.

Die Roten hatten Schwierigkeiten, sich in der neuen Klasse zurechtzufinden, rochen aber am hinteren Mittelfeld. Doch Biskups Alkoholprobleme wurden immer offensichtlicher. Präsident Henze flehte ihn an, die Finger von der Flasche zu lassen. Vergeblich. Beim Auswärtsspiel in Frankfurt beleidigte er alkoholisiert den Gegner und randalierte wie Rumpelstilzchen nach einer Wodkainfusion. Schweren Herzens wurde Biskup entlassen. Ohne den Erfolgstrainer verschlechterte sich die Lage. Mit drei weiteren Übungsleitern stiegen die Roten am Ende der Saison mit zehn Punkten Abstand auf einen Nichtabstiegsplatz wieder ab.

»Ein trauriges Schicksal.« Joe wischt sich eine Träne von der Wange. »Charly, für mich bitte nur noch Soda.«

Erst 2000 sollte Biskup erfolgreich eine Entziehungskur absolvieren. Seitdem war er trocken, er verstarb 2014.

»Immerhin waren wir nie so erfolgreich wie Werner. Also können wir auch nicht so tief fallen«, unkt Joe.

Unser Stammtisch ist aber dennoch für heute beendet. Das nächste Mal treffen wir uns bei Fruchtsaft in der Bar eines Fitnessstudios, beschließen wir in melancholischer Stimmung. Prost.

87. GRUND

Weil der Aufstiegskönig Professor Ralf Rangnick auch die Roten zu einem Wiederaufstieg in die 1. Liga geführt hat

Jetzt ist Zeit für ein Loblieb auf jemanden, der zwar noch keinen Meistertitel errungen hat, bis auf dass der den DFB-Pokal in den Berliner Himmel recken konnte, der aber für den deutschen Fußball einiges geleistet hat. Auch für unsere Roten. Die Rede vom Aufstiegskönig und Fußballprofessor Ralf Rangnick. Er hievte den

SSV Ulm 1846 und die Hoffenheimer von der Drittklassigkeit in die 1. Liga, genauso wie der die Roten nach langer Abstinenz wieder in die 1. Fußballbundesliga zurückführte. Fußballprofessor, diesen Titel hat sich Ralf Rangnick nicht nur verdient, weil er in einer denkwürdigen Sendung im *Aktuellen Sportstudio* im Jahr 1998 so ausführlich und akribisch die Taktikten eines Spiels erklärte, sondern auch weil er während seiner Ausbildung mit besten Noten glänzte: Seinen Fußballlehrerlehrgang an der Sporthochsschule Köln schloss er als Jahrgangsbester mit einem Notendurchschnitt von 1,2 ab.

Bei unseren Roten hat Rangnick Glanztaten vollbracht. Was 13 verschiedene Trainer nicht schafften, gelang Rangnick auf Anhieb: der Wiederaufstieg in die Bundesliga. Und was für ein Aufstieg das war! Nachdem der Fußballstratege die Mannschaftstaktik komplett umgestellt hatte, dominierte die Mannschaft die Zweitliga-Saison 2001/02. Daniel Stendel, Jiří Kaufman, Jan Šimák, Nebojša Krupniković – was für stürmische Zeiten erlebten wir Fans mit dieser Traumoffensive. Bis heute ist der Endstand von 93 Toren zum Saisonende zumindest in der 2. Fußball-Bundesliga unerreicht und erinnert ein wenig an die Bayern, die in dieser Bundesliga-Saison die Beletage zu sehr dominierten. Alles vor allem ein Dienst von Ralf Rangnick und seinen Fähigkeiten als Trainer!

Leider klappte es in der darauffolgenden Saison nicht ganz so gut. Wir Roten mussten wieder um die rote Laterne bangen und irgendwie haben wir uns dann im mausgrauen Mittelfeld etabliert. Vielleicht hätte es besser mit Professor Ralf geklappt, wären da nicht die Probleme auf der persönlichen Ebene mit Martin Kind gewesen. Who knows, es hat sich leider so entwickelt, dass Ralf Rangnicks Vertrag, der eigentlich bis zum Sommer 2005 reichte, vorzeitig aufgelöst wurde. Nicht nett, wie das damals rüberkam. Sorry dafür im Nachhinein! Ralf Rangnick gab das übrigens in einem späteren Interview unumwunden zu: »Anders in Hannover 2004. Dort war mir bereits aufgrund der Entwicklungen in der Führungsetage bewusst, dass meine Zeit bald ablaufen würde. Die Chemie zwischen Trainerstab und Vereinsführung stimmte nicht mehr.«[18]

Ralf Rangnick geriet zu einem viel späteren Zeitpunkt wieder in unser Blickfeld, und wir erinnerten uns an unsere gemeinsame Zeit bei den Roten zurück, nämlich als der Fußballprofessor bei den Schalker Knappen seinen sofortigen Ausstieg als Trainer wegen eines Burn-outs verkündete. Chapeau, für den offenen Umgang mit diesem Thema. Außerdem freuen wir uns, dass der Fußballprofessor trotzdem wieder einen Einstieg bei Red Bull Salzburg und RB Leipzig gefunden hat und wünschen alles Gute!

In einem Interview mit *11 Freunde* hatte Ralf Rangnick übrigens schon einige Jahre zuvor sehr heftig kritisiert, dass sich in Deutschland die Fußball-Funktionäre von den Medien zu viel diktieren ließen und damit zusätzlich Druck produzieren.[19] Ja, gerade auf Schalke ist das wohl leider auch Ralf Rangnick passiert. Wir denken außerdem an den gerade geschassten Thomas Schaaf von Werder Bremen, während wir diese Zeilen schreiben. Welche Sau hat denn das bloß übern Wiesenhof getrieben? Bitte Funktionäre von Hannover 96, macht das nicht nach.

88. GRUND

Weil Dieter Hecking für eine ganze Weile bei den Roten für ein Wunschkonzert sorgte und uns von UEFA-Cup-Rängen träumen ließ

Hannover 96 war so etwas wie der Wunschtraum von Dieter Hecking; er schien fast darauf hingearbeitet zu haben. Schließlich hatte der seinen Wohnsitz in Bad Nenndorf immer behalten, selbst in der Zeit, als er den VfB Lübeck oder die Aachener Alemannen trainierte. 1996 bis 1999 kickte er selbst mit den Roten und war maßgeblich an deren Wiederaufstieg in die 2. Bundesliga beteiligt. Übrigens tat er dann etwas, was man als Roter gemeinhin nicht tut: Er wechselte ins Feindesland zur Braunschweiger Eintracht.

In der Saison 2006/07 kam Dieter Hecking als Trainer zu den Roten, pikanterweise direkt nach einer Niederlage von Hannover 96 gegen Alemannia Aachen. Er sollte die Talfahrt der Roten beenden. Das war Hecking eine »Herzensangelegenheit«, wie er immer wieder betonte. So viel Herzblut wurde belohnt: Hecking gelang die Wende. Da stand auf einmal wieder ein Team auf dem Platz, eine Truppe, die gemeinsam miteinander Fußball spielte. Die Fans gerieten in Ekstase, als es den Roten unter Hecking dann erstmals gelang, in München den FC Bayern zu besiegen.

Geschlossene Mannschaftsleistung, das Bollwerk um Steven Cherundolo und Michael Tarnat – daran erinnern wir uns noch heute gern. 96 kam wieder auf Touren und überzeugte mit begeisterndem Spiel. Die Fans belohnten das und strömten wieder in Scharen ins Stadion. Die Roten spielten seit Langem sogar wieder um Euro-League-Ränge mit. Das Thema Europa entwickelte sich während der gesamten Amtszeit von Hecking zum Dauerläufer. Geschafft hat er es mit seinen Mannschaften allerdings nie, so begeisternden Fußball sie auch spielten und so beharrlich und akribisch Hecking auch mit ihnen arbeitete. Immerhin entwickelte sich Hecking zum Dauerläufer. Erst Mirko Slomka sollte Dieter Hecking als Trainer-Rekordhalter ablösen. Diese Konstanz stand den Roten sehr gut zu Gesicht. Konstanz, Akribie, Zuverlässigkeit, absolute Ehrlichkeit, Ehrgeiz, Teamwork und Fairness – das sind die Vokabeln, die man gemeinhin mit Dieter Hecking in Verbindung bringt. Irgendwie schön und gut und Erfolg versprechend, aber irgendwie auch blass und langweilig. Ein komplettes Gegenteil zu seinem Vorgänger, Mr Sprücheklopfer Peter Neururer. Irgendwie passte Hecking also zu den Roten, die in der Bundesliga eben auch dieses mausgraue, blasse Mittelfeld verkörperten und sich bei Hecking in keine schillernderen Regionen weiterentwickeln konnten. Trotzdem: Hecking hat es geschafft, dass die 96er von einer Fahrstuhlmannschaft zu einem Team wuchsen, das sich fest in der 1. Bundesliga etablierte. Sein Ehrgeiz und seine Ambitionen sind geblieben. »Ich habe natürlich auch das Ziel, Titel zu gewinnen – das sollte irgendwann das Endprodukt der Karriere Dieter Hecking gewesen sein«, gab der gesichtsjüngste Trainer der Bundesliga einmal im Interview mit dem Magazin *11 Freunde* zu Protokoll.[20] Mit dem VfL Wolfsburg, den er auch in der kommenden Saison 2013/14 trainieren wird, scheint dies möglich zu sein. Gönnen wir es ihm, er ist ja ein Guter. Nur bitte, Dieter, lass uns Rote bei unseren Derbys gewinnen.

9. KAPITEL

STUNDEN DER WAHRHEIT: WAS FANS MEINES VEREINS LIEBER VERGESSEN WÜRDEN

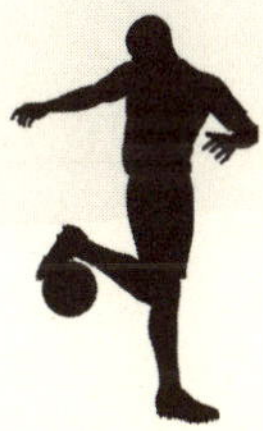

89. GRUND

Weil Hannover 96 sich im Dritten Reich nicht gerade mit Ruhm bekleckert hat

Auch jetzt kommt ein Abschnitt, der bei den Roten gerne verschwiegen wird. Stellen wir uns ihm: »Wir haben beschlossen, Zuschüsse, Unterstützungen oder sonstige Zuwendungen an Vereine nur zu geben, wenn von dem Vereinsvorstande die Erklärung abgegeben wird, dass sich in den Reihen keine Juden oder jüdisch Versippte befinden …«, so lautet ein hannöverscher Magistratsbeschluss vom 26. März 1933. Vorauseilender Gehorsam, bestimmt kein Ruhmesblatt für 96 und die Stadt Hannover: Die Nürnberger Rassengesetze traten im September 1935 in Kraft, aber schon im März 1933 gab es für die hannöverschen Fußballclubs einen »Arierparagraphen«: Juden waren dort unerwünscht.

Dieser Beschluss ist noch viel prekärer, wenn man bedenkt, woher insbesondere Hannover 96 sich finanzierte. 1931 wurde ein neues Vereinsheim gebaut, mit einem Darlehen des jüdischen Bankhauses »Gumpel & Dammann« und einiger wohlhabender jüdischer Vereinsmitglieder. Eine Rückzahlung des Darlehens mit »arischem« Geld scheiterte; aber das Bankhaus zeigte sich gönnerhaft und reduzierte das Darlehen auf die Summe, die zurückgezahlt werden konnte. Von Seiten 96 wurde der Dank übrigens nicht erwidert: Kurze Zeit später wurde eine Ehrentafel mit den Namen verdienter Mitglieder wegen einer Reparatur abgehängt. Merkwürdigerweise waren auf der Ehrentafel, die die alte kurze Zeit später ersetzte, die Namen aller jüdischen Spender verschwunden.

70 Jahre später schämen wir uns, sagen leise Entschuldigung und regen an: Vielleicht wäre es toll, gerade heute einmal wieder eine solche Tafel aufzustellen – mit den Namen ALLER Gönner und einer nachträglichen Entschuldigung. Das wäre doch eine schöne Geste.

Doch die braunen Zeiten ab 1933 trafen nicht nur die Juden, sondern auch eine weitere Schicht: die Kommunisten. Nach dem Brand des Reichstages Ende Februar 1933 wurden alle kommunistischen und sozialdemokratischen Arbeitersportvereine verboten, auch in Hannover. Für deren Vereinsmitglieder öffnete sich allerdings eine Hintertür: Sie durften in die bürgerlichen Vereine eintreten.

Die »nationale Revolution« machte auch vor den Sportvereinen nicht halt. Insbesondere der Fußball spielte dabei während des Dritten Reiches eine große Rolle. Hannover 96 nahm dabei eine besonders exponierte Stellung ein: Ehrenvorsitzender des Vereins war nämlich kein Geringerer als Reichspräsident Paul von Hindenburg, der Hitler zum Reichskanzler ernannte. So wurde 96 auch relativ schnell auf Linie gebracht: Ende August 1933 trat Heinrich Conzen den Posten des Vereinsvorsitzenden, halt: in der Nazizeit hieß das »Vereinsführer«, an. Zum Beginn des Jahres 1934 definierte sich der Hauptzweck des Vereins als Ort der »Erziehung der Vereinsmitglieder durch sportliche Disziplin zu wertvollen Mitgliedern der Volksgemeinschaft«. »Denn das Problem des Sports heißt letzten Endes nicht 96, sondern Deutschland«, machte Vereinsführer Conzen deutlich. Hannover 96 wurde im Dritten Reich – wie viele andere Fußballvereine auch – für politische Zwecke instrumentalisiert.

Eine Person, die das maßgeblich vorantrieb, war der ambitionierte Jugendwart Kurt Tidow: Bei ihm gabs nicht nur Fußballtraining; auch in einer vereinsinternen Wehrsportgruppe konnte, nein: musste, man sich um die Volksgemeinschaft verdient machen. Denn ein Mitwirken war für jedes männliche Vereinsmitglied im Alter zwischen 18 und 30 Jahren Pflichtprogramm – bis sich SA, SS und Hitlerjugend dessen annahmen. Aber sportlich aktiv sein konnten Jugendliche nur dann, wenn sie gleichzeitig Mitglied der Hitlerjugend oder der Bundes Deutscher Mädchen (BDM) waren. Das kam nicht bei allen gut an: Der Verein hatte in den Dreißigerjahren einen massiven Mitgliederschwund zu verzeichnen. Zur Pflichtmitgliedschaft in beiden Vereinen kam noch eine weitere lästige Begleiterscheinung: Jeder Klub muss einen Dietwart benennen, der in regelmäßigen Abständen politische Schulungen durchführte. Bei Hannover 96 kümmerte sich ein Herr Kloppsch um diesen Job.

Wenn die Sportvereine schon ein verlängerter Arm des Wehrsports waren, war klar, wohin die Reise ging: Bereits während der Kriegsvorbereitungen waren die Sportvereine einbezogen, auch die hannöverschen. Im Sommer 1939 wurden alle hannöverschen Sportclubs aufgefordert, Pokale und Medaillen abzugeben; sie wurden für die Rüstungsproduktion benötigt. Zu Kriegszeiten war ein Aufrechterhalten des Spielbetriebes schwierig; allzu viele Vereinsmitglieder dienten an der Front – und kehrten oft nicht zurück.

Als am 14. April 1945 die Amerikaner in Hannover einmarschierten, war Hannover 96 am Boden: Das Klubheim war zerstört und unzählige Mitglieder waren im Krieg gefallen. Die Allierten verboten sämtliche nationalsozialistische Organisationen, natürlich auch die Sportvereine. Hannover 96 war Geschichte. Vorerst.

90. GRUND

Weil Fritz-Haarmann-Plakate, Rassismus und Gewalt bei 96 nichts zu suchen haben

Eine riesige »Haarmann«-Flagge, die Deutsche Meisterschaft von 1938 verherrlichende Schriftzüge, Banner mit »Tod und Hass dem BTSV« oder anderen bösen Beschriftungen, Bengalos und in der Spitze: Schlägereien gewalttätige Auseinandersetzungen mit gegnerischen Fans – egal ob beim Heimspiel oder auswärts: Das geht gar nicht. Ganz klar und als oberster wichtigster Punkt in diesem Kapitel zu einer Sache, bei der man eindeutig hinschauen und ein klares Statement abgeben muss, auch wenn es leichter wäre wegzuschauen: Wir sagen eindeutig: Pfui! Rassismus und Gewalt haben mit Fußball und Fankultur nichts zu tun! Als Fans müssen wir gemeinsam mit dem Verein dafür Sorge tragen, dass Hannover 96 und unsere Leidenschaft nicht damit beschmutzt werden. Wie beschrieben, gibt es schon so einige Initiativen – allen voran das Fanprojekt, das sich professionell damit befasst, dem Einhalt zu gebieten. Das finden wir gut, das finden wir toll, das sollten wir alle miteinander ausbauen.

Dabei ist ganz wichtig: Rassismus und Gewalt dürfen nicht in Schubladen gesteckt werden. Pauschalverurteilungen und Vorverurteilungen sind fehl am Platz. Es ist wichtig, genau und differenziert hinzuschauen. Rassismus und Gewalt kommt nicht von DEN Ultras, geschweige denn von DER Roten Kurve. Und ein zweites: Beim Bekämpfen von Rassismus und Gewalt ist es wichtig, bedacht zu agieren. Erst einmal das Gespräch suchen, sensibilisieren – und wenn dann nichts hilft, kann es immer noch Sanktionen geben. Wir sind nun weder Streetworker noch Fanbeauftragte, die können sicherlich noch erfahrener und versierter darüber reden. Wir sind Autoren mit offenen Augen und wir sind Fans, die ihre Roten genauso lieben wie kulturelle Vielfalt mit all ihren Potenzialen.

91. GRUND

Weil es bei Energie Cottbus Bananen gegen Asamoah und Otto Addo regnete

»Das war viel, viel schlimmer als der Abstieg. Ich kann nur unseren Fans für die Unterstützung danken und versprechen, dass wir es im nächsten Jahr schaffen.« *Carsten Linke nach dem Spiel*

Bleiben wir doch gleich beim Thema Rassismus und einem in jeder Hinsicht für die Roten unangenehmen Kapitel: Ausgerechnet im Jubiläumsjahr 1996/97 musste Hannover 96 in der 3. Liga antreten – und schloss diese als Meister ab. Na dann mal Tassen hoch und

Prost? Grund zum Feiern gab es allerdings noch nicht. Um wieder in die 2. Bundesliga aufsteigen zu können, mussten die Roten erst den Ersten der Regionalliga Nordost, Energie Cottbus, besiegen. Denn nur eine Mannschaft der beiden Regionalligen Nord und Nordost durfte damals aufsteigen. Natürlich setzte Hannover 96 alles daran, wieder in die 2. Liga zurückzustürmen. Sogar ein Trainingslager im Schwarzwald wurde dafür veranstaltet, um optimal vorbereitet zu sein. Also … los: Treten wir eine Reise in die Vergangenheit an und überfliegen mal den *Lüttje-Lage-Liveticker* vom 5. Juni 1997:

Heute ist der Tag der Wahrheit, der Tag der Entscheidung. Das Hinspiel eine Woche zuvor in Hannover endete bekanntermaßen mit 0:0, obwohl sich unsere Roten vor 56.000 Zuschauern und damit einem neuen Besucherrekord als die bessere Mannschaft präsentierten. Jetzt gilt es, den Aufstieg klarzumachen. Anpfiff! Es geht los ….

1. Minute: Otto Addo zeigt den Cottbussern den dreifachen Seitfallaxelpass. Das ist Fußballkunst, wie sie 15 Jahre später ein gewisser Lionel Messi in Perfektion beherrschen soll. Die Cottbusser zeigen sich als Kunstbanausen und sensen Addo um, humorloser als ein Fips-Asmussen-Abend. Das muss Gelb gegen Energie Cottbus geben! Schiri Dardenne belässt es bei warmen Worten. Mensch Georg: Du bist nicht Jesus, der die Bergpredigt verkündigt. Sprich gleich Tacheles.

16. Minute: Ein Cottbusser Grobmotoriker schlägt Asamoah den Ellbogen in die Seite, als wären wir auf der Kirmes am »Schlag den Asa«-Stand. Das war gelber als die Brühe, die Riedel-de Haën vor hundert Jahren in die Kanalisation geblasen hat. Aber bei den Fans wundert uns die Aggressivität auf dem Platz nicht. Klar, den kahl geschorenen Cottbus-Anhängern eilt nicht gerade der Ruf voraus, eine Hippie-Kommune zu sein, heute zeigen sie sich von einer besonders hässlichen Seite. »Haut den Neger um!« scheint ihr Lieblingssong zu sein. Wir stimmen die Internationale an, werden aber von den Brandenburgern überbrüllt. Wir wünschen uns jetzt gutes Herrenhäuser, um dieses traumatische Erlebnis besser ertragen zu können.

38. Minute 1:0 für Energie Cottbus (Eigentor durch Niclas Weiland): Carsten Linke klärt souverän, als würde er Müll entsorgen. Ein Hoch auf den Fußballgott. Dardenne pfeift Freistoß. Georg, man darf Fehlentscheidungen auch zurücknehmen. Zeig menschliche Größe. »Jetzt mal eben nicht«, ruft Dardenne. Okay, ein Versuch war es wert. Hoßmang tritt an. Und ... was ist denn da passiert? Weiland fälscht wie ein defekter Blitzableiter ins eigene Tor ab. Der war unhaltbar für Sievers. 0:1 gegen die Roten. Mund abputzen, Jungs. Heute geht es nicht nur um Fußball, es geht um Politik und da sollte das Gute gewinnen.

44. Minute 1:1 Ausgleich Hannover 96 (Fabian Ernst): Fabian Ernst hat genug von Dribblings, Doppelpässen, Kabinettstückchen. Wenn Cottbus nur rustikal versteht, bekommen sie das volle Brett. Er zieht aus 20 Metern ab! Wie ein Strich segelt der Ball ins Tor. Was für ein Ding. Bleibt es bei diesem Ergebnis, steigen wir auf. Mein Kollege Manni startet bereits eine Aufstiegspolonaise, aber dafür ist es zu früh. Die Cottbusser fühlen sich provoziert: »Haut den Manni um, haut den Manni um!« Immerhin haben Otto und Gerald für ein paar Minuten Ruhe.

59. Minute: Ich verschlucke mich fast an meiner Bulette. Das wäre es gewesen, das 2:1 für unsere Roten, da fehlte nur ein Nasenhaar. Diese Freistoßflanke von Milovanović kam hervorragend; Addo und Dermech grätschen ins Leere wie bei der rhythmischen Sportgymnastik. Kann passieren, sollte aber nicht.

61. Minute: Armageddon in Cottbus. Die Flutlichtanlage fällt aus. Ich lese Statistiken: Die Cottbusser Beleuchtung hat schon Konzerte der Puhdys und SED-Parteitage in besseres Licht gerückt. Die gibt es schon seit Bau der Mauer, nie ist sie ausgefallen. Nur heute. Ein Schelm, wer Böses denkt.

61. Minute: Nach zehn Minuten kann ich wieder Manni und meine Hand erkennen. Sogar 22 Spieler auf dem Feld. Und die Roten legen los wie die Lindener Feuerwehr: Kovacec flankt auf Milovanović und der zwirbelt die Pille ins Tor!!!! Doch halt, der Treffer zählt nicht.

Milovanović stand im Abseits. Zur Beruhigung trinke ich Mamas Baldriantee. Zurzeit sind wir in der 2. Liga.

66. Minute: Die Cottbusser ruppen nach wie vor wie auf dem Rugbyfeld. Melzig foult zum gefühlt hundertsten Male Otto Addo und Dardenne hat die Faxen dicke: Platzverweis. The honeymoon is over, baby. War eigentlich schon lange fällig.

73. Minute 2:1 für Energie Cottbus (Detlev Irrgang): Die Cottbusser rasten jetzt aus. Bananen, Bierbecher und BHs segeln auf das Spielfeld. Von »Neger, Neger«-Hassgesängen untermalt. Hier möchte ich als Migrant nicht mal in die Kirche gehen. Warum hat man bei der Wiedervereinigung Cottbus nicht den Polen überlassen? Nein, jetzt werden wir auch gemein. Sicherlich gibt es auch nette Cottbusser, sicherlich sind sie aber heute nicht in diesem Stadion des Hasses.

Aufpassen, Carsten. Zimmerling tritt an, der dribbelt sich durch, spielt auf Detlev Irrgang. Aufpassen, Carsten. Irrgang braucht ihn nur noch reinzuschieben und da ist es passiert: Cottbus führt 2:1. Dabei sind die Roten spielerisch klar besser, aber dafür können wir uns noch nicht mal eine Banane kaufen, brauchen wir auch nicht, die gibt es auf dem Rasen für lacko.

75. Minute: Doch die Roten setzen gleich zum Gegenzug an. Wieder ist der Ball im Tor! Das gibt's doch gar nicht! Was für ein Spiel! Aber halt alles wieder zurück: Hohes Bein von Kovacec, der Treffer zählt nicht!

86. Minute 3:1 für Energie Cottbus (Detlev Irrgang): Ja, was macht denn der Irrgang jetzt. Der spielt ja völlig entfesselt, als könne er wirklich Fußball spielen, umdribbelt unsere komplette 96-Abwehr und … Schuss … Das ist das 1:3. Die Entscheidung! Manni heult wie meine Tochter bei den Hausaufgaben und ich selbst beiße vor Wut ins Geländer. Was für ein Dreckstag. Und wir müssen noch in voller Fan-Montur zu unseren Autos. Sollten die noch existieren.

Nachrede: Ja, Hannover 96 verpasste den Aufstieg – mit bitteren Auswirkungen: Die Roten nahmen keine TV-Gelder ein, eine Schuldenlast von drei Millionen Mark drückte – und auch Schatzmeister Hans-Joachim Franck und Präsident Wöbse entzogen sich rasch der Verantwortung. Wahrhaft bittere Stunden für 96. Auch einem gewissen Gerald Asamoah blieb dieses denkwürdige Spiel in nachhaltiger Erinnerung. »Meine extremste Erfahrung in puncto Rassismus war ein Spiel mit Hannover 96 gegen Cottbus 1997. Ständig flogen Bananen auf den Platz. Otto Addo und ich wurden gezielt ausgebuht und beleidigt. Darunter habe ich lange gelitten«, sagte er im April 2013 in einem Interview für die *Hannoversche Allgemeinen Zeitung.*

92. GRUND

Weil die Roten ausgerechnet im Jubiläumsjahr 1996 aus der 2. Liga abstiegen

In diesem Buch haben wir oft von Wundern erzählt, vom Weihwasser der Leine, vom Papst in der Tasche. Es gab aber einen Zeitpunkt, wo das rote Glück aufgebraucht war. Schon oft hatte der Verein vor dem Sturz in die Pleite oder dem sportlichen Sturz in die Bedeutungslosigkeit gestanden. Ausgerechnet im Jubiläumsjahr war es so weit.

Dabei hatte das Präsidium um Klaus-Peter Müller alles Menschenmögliche getan, um den Verein in ruhige Fahrwasser zu schippern. Der Club war mit 1,7 Millionen Mark verschuldet. Es hatten zwar schon wesentlich höhere Beträge auf der Haben-Seite gestanden, dennoch wollte der DFB einen Transferüberschuss von einer knackigen Million sehen. Daher verscherbelte Müller alle Spitzenverdiener des Kaders: Emmerling, Groth, Studer, Harforth, Gütschow. Man fühlte sich an den Slogan eines Baumarkts erinnert: »20 Prozent auf alles, bis auf Tiernahrung.« Stattdessen wurden junge Nachwuchstalente wie Kovacec und Stojanović geholt. Zudem wurden einige Amateure in die erste Mannschaft integriert. Ein gewagtes, aber notwendiges Unterfangen. Als Trainer wurde der frühere Bayern-Co-Trainer Egon Coordes verpflichtet, ein harter Hund. Aber ein Münchener hat ein Erfolgsabo, dachte man wahrscheinlich.

Die Saison startete durchwachsen. Zwar gewann man am grünen Tisch mit 2:0 gegen Mainz, da der Mainzer Ziemer nicht spielberechtigt gewesen war. Dann folgten ein Remis gegen Duisburg, eine Niederlage in Bochum und ein knapper Sieg gegen Mannheim. Danach folgten wieder etliche Unentschieden.

Diese schmerzten besonders, da in dieser Saison zum ersten Mal die Dreipunkteregel galt. Ein Remis war von den Punkten her betrachtet eine Niederlage light. Die Saison glich einer Berg- und Talfahrt, wobei sich die Kurve aber immer mehr in den Keller senkte. Doch zeitweise – als die Roten gegen Berlin und in Nürnberg gewannen – träumte man in der Leinemetropole wieder von der Bundesliga. Nur Trainer Coordes warnte, dass mehr als Mittelfeld in dieser Saison nicht drin sei.

Um die Mannschaft zu verbessern, wurde Alexander Borodjuk vom SC Freiburg geholt. Dies nützte wenig. Zur Winterpause rangierte 96 mit acht sieglosen Partien in Folge auf Rang 14. Daher wurde in der Winterpause kräftig investiert. Mit Carsten Linke, Steffen Benthin, Claus Grzeskowiak, Uwe Schneider und Sławomir Majak kamen gleich fünf neue Spieler. Doch der Erfolg blieb aus.

Trotz eines 1:0-Erfolgs in Mannheim zu Beginn des neuen Jahres fielen die Roten bald darauf auf einen Abstiegsplatz zurück. Coordes wurde in die Wüste geschickt. Der Trainer hatte die allgemeine Euphorie nicht mitgetragen und immer wieder auf Missstände im Verein hingewiesen. Vielleicht hätte er die Kurve noch gekriegt. Man weiß es nicht.

Der Trainer der Amateure Jürgen Stoffregen übernahm das Ruder des sinkenden Schiffes. Er startete erfolgreich mit einem 4:0 gegen Leipzig. Doch danach ging es munter weiter wie bisher. Am drittletzten Spieltag fuhr 96 zum Schicksalsspiel nach Jena. Es fehlten drei Punkte auf einen Nichtabstiegsplatz. Bisher hatten sich die Roten in wichtigen Spielen meist durchgesetzt. Passend zur katastrophalen Saison klappte es diesmal nicht. Die Thüringer gewannen 4:1. Zwar wurde gegen Chemnitz gewonnen, aber das war bereits egal. Am letzten Spieltag verabschiedete sich 96 mit einer 2:1-Niederlage bei Bielefeld aus dem bezahlten Fußball. Der Abstand zum rettenden Ufer betrug satte 5 Punkte. Die Qualität des Teams war in dieser Saison einfach zu schlecht für Zweitligaverhältnisse. Die Nanas und das Ernst-August-Denkmal am Bahnhof trugen Trauerflor. Die Leine weinte leise in sich hinein und die Bäume in den Herrenhäuser Gärten verloren ihre Blätter. Die Jubiläumsfeier geriet zum Totenschmaus.

93. GRUND

Weil sich die Roten im Mai 1996 vorerst aus dem Profifußball verabschiedeten

Die Horrorsaison 1995/96 haben wir bereits in voller Gänze mit Tränen in den Augen Revue passieren lassen. Doch Fußballfans lecken gerne ihre Wunden. Daher wollen wir uns noch einmal in roten Trauer suhlen und schauen, was der *Lüttje-Lage-Ticker* von diesem denkwürdigen Tag berichtete.

23.05.1996, Ernst-Abbe-Sportfeld, Jena.

0. Minute: Der Empfang beim dreimaligen DDR-Meister war freundlich. Gleich nach dem Kassenhäuschen wurden uns Rostbratwürstchen mit extra viel Senf in die Hand gedrückt. Oder war das symbolisch gemeint? Wir sind gedämpft optimistisch. Drei Punkte Rückstand auf einen Nichtabstiegsplatz sind in drei Spielen aufzuholen. Ein Sieg heute ist Pflichtprogramm. Die Heimniederlage im letzten Spiel gegen Unterhaching schmerzt natürlich. Mund abwischen und nach vorne schauen. Leider spielt der Aufsteiger eine gute Saison und hat sich im oberen

Mittelfeld eingenistet. Eine schwere Aufgabe. Vielleicht lassen es die Thüringer aber auch locker angehen. Schließlich haben sie weder etwas mit dem Auf- noch mit dem Abstieg zu tun. Allerdings haben wir auf den Feldern neben der Autobahn schwarze Raben gesehen. Manni hat außerdem versehentlich »Highway to Hell« in den CD-Schacht gesteckt. Hoffentlich kein schlechtes Omen. Knapp über 3000 Zuschauer wollen diese Partie beobachten. Dann man tau, Jungs. Gebt alles.

7. Minute: 1:0. Sievers will gerade einen Schluck aus der Wasserflasche genießen, da hat es in seinem Kasten geklingelt. Vor Schreck schmeißt er die Flasche Richtung Tribüne. Hoffentlich gibt das keine Anzeige wegen Vandalismus. Jenas Schneider tanzt Lambada zu Puhdys' »Es war schön«. Sieht blöd aus, ist auch blöd. Manni bleibt die Bratwurst im Hals stecken, doch mit Hilfe des Heimlich-Handgriffs rette ich den Kollegen.

45. Minute: Halbzeit. Ein engagierter, aber bisher unglücklicher Kick unserer Roten. Bisher hatten wir in Endspielen mehr Schweine als Wiesenhof Hühner hat. Ich zumindest bin nach wie vor optimistisch und genieße süffiges Thüringer Bier.

47. Minute: 2:0. Das ist bitter. Haben die Thüringer unseren Jungs Valium in den Pausentee geträufelt? Kämpfe erhöht nur zwei Minuten nach Wiederanpfiff auf 2:0. Ich fürchte, da geht nichts mehr. Frustriert krame ich die Landkarte der Regionalliga aus der Tasche und eruiere, ob Straßen von Hannover nach Herzlake und Delmenhorst führen.

48. Minute: 2:1. Und gibt es keine Hoffnung mehr, kommt 1, 2, 3 ein Prinzen her. Manni feuert jetzt ununterbrochen unsere Jungs an. Klassenerhalt wir kommen! Um Herzlake zu erreichen, musst du übrigens bis Osnabrück juckeln, dort einen Helikopter mieten und dich über dem Hasetalstadion abseilen lassen. Nee, Regionalliga ist nix für uns.

52. Minute: Gelb-Rot für Klütz. Schiri Wack braucht auch etwas Bewegung und greift zwei Mal in die Tasche. Hätte er die Karten nicht in Richtung Jena zeigen können? Dabei spielen die Roten engagiert wie selten in dieser Saison. Meine gute Erziehung verbietet mir die Flüche, die ich jetzt in die Tastatur tippen will.

88. Minute: 3:1. Hannover kämpft wie Moby Dick gegen Captain Ahab. Leider genauso vergeblich. Vor dem Jenaer Tor sind die Roten so gefährlich wie Günther, der Treckerfahrer. Zimmermann stellt den alten Vorsprung wieder her. Das ist es wohl.

90. Minute: 4:1. Hannover stürmt mit Mann und Maus. Trainer Stoffregen will sich selber einwechseln, um das Unmögliche noch möglich zu machen. Als Bennert den Sack für Jena zubindet, stirbt die Hoffnung. Keine Chance, dass wir beide noch ausstehenden Spiele gewinnen und die Konkurrenz patzt. Außerdem: Es gibt nicht genug Alkohol in Jena, um unseren Frust runterzuspülen. Manni heult wie ein geprügelter Schlosshund, auch mir steht das Wasser in den Augen. Dieser Tag ist bitterer als Chicoréesalat, finsterer als das schwarze Loch. Wir sind geknickt, als hätten wir einen Sechser im Lotto getippt und vergessen, den Schein abzugeben. Manni und ich beschließen, nur noch vom Kindercurling zu tickern. Heute ist der Fußball in Hannover gestorben. Zumindest bis zur nächsten Saison.

94. GRUND

Weil die Bundesliga ohne Hannover 96 startete

Frühjahr 1963. Geschichtsträchtige Zeiten für den Fußballsport. Erstmals soll eine bundesweite Liga, die sogenannte Bundesliga, etabliert werden und die landesweiten Oberligen ablösen. Doch wer darf mitmischen? Natürlich will jeder, doch nur wenige dürfen! Die Regel ist: Aus der Regionalliga Nord, in der auch die Roten kicken, dürfen nur insgesamt drei Teams ins Oberhaus aufsteigen. Wer das ist, das entscheidet ein komplizierter Qualifikationsschlüssel. Sonnenklar ist, dass der ewige Meister der Regional-Liga Nord, der Hamburger SV, der den norddeutschen Fußball in den letzten 15 Jahren dominierte, mit seinem grandiosen Uwe Seeler in die Bundesliga einziehen wird. Auch Werder Bremen scheint gesetzt zu sein.

Doch wer wird die Nummer drei? Der ehemals deutsche Meister von 1938 und 1954 rechnet sich gute Karten aus. Doch dann die böse Überraschung, als die Rangliste mit den Qualifikationspunkten veröffentlicht wird: Hannover 96 ist in der Liste hinter Eintracht Braunschweig platziert! Die Braunschweiger reihen sich zwar ebenfalls hinter dem VfL Osnabrück, dem FC St. Pauli und punktgleich mit Holstein Kiel ein, doch ihnen wird eine größere wirtschaftliche Stabilität bescheinigt als den vor ihnen liegenden Klubs. Und so zieht der Erzrivale von Hannover 96, Eintracht Braunschweig, vorbei an den Roten in die 1. Fußballbundesliga auf. Eine Schmach und eine große Enttäuschung für die Landeshauptstädter. Man fühlte sich ungerecht behandelt, zweifelte die Auswertung an, sprach hinter vorgehaltener Hand über Kungelei. Doch wenn man mal mit einem gewissen zeitlichen Abstand ganz sachlich und nüchtern die Ewigen-Tabelle der Oberliga Nord aus den Jahren 1947 bis 1963 betrachtet, dann zeigt sich ganz klar, dass Hannover 96 eindeutig und mit klarem Abstand hinter der Braunschweiger Eintracht platziert war. Von Schiebung kann gar keine Rede sein. Deswegen nehmen wir es doch sportlich und gönnen es den Braunschweigern, dass sie damals den Vorzug bekamen, freuen uns über ihren Wiederaufstieg ins Oberhaus zur Saison 2013/14 und auf viele fesselnde Derby-Duelle!

95. GRUND

Weil 1992 für die Roten Europa nur bis nach Werder Bremen reichte

Irgendwann im August 1992: *Herzlich willkommen, sehr geehrte Damen und Herren, zu dieser Sondersendung von NDR Radio Niedersachsen. Heute an diesem wunderbar sonnigen Tag wollen wir live dabei sein und uns die Auslosung der Gegner im Europapokal nicht entgehen lassen! Wie Sie wissen, haben wir ja zwei deutsche Mannschaften im Lostopf: unseren Titelverteidiger Werder Bremen und den Überraschungssieger des DFB-Pokals, die Zweitligisten von Hannover 96.*

Endlich wieder Europapokal – das mögen sich die Spieler aus der Landeshauptstadt Hannover bestimmt gerade denken! Wir sind gespannt und drücken Ihnen die Daumen: Spartak Moskau, FC Liverpool, Atlético Madrid – da sind einige interessante Gegner mit Rang und Namen dabei, auf die beide Mannschaften hoffen können. Die Losfee ist kein Geringerer als der amtierende Weltfußballer des Jahres Marco van Basten vom AC Mailand. Schauen wir mal, welche Gegner er für unsere beiden norddeutschen Mannschaften bereit hält. Jetzt zieht er die erste Paarung, es sind AIK Solna gegen den Aarhus GF, alter Schwede sag ich da nur. Und jetzt die zweite Paarung: die Schotten von Airdrie United gegen Sparta Prag, da fällt mir jetzt grad nichts Schlaues zu ein. Dritte Paarung: Jetzt sind die Nordiren vom Glenavon FC dran, sie treffen auf: Royal Antwerp FC, den ältesten Fußballverein Belgiens. Bisher alles unbeschriebene Blätter. Nächste Paarung: Da hat der Marco van Basten tatsächlich Werder Bremen gezogen. Jetzt sind wir gespannt, meine Damen und Herren, auf wen die Bremer in ihrer ersten Begegnung am 16. September treffen werden – es ist – die Spannung steigt: Hannover 96! … Na, das ist ja unglaublich … das wird jetzt keinen von beiden freuen. Und gerade die Roten von der Leine, die sich so sehr auf ihr Comeback in Europa gefreut hatten. Schauen wir, was das gibt …

Das hatte ein »Nachspiel«…

Das leider nicht gut für die Roten endete. Das Hinspiel in Bremen ging mit 1:3 verloren. Zwar gaben die Roten beim Rückspiel im Niedersachsenstadion vor heimischen Publikum alles, doch es hat schlussendlich trotz eines Sieges von 2:1 nicht gereicht, ein einziges Tor hat gefehlt, um wenigstens die Verlängerung zu erspielen … So musste Hannover 96 noch mal knapp 20 Jahre ausharren, um endlich wieder richtig in Europa mitmischen zu können.

96. GRUND

Weil Michael Tarnat unwürdig verabschiedet wurde

»Was für ein Pott«, bewundert Joe den Dartpokal in Charlies Eck, den wir wie jedes Jahr wieder nicht gewonnen haben. »Wie viel Herri da wohl reinpasst?«

»Fünf Pinters schätze ich.«

»Oder in den DFB-Pokal, den wir 1992 gewonnen haben?«

»Keine Ahnung«, gebe ich zu.

»Man müsste jemanden fragen, der sich mit so was auskennt. Einen Trophäenspezialisten. Auf Anhieb fällt mir da der Micha Tarnat ein, aber der hat Hannover auf seiner persönlichen Landkarte ausradiert.« In der Tat. Wenn sich ein ehemaliger 96-Spieler mit Titeln auskennt, ist das Michael Tarnat: Deutscher Meister 1999, 2000, 2001 und 2003. DFB-Pokal-Sieger: 1998, 2000, 2003. Champions-League- und Weltpokal-Sieger 2001. Um das Volumen der von »Tanne« gewonnenen Pokale auszurechnen, braucht man schon ein Mathematikdiplom. Aber der hochgewachsene Abwehrrecke wird es wissen.

Dabei glänzte der Linksverteidiger eher durch professionelle Unauffälligkeit, was für einen Abwehrspieler durchaus positiv zu bewerten ist. Von seinem Stammverein SV Hilden-Nord wechselte er mit 21 Jahren zum MSV Duisburg. Nach vier Jahren an der Wedau schloss er sich dem Karlsruher SC an. Dort fiel er den Münchener Bayern auf. Eigentlich als Ergänzungsspieler geholt, erkämpfte sich Tarnat rasch einen Stammplatz in der Startruppe von der Säbener Straße. Er absolvierte von 1997 bis 2003 122 Spiele für die Münchener und erzielte acht Tore. Dabei feierte er Erfolge am Fließband, erlebte aber auch bittere Stunden. So stand er in der Bayern-Mannschaft, die 1999 das Champions-League-Finale gegen Manchester trotz Führung noch in den letzten Minuten vergeigte. Kann vorkommen. Dabei war er sich für nichts zu schade. In einem Spiel gegen Eintracht Frankfurt vertrat er den verletzten Oli Kahn (der Ersatztorwart war ebenfalls spielunfähig) und rettete den Bayern mit unorthodoxen Rettungstaten noch den Sieg.

Nach einer kurzen Episode bei Manchester City heuerte Tarnat 2004 bei Hannover 96 an. Er hatte bereits beim MSV Duisburg unter Trainer Lienen gespielt und sollte die Abwehr stärken. Dies gelang in der Tat. Obwohl insbesondere das offensive Mittelfeld und der Angriff vor der Saison als Prunkstück der Mannschaft gegolten hatten, stellten die Roten die drittbeste Abwehr der Saison. Leider reichte das mit nur 34 selbstgeschossenen Treffern – selbst Absteiger Bochum erzielte 47 Tore – nur zum 10. Platz. In der Folgesaison wollten die Roten einen UEFA-Cup-Platz erreichen. Doch die Leistungen waren zu wechselhaft. Lienen wurde in die Wüste geschickt, Peter Neururer kam. Mit diesem erlebten die Roten ein kurzfristiges Hoch, fielen dann aber wieder ab. Am Ende stand man auf dem 12. Platz. Auch die Abwehr mit Michael Tarnat und Per Mertesacker bekam 47 Gegentore eingeschenkt, kein Ruhmesblatt.

Für einen UEFA-Cup-Platz sollte es für Michael Tarnat in Hannover nicht mehr reichen. Unter Dieter Hecking spielte der Ex-Bayer keine große Rolle mehr. Am 16.05.2009 absolvierte Tanne gegen Wolfsburg sein letztes Spiel für 96 und als Profi überhaupt. Dieser Abschied war für den verdienten und bei den Fans überaus beliebten Tarnat unwürdig. Ihm wurde erst kurz vor dem Spiel mitgeteilt, dass er in Heckings Planungen keine Rolle mehr spiele. Als er ausgewechselt wurde, lehnte er Heckings Handschlag ab. Diese beiden werden wohl kein Tantraseminar zusammen besuchen. Präsident Kind versuchte, die Wogen zu glätten, doch Tarnat hatte den Papp auf. Er lehnte jede weitere Zusammenarbeit ab und ging zurück zu den Bayern. Wirklich schade. Seine gewaltigen Freistöße und exakten Flanken werden die Fans noch lange im Gedächtnis behalten.

»Der Hecking ist doch auch schon lange Geschichte«, murrt Joe. »Zum Glück leitet Tanne seit 2017 die Nachwuchsakademie der Roten. So wurde alles gut.«

»Gott sei Dank. Sonst würde ich mich fremdschämen.«

»Manchmal hast selbst du recht, Bresser«, sagte Joe und ordert noch einen Whiskey-Cola.

97. GRUND

Weil der BVB die Roten im Dezember 2012 im DFB-Pokal schmachvoll nach Hause schickte

»An Tagen wie diesen, wünscht man sich Unendlichkeit. An Tagen wie diesen, haben wir noch ewig Zeit. Wünsch ich mir Unendlichkeit«, singen die Toten Hosen. Am 19.12.12 wünschten sich nur die Dortmunder Unendlichkeit. Unsere Roten wurden vorgeführt wie ein Kreisligist. Dabei sollte der Gewinn des DFB-Pokals jeden Spieler bis in die Nasenhaare motivieren. Schließlich braucht man nur sechs schlappe Siege, um in der nächsten Saison europäisch spielen zu dürfen. Das Engagement will den Roten keiner absprechen, nur die Umsetzung endete in einer Katastrophe.

Dabei waren die Voraussetzungen günstig. Die Kicker von der Leine hatten in der ersten Runde 6:1 in Nöttingen gewonnen. Bisher waren die Badener im Norden eher durch saftige Bratwürste bekannt, deren magischer Sud laut lokalem Aberglauben Lahme zu Sprintern vom Kaliber eines Usain Bolt transformiert. Die Fußballer spielen in der Oberliga, erwartungsgemäß konnten die Roten nach Genuss der sagenhaften Bratwurst eine lockere Trainingseinheit einlegen. In der zweiten Runde wurde es schwieriger. Im Elfmeterschießen parierte Hexer Zieler zwei Schüsse der Dresdener Dynamos. Das Ticket fürs Achtelfinale war gebucht. Obwohl die Dortmunder auch in dieser Saison in Liga und der Champions League eine gute Rolle spielten, konnte ihnen im Hinrundenspiel der Bundesligasaison in der AWD-Arena ein 1:1 abgetrotzt werden. Warum sollten sich die Fans um die Roten sorgen?

Der *Weltuntergangsticker* berichtet:

3. Minute: Dortmund kombiniert in purer Fußballschönheit. Wäre dieser Spielzug ein Gemälde, würde er mein Büro verschönern und in den angesagtesten Galerien zu finden sein. Kehl passt Richtung Großkreutz, der nach rechts weiterflankt. Götze verwandelt aus kürzester Entfernung. Lewandowski stand zwar in der Mitte passiv im Abseits, doch Dr. Brych erkennt vor lauter Begeisterung keine Behinderung von Zieler. Das Tor zählt.

18. Minute: Dortmund stürmt munter weiter, als würden die Kicker nach gelaufenen Kilometern bezahlt. Hannover kann sich nicht aus der eigenen Hälfte befreien. Reus passt ungehindert zu Kuba, der an Zieler scheitert. Der hannöversche Keeper gibt dem Polen aber eine zweite Chance. Unsere Roten sind faire Sportsleute. Diesmal macht es Błaszczykowski besser und vollstreckt. Wären wir neutrale Zuschauer, würden wir uns über ein tolles Spiel der Dortmunder freuen. Wenigstens heulen wir nicht. Gebt Gummi, Jungs. Es sind noch 70 Minuten zu spielen.

40. Minute: Reus schindet ein Foul. Wir hätten nicht gepfiffen, aber Foul ist, wenn Brych pfeift, und er pfeift. Er möchte gerne einen der magischen Dortmunder Freistoßtricks bewundern. Brych kann man verstehen, aber hat dieser großartige Reus eine Schwalbe nötig? Der folgende Freistoß ist allerdings ein Leckerbissen. Götze schießt frech durch die Mauer hindurch ins linke Eck. Da ist Zieler machtlos. Die Proteste der hannöverschen Kicker halten sich trotz der zwei etwas zweifelhaften Tore im Rahmen, zu groß ist die Dortmunder Überlegenheit. Als würde ich mit meinem Trabi gegen Vettel auf dem Nürburgring antreten. Quatsch, schlimmer.

79. Minute: Diouf – wer sonst – überwindet nach einem Kopfball von Huszti Torwart Weidenfeller. Nur noch 3:1. Dieses Tor als Ehrentreffer zu bezeichnen würde das Wort »Ehre« entwerten. Es ist das Lebenzeichen eines Ertrinkenden, der kurz vor dem Exitus noch einen Finger durch die Wasseroberfläche popelt. Freude will bei den mitgereisten Roten nicht aufkommen. Das war eher Zufall.

84. Minute: Lewandowski passt, Götze verwandelt im Volleyschuss. 4:1. Wenn man den Dortmundern an diesem Tag irgendetwas vorwerfen kann, ist es die mangelnde Chancenverwertung. Gefühlt müsste die Niederlage für die Leinekicker dreistellig ausfallen. Heute würde es uns nicht wundern, wenn die Roten Mario Götze gleich Beifall klatschen. Der Flügelflitzer ist die Marzipanglasur einer Zuckertorte, einfach lecker. Hannovers Spiel gleicht angebrannten Marshmallows: ungenießbar und ohne Nährwert.

90. Minute: Wie das Finale einer Mahler-Symphonie: Lewandowski darf auch noch mal. Wie nett. Bittencourt bedient den Stürmer und der setzt den Ball an den Pfosten. Den Abpraller bombt er unter die Latte. 5:1. Wir haben nicht mal mehr die Kraft, uns mit Dortmunder Bierspezialitäten zu trösten, um diesen furchtbaren Tag zu vergessen. Eine Niederlage, für die der Vergleich fehlt. Wir verabschieden uns und beklatschen das grandiose Dortmunder Spiel. Leider durfte unsere Mannschaft nur als Statist daran teilnehmen.

So weit der *Weltuntergangsticker* aus Dortmund. Doch im Fußball geht es immer weiter. Die Dortmunder verloren in der Liga 1:4 gegen den kleinen HSV, den wir wiederum mit 5:1 im Niedersachsenstadion demontierten. Haken wir die bitteren 90 Minuten in Dortmund als Lernerfahrung ab.

98. GRUND

Weil 96 im Spiel gegen Inter Mailand und viele weitere europäische Fußballgrößen total unterging

Der Messepokal war ein internationaler Wettbewerb, der Handelsmessen bewerben sollte. Obwohl er als Vorgänger des UEFA-Cups gilt, wurde er nicht von der UEFA veranstaltet. Standen anfangs noch Stadtauswahlen der Städte auf dem Rasen, durften ab 1964/65 nur Erstligavereine an der Konkurrenz teilnehmen.

Diesem Umstand hatten es die Roten zu verdanken, dass sie als Vertreter der Messestadt Hannover ins internationale Rennen geschickt wurden. Am 09.11.58 stellte sich der AS Rom in der schönsten Stadt der Welt vor. Der Auftritt ging vor 15.000 Zuschauern mit 1:3 verloren. Im Rückspiel in der italienischen Hauptstadt erkämpften sich die Roten sogar ein 1:1 durch ein Tor von Gollnow. Hier wollten nur 8000 Zuschauer die Roten bestaunen. Das Abenteuer Europa war aber schon beendet. Die Italiener waren ein wesentlich stärkerer Gegner als die Ligakonkurrenten aus Altona, Bergedorf oder Hildesheim.

In der nächsten Saison sollte es besser laufen. So der Plan. Die 96er überzeugten in der Liga durch erfrischendes Offensivspiel. Der Gegner hieß diesmal Inter Mailand. Obwohl in beiden Spielen die freche Unbekümmertheit der Hannoveraner gelobt wurde, gingen sie mit Pauken und Trompeten unter. Nach dem 8:2 in Mailand war die Messe schon gelesen, zu Hause folgte ein nicht weniger deprimierendes 1:6. Bitteres Lehrgeld für den Neuling auf der europäischen Bühne. 1961/62 hieß der Gegner Espanyol Barcelona. Diesmal zogen sich die Roten mit knappen Niederlagen (0:1/0:2) trotz einer katastrophalen Saison achtbar aus der Affäre. Dennoch schien Europa mehr als eine Nummer zu groß für die Roten zu sein.

Einen Glanzpunkt setzten die Niedersachen 1965/66. Zunächst wurde der FC Porto mit 5:0 aus dem Stadion gefegt. Die knappe Rückspielniederlage reichte zum Weiterkommen. Im Achtelfinale wartete kein Geringerer als der FC Barcelona. Der wurde durch einen Doppelpack von Siemensmeyer mit 2:1 besiegt. Das Rückspiel endete 0:1 aus Hannoveraner Sicht. Der Sieger wurde per Los ermittelt. Leider hieß er Barcelona. Eine mehr als unglückliche Episode. Immerhin konnten die Roten in dieser Saison ihre ersten Siege im Europapokal feiern.

Bemerkenswert war auch die Saison 1968/69, als Hannover Odense BK und den AIK Stockholm ausschaltete, bevor sie im Achtelfinale gegen Leeds United mit 5:1 und 2:1 die Segel streichen mussten. 1969/70 endete die Messepokal-Ära der Roten, da der Wettbewerb eingestellt wurde. Diesmal gewannen sie das Hinspiel gegen Ajax Amsterdam mit 2:1, bevor sie durch ein 0:3 im Rückspiel ausschieden.

99. GRUND

Weil 96 ein Rekordverein ist – drei Eigentore in einem Spiel sind Bundesligaspitze

Titel sind die Highlights eines Fußballerlebens, das Salz in der Suppe, die Shrimps auf der Pizza. Jeder Verein druckt Erfolge wie Meisterschaften oder DFB-Pokale stolz wie Bolle aufs Briefpapier. Doch manche Höchstleistungen finden keine Erwähnung in den offiziellen Vereinsunterlagen. Es sind die Rekorde eines Hidden Champions, eines Meisters in einer relativ unbeachteten Kategorie. Dabei heben gerade sie einen Verein aus der grauen Masse aller Profivereine heraus. Meister kann schließlich jeder.

Die Roten stellten eine Höchstleistung für die Ewigkeit am 12.12.2009 im Gladbacher Borussia-Park auf. Wir blicken auf den *Lüttje-Lage-Ticker* dieses denkwürdigen Spieles:

0. Minute: Obwohl nur der Elfte gegen den Zwölften spielt, haben sich mehr als 43.000 Zuschauer im Stadion eingefunden. Beide Sturmreihen glänzten im bisherigen Saisonverlauf nicht gerade durch Treffsicherheit. Hannover blieb sogar in den letzten drei Spielen ohne Torerfolg. Trainer Bergmann verteilte daher im Training Landkarten vom Spielfeld in Gladbach und ließ die Spieler mittels GPS das gegnerische Tor finden. Ob es geholfen hat, wagen wir zu bezweifeln.

14. Minute: Gladbach spielt den Ball eigentlich ungefährlich in die Mitte des Strafraums. Haggui stellt sich schützend wie ein großer Bruder vor Reus. Fromlowitz will klären und schießt Haggui an. Dieser lässt den Ball vom linken Bein in Abstauber-Manier ins leere

Tor tropfen. Da soll einer erzählen, dass Hannover keine Tore schießen kann. Leider hat Bergmann nicht mitgeteilt, dass nur Bälle im gegnerischen Tor für die eigene Mannschaft zählen. Er notiert sich die Erkenntnis auf einem Schmierzettel.

22. Minute: Ene-Mene-Miste, es rappelt in der Kiste. Punktgenaue Rechtsflanke von Levels findet den Pony von Friend, der nur hochhüpfen muss, um den Ball im 96er-Tor zu versenken. Rainer Bonhof und Präsident Königs tanzen Polonaise Blankenese, während die Hannover-Fans ihre mitgebrachten Lüttje-Lage-Notfallrationen vertilgen, um den gebrauchten Nachmittag schneller vergessen zu können.

27. Minute: Hannover kommt wieder auf, da die Gladbacher sich bereits mental am Glühweinstand auf dem Weihnachtsmarkt befinden. Besonders die Abwehr scheint sich immer noch einen Schuss in die Tasse gekippt zu haben. Dem Spiel tut es gut. Fußballfeingeister wie Max Merkel wären entsetzt, müssten sie das noch miterleben.

36. Minute: Nach einem artistischen Lattenschuss von Bradley bewegt sich das Spiel wieder in die Gladbacher Hälfte. Diesmal irren die Grüngekleideten wie aufgescheuchte Hühner durch ihren Strafraum. Pinto flankt in den Strafraum, Jiří Štajner legt ab und die ivorische Sturmperle Ya Konan hält einfach drauf. Der Anschlusstreffer. Hier geht noch was. Bohnhof klopft Königs wütend auf die Schulter, der seine Kasatschokdarbietung unterbricht.

58. Minute: Wir befinden uns in der zweiten Halbzeit. Nach guten Chancen auf beiden Seiten, die miserabel genutzt wurden, macht es Djapka besser. Er schlenzt den Ball am zu weit vor dem Tor stehenden Fromlowitz vorbei in den Kasten. Sein erstes Tor im Hannover-Dress. Leider wieder ins falsche. Eine Anregung für die Zukunft: Die Gladbacher sollten neben ihr Tor ein Fohlen stellen, die Hannoveraner ein Ernst-August-Pferd. Dann kapiert selbst der Letzte, in welches Tor der Ball gehört. Schmadtke überlegt, Djapka in die E-Jugend strafzuversetzen.

68. Minute: Die Gladbacher wollen auch noch mal. Bradley hämmert einen Freistoß humorlos aufs Hannoveraner Tor. Ya Konan fühlt sich wie ein Primaner beim Tanztee und tritt höflich zur Seite. Der Ball landet in den Hannoveraner Maschen zum 4:1. Die Messe ist gelesen, das Buch zugeklappt und weggeschlossen.

69. Minute: Gladbachs Trainer Frontzeck schüttelt sich noch den Schweiß von der Hand, als Ya Konan im Gegenzug zwei Gladbacher Abwehrslalomstangen umkurvt und einnetzt. Dass er dabei die Hand zur Hilfe nimmt, stört nur etwas pingelige Gladbach-Fans. 4:2. Geht doch noch was? Rainer Bonhof tritt vor Wut auf seinen Bierbecher. Versuch es mal mit Meditation, Junge.

87. Minute: Hannover stürmt. Nach einer eigentlich geklärten Situation spaziert Jaures lässig mit dem Ball vor dem eigenen Tor herum. Als wäre er mit Red Bull gedopt, stürzt Schulz herbei und spitzelt die Pille am geschockten Torwart Bailey vorbei. Schulz' erstes Saisontor und dazu noch in den richtigen Kasten. Guckst du, Djapka! Nur noch 4:3. Hannover ist die schönste Stadt der Welt!

90. Minute: Die weiß gekleideten Roten stürmen nun mit Mann und Mäusearmee. Fromlowitz überlegt, ob er nicht ein Feldspielertrikot überziehen soll. Doch für philosophische Gedanken bleibt keine Zeit. Schiri Kempters Uhr tickt. Alle Mann nach vorn!

90. Minute + 3: Gladbach kommt doch noch einmal in Hannovers Hälfte. Reus passt auf Haggui, und was macht der? Ein Rückpass ist es nicht. Er schießt den Ball versiert gegen Fromlowitz' Laufrichtung ins eigene Tor zum 5:3.

Es gibt nur fünf Spieler, die in der Bundesliga bisher ein Eigentordoppelpack geschafft haben. Dazu gesellt sich jetzt Karim Haggui. Drei Eigentore als Mannschaft in einem Spiel ist einsame Bundesligaspitze. Leider kein Hattrick.

Sechs Tore in einem Spiel geschossen, der Gegner nur zwei und trotzdem verloren. Das ist Doktorandenmathematik. Auf diesem Gebiet ist Hannover ein Hidden Champion. Und die Vorstellung fällt schwer, dass dieser Rekord der Roten in den nächsten Jahren eingestellt wird. Warum sollte man den nicht aufs Vereinsbriefpapier drucken?

10. KAPITEL

DIE 11 BEWEGENDSTEN MOMENTE IN DER GESCHICHTE DER ROTEN

100. GRUND

Weil Altin Lala am 31.01.2007 sein einziges Bundesliga-Tor für 96 schießt

Der Fußball lebt von strittigen Situationen, die oft erst durch unzählige Zeitlupen aufgeschlüsselt werden können. Wer erinnert sich nicht an Thomas Helmers Phantomtor 1994 gegen Nürnberg. Nur Schiedsrichter Osmers und seine Assistenten sahen, wie der Ball im vollem Umfang die Torlinie überschritt, das Netz ausbeulte, wieder aus dem Kasten kullerte und ins Toraus sprang. Auch Andi Möller ist nicht wegen seiner zweifellos vorhandenen fußballerischen Fähigkeiten in meinem Gedächtnis eingraviert: Es ist die Szene im Spiel Karlsruhe gegen Dortmund, als Möller Lichtjahre von Gegenspieler Schuster entfernt wie eine balzende Tränenschwalbe durch den Strafraum schwebte und der Schiri auf den Punkt zeigte. Viele Trainer und Zuschauer fordern für solche Situationen den Videobeweis. Es gibt aber auch unstrittige Situationen, von denen keiner glaubt, dass sie wirklich passiert sind. Diese lassen sich nur durch eines wirklich belegen: den ultimativen Textbeweis.

Ein den Textbeweis erforderndes Ereignis fand am 31.01.2007 in der Hannoveraner AWD-Arena statt.

Vorgeschichte: 1998 wechselte der junge Albaner Altin Lala vom Regionallisten Borussia Fulda zu Hannover 96. Seine fußballerische Heimat fand er im defensiven Mittelfeld. In der 2. Bundesliga gelangen Altin neun Treffer in 115 Spielen. Keine besondere Quote, aber immerhin. Dann stieg Lala mit den Roten 2002 in die Bundesliga auf und der Torhunger des albanischen Mittelfeldrecken versiegte. Jeder fragte sich: Kann Altin auch Bundesligatore schießen? Alle waren sich sicher: definitiv nein. Doch nach fünf Jahren sollte es der albanische Wolf den Zweiflern zeigen und den Ball über die Torlinie beißen.

Schriftbeweis: AWD-Arena, 21.27 Uhr mitteleuropäische Zeit.

Hannover führt gegen desolate Berliner 4:0. Trainer Hecking wechselt Rosenthal aus und schickt ihn gleich in die Katakomben, um die Bierzeltgarnitur vor der Trainerbank aufzubauen. Dieser Sieg soll zur besonderen Demütigung des Gegners mit Berliner Weiße begossen werden. Hecking reibt sich die Hände. Ein großer Tag. Noch weiß er nicht, wie groß dieser Tag wirklich sein wird.

21.31 Uhr. Jetzt ist es so weit. Die Roten haben sich in einen Rausch gespielt. Hecking freut sich einerseits, andererseits ärgert er sich, dass die 96er bei diesem Potenzial nur den zehnten Platz belegen. »Wir könnten jetzt 57 Punkte und 15 Punkte Vorsprung auf die verdammten Fischköpfe auf dem Konto haben. Turin und Madrid würden sich um meine Dienste kloppen, Verdammt. Egal, ich liebe diesen Verein.«

Da passiert es. Altin Lala, genau der Altin Lala, der keine Bundesligatore schießen kann, legt nahe dem Mittelkreis den Turbo-Booster ein. Die Berliner Spieler staunen ehrfurchtsvoll. Er passt ungehindert zu Bruggink, der passt zurück. Doppelpass! Was ist denn das? Und dann? Der Atem eines jeden einzelnen Zuschauers stockt. Nein! Doch! Altin Lala schiebt den Ball ohne Gegenwehr eines Berliners vorbei an Torwart Ellegaard in den Kasten der Bundeshauptstädter.

Die Mitspieler schmeißen sich auf Lala und versuchen, ihn zu erdrücken. Hecking schickt einen Auswechselspieler, um Rosenthal anzutreiben. Er soll noch mit dem Auto zur Markthalle fahren, um Berliner Buletten fürs ganze Stadion zu besorgen. Denn Altin schmeißt bestimmt eine Runde.

Der Albaner spielte noch bis 2012 bei den Roten. Es sollte sein einziger Bundesligatreffer bleiben. Es ging ihm nur um den Beweis, dass Altin auch Bundesligatore kann. Um nichts anderes.

101. GRUND

Weil der Sieg gegen die Bayern in der Saison 2006/07 einen Aufwärtstrend einläutete

Es gibt Ereignisse im Leben, nach denen nichts mehr ist, wie es mal war. Der Schulabschluss, das erste Auto oder die Hochzeit. Die Türen der Welt öffnen sich sperrangelweit und alles scheint von selbst zu gehen. Im Fußball kennt man diese Initiationsereignisse. Allerdings weiß vorher keiner, wann und wo sie stattfinden. Das macht sie schlecht planbar. Erst im Nachhinein denkt der Fußballexperte: Als sich da Silva Pinto gegen Leverkusen mit der linken Hand die Schuhe zuband, rockte die Saison. Als ein Kranich vor dem Spiel gegen Hertha in den Mittelkreis schiss, ging gar nichts mehr. Jeder weiß, wovon wir sprechen. Manchmal sind diese Ereignisse auch relativ profan. Doch der Reihe nach:

Die Saison 2006/07 stand unter dem Zeichen der Rolle rückwärts. Martin Kind übernahm nach dem Rücktritt Götz von Frombergs wieder das Ruder im 96er-Boot. Und wohin wehte der Wind den Verein? Wenn es nach Trainer Peter Neururer ging, nach Europa. Der John Travolta der Fußballehrer hatte keine Lust auf Mittelmaß. Und das drohte, denn mit Andersson und Thorvaldsson standen lediglich zwei Neuzugänge beim Auftakttraining auf dem Platz. Per Mertesacker hatte die Roten Richtung Bremen verlassen. Perspektive sah anders aus. Allerdings wurden noch der Niederländer Arnold Bruggink und der ungarische Außenstürmer Szabolcs Huszti verpflichtet. Manager Kaenzig gab als Ziel einen einstelligen Tabellenplatz aus. Das sollte machbar sein.

Doch der Saisonbeginn verlief katastrophal. Im ersten Heimspiel setzte es gegen Per Mertesackers neuen Club Werder Bremen eine 2:4-Niederlage. Kann passieren. Im nächsten Spiel verloren die Roten in Berlin 0:4. Die Stimmung begann zu kippen. Erst recht, als die Roten im nächsten Spiel zu Hause gegen Aufsteiger Aachen 0:3

verloren. Die rote Laterne leuchtete in Hannover. Neururer stand bereits nach der wenig erfolgreichen Rückrunde der letzten Saison in der Kritik. Nun suchte Hannover sich einen anderen Tänzer und Neururer eine andere Disco. Man trennte sich einvernehmlich.

Der neue Trainer war pikanterweise Dieter Hecking, dessen Alemannen Neururer zwei Tage zuvor aus dem Job geschossen hatten. Und der Wechsel auf der Kommandobrücke zeigte erste Früchte. In Wolfsburg gewannen die Roten dank zweier Brdarić-Tore. Es folgten Unentschieden gegen Leverkusen, Dortmund, Frankfurt und den HSV. Auf Schalke verlor man knapp. Respektabel, doch bei drei Punkten pro Sieg katapultierten die zahlreichen Punkteteilungen Hannover nicht ins Mittelfeld der Tabelle. Im Gegenteil: Nach einer Niederlage gegen Bochum standen die Roten wieder auf dem letzten Tabellenplatz. Tristesse pur. Und jetzt ging es nach München. Dort hatten die Roten noch nie gewonnen. Als Tabellenletzter brauchte man sich beim Meister nichts auszurechnen. Es wurde vor dem Spiel nur über die Höhe der Niederlage spekuliert.

Doch vor 68.000 Zuschauern geschah ein Wunder. Huszti erzielte kurz vor der Pause die Hannoveraner Führung. Und in der zweiten Halbzeit stemmte sich eine geschlossene Hannoveraner Mannschaft der wütenden Bayern-Angriffen entgegen. Als abgepfiffen wurde, verließen die Roten als Sieger den Platz. Eine Sensation. Der erste Sieg in München. Das beflügelte.

Die Mannschaft fing sich. Gegen Gladbach, Mainz und Cottbus landeten die Roten drei Siege in Serie. Die Abstiegsangst wich einem gedämpften Optimismus. In der Rückrunde kletterte die Mannschaft sogar bis auf den siebten Platz und roch an den internationalen Plätzen. Doch zum Schluss ging den Leinekickern die Luft aus. Nach Niederlagen in den letzten beiden Spielen fielen sie auf den 11. Platz zurück. Schade, aber kein Beinbruch.

Festzuhalten bleibt: Der überraschende Sieg in München brachte die Roten in die Erfolgsspur zurück und sorgte für den alles in allem versöhnlichen Saisonabschluss. Den Grund für diesen außergewöhnlichen Sieg kennt keiner. Vielleicht hat Huszti am Morgen Ovomaltine statt Kaffee getrunken oder Dieter Hecking ist beim Joggen auf ein vierblättriges Kleeblatt getreten, was quantenphysikalisch mysteriöse Prozesse in Gang setzte. Die Antwort überlassen wir feige der Fachpresse. Jedenfalls heißen Dank an Bayern, für diesen schönen Moment in der 96er-Historie, an dem sich alles zum Guten wendete.

102. GRUND

Weil Walter Rodekamp 96 am 28.06.1964 zum ersten Mal in die Bundesliga schießt

Die erste Bundesligasaison 1963/64 startete ohne Hannover 96, das haben wir ja schon lang und breit ausgeführt. Was nicht war, konnte ja noch werden: Ein alter Bekannter sollte helfen, die 96er in der Saison 1963/64 in die Bundesliga zu hieven: Meistertrainer Fiffi Kronsbein. Verstärkt wurde die Mannschaft durch zwei hoffnungsvolle Stürmer aus dem Pott, den Schalker Walter Rodekamp und den Duisburger Werner Gräber. Dazu gesellte sich der neue Torwart Horst Podlasly von Hamborn 07.

Die neue Spielzeit begann furios. Durch einen Hattrick von Rodekamp und einen Treffer von Gräber besiegte 96 Victoria Hamburg auswärts mit 4:0. Der erste Tabellenführer der Regionalligasaison hieß Hannover. Am zweiten Spieltag gelang gegen Barmbeck-Uhlenhorst nur ein 1:1. Damit fielen die Roten auf den 3. Platz zurück. Dies ist nur insofern bemerkenswert, als es der schlechteste Tabellenplatz der Leinekicker in dieser Saison sein sollte. Nach Kantersiegen gegen Concordia Hamburg und Holstein Kiel sowie einem 2:0 in Lübeck standen die Roten wieder auf dem Platz an der Sonne. Als hartnäckigste Konkurrenten erwiesen sich erwartungsgemäß der FC St. Pauli und doch etwas überraschend die Hannoveraner Arminen. Diese gewannen auch vor 35.000 Zuschauern im Niedersachsenstadion mit 2:1. Das Rückspiel gewannen die Roten hingegen deutlich durch Tore von Heiser, Rodekamp und Bohnsack.

Dennoch wurde das Erreichen der Aufstiegsrunde zu einer knappen Angelegenheit. Vor dem letzten Spieltag konnten noch Altona und 96 Tabellenzweiter werden. Der bereits feststehende Meister FC St. Pauli empfing Altona, während die Roten gegen Victoria Hamburg spielten. Gaben die St. Paulianer heute noch mal alles? Taten sie und gewannen mit 2:0. Die Roten gewannen ebenfalls mit 2:0 durch wiederum einen Rodekamp-Doppelpack. Nun stand es fest: Die Kronsbein-Jungs standen in der Aufstiegsrunde.

Diese wurde von den Roten dominiert. Nur das Spiel in Aachen ging mit 3:2 verloren. 96 beendete die Aufstiegsrunde mit 10:2 Punkten und 15:6 Toren, von denen alleine sieben Walter Rodekamp schoss. Der stämmige Ex-Schalker erzielte in dieser Saison 33 Treffer und hatte erheblichen Anteil am Bundesligaaufstieg der Roten. Am 28.06.1964 war es so weit. Hessen Kassel wurde vor 70.000 Zuschauern mit 3:1 durch einen Rodekamp-Doppelpack und ein Tor von Heiser besiegt. Die Stadt lag im Freudentaumel. Autokorsos und Salutschüsse feierten den größten Erfolg seit der Meisterschaft 1954. Die Bäume der Eilenriede tanzten Walzer, der Maschsee schwappte begeistert über die Ufer, die Tiere im Zoo starteten eine Polonaise. Fiffi Kronsbein hatte wieder eine beeindruckende Mannschaft geformt, die vor allem durch Kampfkraft und Geschlossenheit überzeugte. 11 Freunde, die füreinander einstanden. Als Prämie erhielt übrigens jeder der Spieler eine goldene Uhr. Die Jungs der zweiten Mannschaft bekamen als frischgebackene Deutsche Amateurmeister goldene Manschettenknöpfe. Meister St. Pauli scheiterte übrigens in seiner Aufstiegsrundengruppe kläglich. Lästerte der Hamburger Trainer zuvor noch über Kronsbeins Trainingsmethoden, zollte er nach dem Aufstieg Fiffi Respekt. Den hatten sich die Roten wahrlich verdient. Wir danken jedenfalls dem kompletten Team dieser Saison, das den Grundstein für Hannovers Bundesligakarriere legte.

103. GRUND

Weil 1954 auch für 96 ein Fußballwunder geschah

1954 und Fußball, da liegt ganz klar das Wunder von Bern in der Luft. Aber für uns Rote geschah 1954 ein weiteres Wunder, in diesem Wunder von Hamburg wurden wir 96er Deutscher Meister – und das gegen die erfolgsverwöhnten und erfahrenen »Roten Teufel« vom 1. FC Kaiserslautern mit einer Mannschaft mit fünf Nationalspielern wie etwa Fritz Walter. Da haben die unerfahrenen 96er nicht den Hauch einer Chance, dachten die Buchmacher dachte die Presse. Aber genau wie 1938 lag auch hier wieder ein wenig »Voodoo« in der Luft, auch wenn die hannöverschen Fans auf einem großen Transparent beteuerten »Hört keinen Spuk, seht keine Geister, 96 wird Deutscher Meister«. Ich bin mir sicher, das Transparent sollte nur ablenken von dem, was da eigentlich hinter den Kulissen zaubertechnisch lief. Und auf ein weiteres konnten die Roten zählen: auf 20.000 treue, lautstarke Fans, wohingegen der 1. FC Kaiserslautern nur 2000 Anhänger mit in den Norden gebracht hatte.

Nachdem das Spiel zunächst von den Roten Teufeln dominiert wurde, die schon nach einer knappen Viertelstunde das 1:0 erzielten, gelang es den 96er nach und nach, mehr Spielanteile zu gewinnen. Kurz vor dem Halbzeitpfiff, zu einem psychologisch wichtigen Zeitpunkt also, gelingt den Roten der Ausgleich. Auch aus der Pause kommend, sind die 96er gleich wieder hellwach dabei und überraschen damit die Roten Teufel, die gar nicht recht wissen, wie ihnen geschieht. Kurz nach dem Start der zweiten Halbzeit erzielen die Roten den Führungstreffer zum 2:1. Das Spiel ist gedreht! »Die Lauterer sind völlig von der Rolle und können nur noch reagieren anstatt zu agieren.« heißt es in *Die Roten – Die Geschichte von Hannover 96* von Hardy Grüne. Zudem verletzt sich der Lauterer Horst Eckel, Nationalverteidiger und ein sehr wichtiger Spieler des 1. FC. Damit ist die Abwehr der Roten Teufel löchrig.

Die Antwort sind drei Tore innerhalb von zehn Minuten. Dann ist es geschafft: Nach 1938 ist Hannover 96 wieder Deutscher Meister! Da ist es völlig egal, dass DFB-Präsident Dr. Bauwens bei der Meisterehrung zum Unmut aller 96-Fans sinngemäß sagte: »Es ist immer ein besonderer Erfolg, wenn die Deutsche Meisterschaft von einem weniger bekannten Verein errungen wird.« Hans Tkotz erinnert sich später: »Das störte uns aber nicht sehr, denn nach dem Sieg war nur Jubel und Freude angesagt. Wir konnten unser Glück kaum fassen, nachdem wir die Meisterschale und die Siegerblumen mit der Schleife erhalten hatten. Wir trafen unsere Frauen noch kurz bei einem Kaffee, bevor diese dann gemeinsam mit dem Zug nach Hause fuhren.« Für die Männer ging es danach zum DFB-Bankett – und am nächsten Morgen ging es in einem wahrhaften Triumphzug per Bahn zurück nach Hannover. Der Zug machte etliche Male halt und wurden von zahlreichen Schaulustigen bejubelt. Am hannöverschen Hauptbahnhof sollten sie schließlich von 200.000 Menschen begrüßt werden. In der ganzen Jubelei wurden sogar Stimmen laut, einige 96-Spieler sollten doch nachträglich in den Kader der Nationalmannschaft berufen werden. Passiert ist das allerdings nicht, Fritz Walter und Co. haben es auch leider ohne die Unterstützung eines roten Spielers zum Weltmeistertitel gebracht.

104. GRUND

Weil Biskups Rasselbande im Heim- und Endspiel gegen die Hertha im März 1985 den Aufstieg schaffte

Hannover, 23.03.1985 – Hannover ist die Stadt der Wunder. Nun können wir es verraten: Durch die Leine fließt das Weihwasser von Lourdes. 1938 und 1954 dopte es die Spieler zur Meisterschaft. 1973 nahmen es die Spieler in Trinkflaschen nach Wuppertal mit. Heute soll es zum vierten Mal das Unmögliche möglich machen: Werner Biskups »Kindergartentruppe« soll den Aufstieg in die 1. Liga schaffen. Die Konstellation ist klar. Vier Vereine können aufsteigen: Hessen Kassel, der 1. FC Nürnberg, Hannover 96 und der 1. FC Saarbrücken. Da Nürnberg in Kassel spielt, reicht ein Sieg gegen die Berliner Hertha zum Aufstieg. Hertha steht im unteren Mittelfeld der Tabelle, eine machbare Aufgabe.

Der *Lüttje-Lage-Ticker* berichtet:

0. Minute: Berlins Trainer Kliemann will das Spiel keineswegs abschenken. Torwart Andy Köpke hat seine Handschuhe mit Heftzwecken aufgepimpt, Grillemeier brennt vor Energie, dass sein Schnäuzer beinahe in Flammen aufgeht, und Horst Ehrmantraut ist das Stadion mit einer Wünschelrute abgeschritten, um negative Energien zu bannen. Doch wirken die Berliner verstört, denn »Schlangenfranz« Gerber hat die schönsten Exemplare seiner Sammlung in der Berliner Kabine ausgesetzt. Dabei sind die Tierchen lieb wie alle Hannoveraner.

15. Minute: Noch 0:0. Trainer Biskup wird nervös und nimmt einen Schluck aus der Wasserflasche. Werner ist enttäuscht, dass sie kein Weihwasser enthält, sondern Whiskey-Cola. Nach mehreren Schlucken findet er sichtlich Geschmack daran. Beruhigt auch die Nerven. Wir halten uns an Herri.

41. Minute: Timme will den Hannoveranern helfen und befördert den Ball an Köpke vorbei ins eigene Tor. Rechnet er mit einer Statue vor dem Hauptbahnhof? Der Ernst-August hat den Platz für die nächsten hundert Jahre gemietet. Aber sollte er frei werden, ist Timme eine Option. Die 60.000 jubeln ihm frenetisch zu. Wäre das Eigentor ein Gemälde, würden wir es neben Rembrandts »Nachtwache« in die Redaktionsräume hängen. Hammer!

65. Minute: Hannover ist überlegen, aber jeder weiß, wie gefährlich eine Eintorführung ist. Lass den Köpke einen genialen Moment erwischen und er kickt einen Abstoß in Raps' Kasten. Trainer Biskup läuft immer wackeliger. Sind das schon die Auswirkungen des vorweggenommenen Siegersekts? Noch sind 25 Minuten zu spielen. Auf geht's, Jungs.

88. Minute: Hartmann hat einen Vertrag bei den Bayern unterschrieben. Dann sollte es zumindest für ein Tor gegen Hertha reichen. Er netzt ein und macht alles klar. Biskup hat wie ein Alchimist »niederschmetterndes Material« in Gold verwandelt. Alles wartet nur noch auf den Abpfiff.

90. Minute: Schiri Schütte will auch nur noch Party machen und pfeift ab. Die 60.000 tanzen zum untanzbaren Niedersachsenlied im Stadion. Gibt das einen Eintrag im Guinnessbuch der Rekorde? Stumpen-Fredo Henze gönnt sich zur Feier des Tages drei Havannas gleichzeitig. Werner Biskup wird von der Mannschaft in die Höhe geschmissen. Hoffentlich bricht er sich nichts. Jetzt können Bayern und Bremen kommen. Hannover ist bereit.

105. GRUND

Weil 96 am 26.03.1988 mit einem 6:1 gegen Leverkusen, den späteren UEFA-Cup-Sieger, die Erstklassigkeit bewies

Wir müssen es zugeben: Unsere heißgeliebten Roten können weniger Titel vorweisen als andere Traditionsclubs. Bayern und Dortmund beherrschten das deutsche Fußballgeschehen der letzten Jahre. Und wir Roten? Böse Zungen behaupten, Hannover sei eine graue Maus, der Trabbi des deutschen Profifußballs, das Hassloch der kickenden Zunft. Oft nicht mal schlecht genug wie beispielsweise Tasmania Berlin oder die Braunschweiger Jägermeistertruppe, um Beachtung in den überregionalen Medien zu finden. Worauf freut sich der Fan einer Mannschaft, die in ihrer Geschichte nur selten den Weg zur absoluten Spitze, zu den Fleischtöpfen der Bundesligaküche gefunden hat? Er freut sich, wenn der Underdog einem hochgehandelten Favoriten wider Erwarten ein Bein stellt. Wenn ein Spiel perfekt läuft, als würden höhere Mächte die Beine der Kicker lenken. Am 26.03.1988 war so ein Tag.

Hannover war gerade wieder einmal in die Bundesliga aufgestiegen. Diesmal wollte Präsident »Nikotin-statt-Sauerstoff« Henze nicht den Fehler der Saison 1985/86 wiederholen. Die Schatulle wurde geöffnet und versierte Bundesligaspieler wie Kohn, Drews, Willmer und Geils gekauft. Wenn die anderen klotzen konnten, warum diesmal nicht die Roten?

Dennoch bestanden Zweifel, ob die neuformierte Mannschaft den gehobenen Ansprüchen der Bundesliga gerecht werden konnte. Fortuna meinte es bei der Erstellung des Spielplans nicht grade gut mit den 96ern: Gleich zu Beginn standen die Partien gegen Bremen, in Schalke und gegen den HSV an. Alles Hochkaliber der Beletage. Und die Skepsis schien begründet. Bremen gewann das Eröffnungsspiel 1:0. Doch bereits in Schalke hatten sich die Roten gefangen. Durch Tore von Drews und Dierßen gewannen die Niedersachsen 2:0 in Gelsenkirchen. Als dann Hannover im Hamburger Volkspark gegen Manfred Kaltz und Kollegen in einem begeisternden Match 3:3 spielte, wussten alle: Hannover konnte in dieser Liga mithalten.

Am 26.03 1988 stellten sich die Pillendreher aus Leverkusen in der schönsten Stadt der Welt vor. Der durch Zuwendungen des Bayer-Konzerns gepimpte Werksclub gehörte zu den Schwergewichten der Bundesliga. Vor dem Spiel wäre jeder in Hannover bei einer Punkteteilung vor Freude nackt durch die Leine geschwommen. Doch es sollte noch besser kommen.

Durch einen Doppelschlag von Surmann und Dierßen führte Hannover bereits nach einer Viertelstunde mit 2:0. Auch der Anschluss durch Klaus Täuber beirrte die Roten nicht. Durch einen von Reich verwandelten Elfmeter gingen die Niedersachsen mit einem beruhigenden 3:1 in die Pause. An diesem Tag klappte einfach alles. Herrliches Angriffsspiel, die sonst brandgefährlichen Offensivkräfte der Leverkusener wie Christian Schreier, Herbert Waas und Bum-kun Cha wurden von den Hannoveraner Abwehrrecken um Surmann eindrucksvoll an die Kette gelegt. In der zweiten Halbzeit spielten sich die Roten in einen Rausch. Drews, Reich und kurz vor Ende Hellberg stellten den 6:1-Endstand her. Der Mittellandkanal drohte vor Begeisterung überzulaufen, die Nanas applaudierten frenetisch und auf der Limmer Straße wurde spontan ein multikulturelles Freudenfest veranstaltet.

Die Kollegen der Leverkusener *Aspirin-Gazette* hingegen berichteten, dass Vollborn bei seinem Psychiater die Couch nass geweint haben soll. Schreier vermöbelte wochenlang einen mit Siggi Reichs Foto verzierten Sandsack und Waas soll als Buße den Jacobsweg auf und ab gelaufen sein. Anscheinend erholten sich die Pharmakicker vom hannöverschen Trauma rasch, denn am Ende der Saison gewann die Mannschaft von Erich Ribbeck den UEFA-Cup. Ist doch auch was. Wir Fans einer Mittelfeldmannschaft leben jedenfalls für diese perfekten Tage. Wir fiebern und hoffen auf 90 Minuten, in denen unsere Mannschaft vom Pfingstgeist beflügelt die Favoriten in Grund und Boden spielt. Leider sind diese Tag selten. Aber es gibt sie. Wir freuen uns jedenfalls auf den nächsten 26.03.

106. GRUND

Weil Hannover sich in der ersten Europa-League-Saison 2011/12 einen Namen machte

2011 war es endlich so weit. Die Roten spielten wieder in Europa. Diesmal sollte es weiter als nach Bremen gehen. Doch die erste Hürde lag hoch: Mit dem FC Sevilla bekamen die 96er einen der vom Papier her schwersten Gegner gleich im ersten Spiel zugelost. Die viertgrößte spanische Stadt ist nicht nur als Schauplatz von Bizets Oper *Carmen,* sondern als Fußballmetropole bekannt. 2010 hatte der Club erst zum fünften Mal den spanischen Pokal gegen Atlético Madrid gewonnen. Eine klare Sache, wie es schien.

Das Hinspiel in Hannover sollte der große Tag des Jan Schlaudraff werden. An diesem Tag gelang ihm einfach alles. Bereits in der

6. Minute erzielte er den Führungstreffer. Doch die Spanier wurden stärker und drückten auf den Ausgleich. Kurz vor der Halbzeit nutzte Kanoute einen Fehler der Hannoveraner Abwehr und erzielte das 1:1. Doch die Fans standen hinter der Mannschaft und feuerten sie unentwegt an. Nach einem Doppelpass mit Schmiedebach erzielte wiederum Schlaudraff das 2:1. Ein gutes, aber nicht optimales Ergebnis. Bei einem 1:0-Sieg zu Hause wäre Sevilla weiter gewesen. Doch im Rückspiel erzielte Moa Abdellaoue in der 23. Minute die Führung der Roten. Ein Riesenschritt Richtung Hauptrunde. Zwar gelang den Spaniern noch der Ausgleich, aber nicht mehr. Hannover war durch.

Im ersten Spiel der Hauptrunde besuchte am 15.09.2011 Standard Lüttich die schönste Stadt der Welt. Hannover war zwar optisch überlegen, konnte den Defensivriegel der Belgier allerdings nicht knacken. Ein torloses Heim-Remis, das man als suboptimalen Start bezeichnen konnte. Doch beim zweiten Spiel in Poltawa, am gefühlten Ende von Europa, lief es besser. Nach einem zerfahrenen Beginn gelang Abdellaoue die Führung. Pander konnte mit einem Gewaltschuss nachlegen. Hannover führte zur Pause 2:0. Den bemühten Ukrainern gelang nur noch der Anschluss. Vier Punkte aus zwei Spielen waren eine beachtliche Ausbeute.

Am dritten Spieltag stellte sich der FC Kopenhagen in der Leinemetropole vor. Hannover war den biederen Dänen drückend überlegen und ging durch Pander 1:0 in Führung. Doch in der 67. Minute glich Kopenhagen überraschend aus. Mit einem Sonntagsschuss brachte da Silva Pinto die Roten wieder in Front, doch kurz vor Schluss stellte Santin das Remis wieder her. Schade, hier wäre mehr drin gewesen.

Das Rückspiel in Kopenhagen bot mehr Kampf als spielerische Klasse. Die Dänen waren bemüht, Hannover zu passiv. In der 67. Minute gingen die Hausherren mit 1:0 in Führung. Erst dann wachten die Roten auf. Schlaudraff und Stindl trafen. Hannover hatte einen großen Schritt Richtung Zwischenrunde gemacht.

Am fünften Spieltag fuhr der Bus nach Lüttich, eine der hässlichsten Städte Westeuropas. Hier gab es bis auf gute belgische Pommes auch nichts zu holen. Lüttich dominierte von Anfang bis Ende und gewann verdient mit 2:0. Aber egal. Im Parallelspiel trennten sich Poltawa und Kopenhagen 1:1. Hannover und Lüttich stiefelten gemeinsam in die Zwischenrunde.

Das bedeutungslose letzte Gruppenspiel gegen Poltawa konnte nach guter Leistung durch Tore von Kocka Rausch, Ya Konan und Sobiech mit 3:1 gewonnen werden.

In der Zwischenrunde wartete mit dem FC Brügge ein weiterer belgischer Vertreter. Hannover spielte druckvoll nach vorne, geriet aber in Rückstand. Mit einer Kraftleistung konnte Hannover aber durch Sobiech und Schlaudraff per Elfmeter einen 2:1 Sieg erzwingen. Ein riskantes Ergebnis. Im Rückspiel gelang Diouf in der 21. Minute das wichtige 0:1. In der Folgezeit rannten die Belgier das Hannoveraner Tor an, als wäre der erste Tag des Sommerschlussverkaufs, doch die Abwehr und ein glänzender Ron-Robert Zieler ließen nichts anbrennen. Im Achtelfinale trafen die Roten auf einen alten Bekannten: Standard Lüttich. Dieser hatte ihnen die bisher einzige Niederlage im Wettbewerb zugefügt.

Diesmal wollten es die Roten geschickter anstellen. Dennoch drängten die Belgier Hannover zu Beginn in die eigene Hälfte. Bei einem der wenigen Vorstöße der Niedersachsen wurde Rausch im Lütticher Strafraum gelegt. Elfmeter. Lars Stindl verwandelte in der 22. Minute. Es fing gut an. Die Belgier ließen sich aber nicht beeindrucken. Buyens erzielte nur fünf Minuten später den Ausgleich, Tchité mit einem Kopfball nur drei Zeigerumdrehungen später die Führung. Jeder fürchtete zu diesem Zeitpunkt ein Debakel.

Doch nach der Pause erhöhte 96 die Schlagzahl. Die Angriffe wurden präziser vorgetragen, Stindl schoss zwei Mal nicht ungefährlich aufs belgische Tor. In der 56. Minute war es so weit. Ya Konan bediente Diouf, der am Pfosten stand und abstaubte. Nun stellten die Roten die Angriffsbemühungen weitestgehend ein und versuchten, hinten sicher zu stehen. Dies gelang auch weitestgehend. Nur in der Nachspielzeit erzielten die Belgier beinahe den Siegtreffer, doch der Fußballgott lenkte Tchités Ball am Tor vorbei. Eine gute Ausgangsbasis.

Das Rückspiel war ein einziges großes Fußballfest. In der 4. Minute erzielte Abdellaoue nach einer Zuckerflanke von Schlaudraff die 1:0-Führung. Dann kamen die Minuten des besten Hannoveraners António Eduardo Pereira dos Santos, genannt Kanu. Noch nie gehört? Das kann daran liegen, dass der brasilianische Verteidiger von Standard Lüttich bezahlt wird. Nach einem Rechtsschuss von da Silva Pinto erzielte Kanu unglücklich das 2:0. In der Pause regenerierten die Lütticher mit frisch gezapftem Gilde, natürlich alkoholfrei. Die Elektrolyte beflügelten sie jedenfalls zu druckvollem Offensivspiel. Der Keks war noch nicht verfrühstückt. Doch in der 58. Minute flog der Belgier Gapke mit Gelb-Rot vom Platz. Danach hatte man den Eindruck, dass der Willen der Lütticher gebrochen war. Zudem erzielte Kanu mit der Schulter das 3:0 für Hannover. Wenn sich einer noch in 20 Jahren an dieses Spiel erinnert, dann Kanu. In der Nachspielzeit erzielte da Silva Pinto sogar das 4:0. Die Spieler schlugen Freuden-Salti, das Stadion-Orchester intonierte Dvořáks 9. Symphonie *Aus der neuen Welt* und ein gewisser Lionel Messi fragte, wie viel eine Trainingsstunde bei Mirko Slomka kostet. Hannover stand unter den letzten Acht des Wettbewerbs. Ein Highlight der Vereinsgeschichte.

Im Viertelfinale trafen die Roten auf Atlético Madrid. Ein starker Gegner, vor allem durch den kolumbianischen Superstar Falcao. Der erzielte im Hinspiel in Madrid bereits nach neun Minuten die Führung für die Spanier. Diouf traf aber noch in der ersten Halbzeit den schmeichelhaften Ausgleich. Das Spiel endete nur 2:1 für Atlético, was das Kräfteverhältnis nicht ganz widerspiegelte. Ein Rückspielsieg sollte möglich sein, vor allem, da drei Stammkräfte der Spanier gesperrt waren. Leider ging dieses Spiel ebenfalls 2:1 verloren. Falcao erzielte kurz vor Schluss das 2:1, Diouf hatte zwischenzeitlich ausgeglichen. Atlético war einen Tick cleverer und hatte die individuell größere Klasse in ihren Reihen. Dennoch war keiner der 44.000 Zuschauer von der Mannschaft enttäuscht. Hannover war endlich ein Name in Europa.

107. GRUND

Weil Per Mertesacker, unser »größtes Talent«, das erste Mal gegen 96 spielt – und trifft

28.01.2007. Tatort Weserstadion Bremen. In der 74. Spielminute erzielt Per Mertesacker das 3:0. Leider nicht für seinen Heimatverein Hannover 96, sondern für Werder Bremen. Oft werden Spieler, die den Verein verlassen haben, ausgepfiffen, als Judas und Legionär beschimpft; erst recht, wenn sie gegen den früheren Verein treffen. Nicht so bei Per Mertesacker. Viele werden sich für den sympathischen Schlaks gefreut haben. Wenn einer schon gegen 96 treffen darf, dann unser Per. Denn Mertesacker wird im Herzen der 96-Fans immer ein Roter bleiben. Trotzdem legte sich in dieser 74. Minute eine Dunstglocke aus Wehmut über die mitgereisten 96-Fans. Jeder dachte an Pers grandiose Zeit in Hannover.

Der gebürtige Leinestädter startete seine Fußball-Laufbahn beim TSV Pattensen, wechselte aber bereits mit elf Jahren zu den Roten. Allerdings war in der Jugend die große Begabung Mertesackers noch nicht erkennbar. Er soll zeitweise sogar überlegt haben, die Fußballschuhe an den Nagel zu hängen. Gott sei Dank machte er weiter. So durchlief er sämtliche Jugendmannschaften bis zur Amateurmannschaft. Dort absolvierte er insgesamt 16 Spiele und schoss ein Tor. Seine Premiere auf der großen Fußballbühne fand am 01.11.2003 statt: »Professor« Rangnick stellte den 19-jährigen Mertesacker in die Startelf gegen Köln. Nach einer durchwachsenen Leistung musste er aber bereits zur Halbzeit wieder auf die

Bank. Damit schien das Abenteuer Profifußball erst einmal gegessen zu sein. Erst in Rangnicks letztem Spiel als Cheftrainer gegen Mönchengladbach durfte Mertesacker wieder auf den Platz. Unter dem neuen Coach »Zettel-Ewald« Lienen entwickelte er sich zum Stammspieler. Der Klassenerhalt wurde geschafft.

In der Saison 2004/05 überzeugten die Roten mit erfrischendem Offensivfußball. Ein Erfolgspfeiler für die gelungene Saison war die stabile Innenverteidigung mit Per Mertesacker. Als Lohn für seine Leistung wurde er von den Bundesligakollegen als »größtes Talent« gewählt. Gleichzeit startete auch Mertesackers Karriere in der Nationalmannschaft. Bei der WM in Deutschland 2006 zählte er zu den besten Abwehrspielern des Turniers.

In der Saison 2005/06 kratzten die Roten sogar kurzfristig unter Trainer Neururer an den Europacup-Plätzen. Leider sollte sich der Höhenflug als Momentaufnahme erweisen und die Mannschaft ließ wieder nach. Somit konnte die Saison nur mit dem 12. Platz abgeschlossen werden. Dabei schoss Mertesacker sogar fünf Saisontore. Nach jener Saison wechselte »unser« Per für 4,7 Millionen Euro nach Bremen. Die sportliche Perspektive in Hinblick auf europäische Spiele schien dort einfach besser zu sein. Mit den Bremern feierte er große Erfolge, wurde 2009 DFB-Pokalsieger und erreichte das Finale des UEFA-Cups.

Dennoch blieb Mertesacker dem Verein Hannover 96 und der Region stets verbunden. Sein Vater Stefan ist noch immer Mitglied des Vorstands und leitet die Amateurabteilung. Per Mertesacker gründete 2006 die Per-Mertesacker-Stiftung, die in Hemmingen bei Hannover sitzt. Auch aus diesem Grund wird er in Hannover nie vergessen werden. Ein großartiger Fußballer und Mensch mit Kopf und Herz. Würde es mehr Menschen wie ihn geben, wäre diese Welt ein besserer Ort. Viel Glück auf deinem weiteren Lebensweg, Per.

108. GRUND

Weil ein einziger Torschuss uns den Himmel auf Erden beschert hat

»An Tagen wie diesen.« Haben wir eigentlich schon davon erzählt? Wir können es nicht oft genug erwähnen. Deswegen noch einmal und reduziert auf diesen einen, entscheidenden Moment: Dieser Torschuss, den Michael Schjønberg am 23. Mai 1992 am Gladbacher Torwart Uwe Kamps ins Tor knallte, machte den 96er unsterblich. Damit erschoss er unseren Roten nämlich den Pott, den DFB-Pokal. Unglaublich die Szenen, die sich dann im Berliner Olympiastadion abspielten.

Unglaublich der Empfang, den die hannöverschen Fußballfans ihren roten Fußballern am kommenden Tag bescherten. Über 50.000 Fußballverrückte erwarteten die Pokalsieger auf dem Rathausplatz. Am Vortag war übrigens Public Viewing angesagt. Damals kannte man den Begriff freilich noch nicht, aber Hannover machte vor, was während der Fußball WM 2006 zum Sommermärchen werden würde: Ein rappelvoller Trammplatz mit Großbildleinwand, das Eisstadion und viele hannöversche Kneipen prall gefüllt. Eine ganze Stadt stand kopf.

Am folgenden Tag der obligatorische Triumphzug der Sieger: im offenen Cabrio durch die hannöversche Innenstadt hin zum Rathaus, Eintragung ins Goldene Buch, euphorisches Balkongewinke, das gute Stück Pokal in die Luft gereckt.

Danke, Michael Schjønberg, dass wir dank dir diese tollen, heldenhaften Tage durchtanzen und durchjubeln konnten.

109. GRUND

Weil uns die Saison 2010/11 mit den Roten wirklich glücklich gemacht hat, insbesondere dank Moa Abdellaoue und Didier Ya Konan

Wer hätte das gedacht? Nachdem sich unsere traumatisierten Roten zum Ende der Saison 2009/10 gerade so vor dem Abstieg retten konnten, starteten sie traumhaft und mit angriffsstarkem, begeisterndem Fußball in die neue Saison – und das sollte ein Dauerzustand bleiben. Für uns leidgeprüfte 96-Fans ein völlig neuer Zustand. Alles schien möglich. »Wir sind eine sehr homogene Mannschaft, in der einer für den anderen läuft«, suchte Christian Schulz im Interview nach Gründen.[21] Und so bescheiden, aber dennoch mit tollem Fußball, begeisterten die 96er die ganze Bundesliga. Völlig ohne Stars und große Namen auskommend, war 96 plötzlich wirklich wer. Wir haben in dieser Saison quasi das Phänomen FC Freiburg vorgemacht. Der smarte Teampapa Mirko Slomka war unser Christian Streich.

Das fanden übrigens auch die *11 Freunde*: *Was an spielersicher Intelligenz und individueller Klasse fehlt, wird durch Laufbereitschaft und Leidenschaft ausgeglichen. Spieler wie Manuel Schmiedebach und Moritz Stoppelkamp sind dafür ein Beispiel. Ihre Namen klingen nicht gerade nach großem Fußball, aber sie haben erkannt, dass sie angesichts der bescheidenen Verhältnisse nur als Mannschaft ihre Ziele erreichen und Erfolg haben können. Es ist diese Erkenntnis und das ganz neue Selbstbewusstsein einer frech nach vorne spielenden Mannschaft, das auf dem Rasen sehr viel Freude und Frohsinn bereitet und auf dem vierten Tabellenplatz einen vorläufigen Höhepunkt erreicht hat. Und diese, dass man auch ohne großes Geld und große Namen erfolgreichen und schönen Fußball spielen kann.*

Vor allen Dingen Didier Ya Konan und Moa Abdellaoue haben wir diese tollen Erfolge zu verdanken. Der effiziente Mo hatte einfach immer den richtigen Riecher, stand am richtigen Platz, staubte ab, netzte ein. Und auch Didier Ya Konan war in dieser Saison von enormer Wichtigkeit für den Erfolg von Hannover 96 – nicht nur wegen seiner Treffer, sondern auch, weil er bei den Roten stets als Punktegarant gilt: Wird er eingesetzt, gewinnen die 96er. Ohne ihn wird das oft nichts. Das haben ihm übrigens auch die Fans gedankt: unser Didier wurde 2011 Niedersachsens Fußballer des Jahres.

Und schöne Tore können die beiden schießen: Unvergessen der Hackendropkick von Moa Abdellaoue beim Testspiel gegen Manchester United, der ihm zum Tor des Monats im August 2012 verhalf. Tor des Monats kann Ya Konan zwar noch nicht, aber viele seiner Treffer für die Roten waren äußerst sehenswert. Erinnern wir nur an die beiden Treffer, die er zuletzt zum Saisonabschluss 2012/13 gegen die Fortuna erzielte.

Leider haben beide mittlerweile ihre Karriere beendet. Alles Gute, Jungs!

110. GRUND

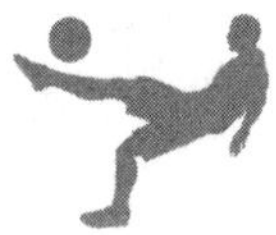

Weil unsere rote Liebe immer Bestand haben wird

Es ist Samstag, der 18. Mai 2013, der letzte Spieltag in dieser Saison, letztes Heimspiel gegen Düsseldorf, einen der Abstiegskandidaten. Mirko Slomka hat in der Pressekonferenz einen Sieg versprochen – doch: Meint er das wirklich ernst oder sagt er das nur, um die Fans zu beruhigen? In den letzten Spielen sahen die Roten nicht gut aus, sieht man von einem glücklichen Sieg gegen die Fürther einmal ab. Was die 96er da in den letzten Spielen auf dem Platz präsentierten, wirkte wie lustloses Herumgestocher und sah so gar nicht nach einer Mannschaft aus, die es unbedingt wissen und doch noch die Europa-League-Qualifikation ergattern will. Es wirkte fast … lieblos.

Skeptisch gehe ich trotzdem ins Stadion. Und da ist sie wieder, diese Magie. Die Stimmung ist feierlich, da liegt etwas in der Luft. Steven Cherundolo wird geehrt, er ist jetzt der 96-Rekordspieler und seit 300 Spielen für die Roten in der 1. Liga im Einsatz. Dann die Abschiede von Kocka, Pinte und Eggimann, sie verlassen 96. Sie alle laufen schon seit einigen Jahren für die Mannschaft auf, sind Konstanten, haben das Spiel der Mannschaft geprägt. Tosender Applaus als Dankeschön für ihre Zeit bei 96. Später werden alle drei im Interview fast ähnliche Worte finden. Das wird sich so anhören: »Es war eine Ehre für mich, für 96 zu spielen. Die Mannschaft, die Stadt, die Fans – ich werde das hier vermissen. In der Europa League zu spielen war schon etwas ganz Besonderes. Durch alles, was ich hier erlebt habe – auch die schrecklichen Dinge – bin ich als Spieler gereift.« Mario Eggimann hat es schon einige Tage auf seinem Blog so formuliert: »Gerade die vergangenen zwei Jahre gehören für mich mit zum Besten, was ich in meiner Karriere erleben durfte. Die tollen Europacup-Abende, das Wir-Gefühl in der ganzen Stadt – das war schon überragend. Deshalb kann ich zum Abschluss nur sagen: Danke für eine geile Zeit.«

Schließlich singen Dete Kuhlmann und Osssy Pfeiffer voller Inbrunst *96 – Alte Liebe*, wie immer vor jedem Heimspiel. Fans und Mannschaft verschmelzen miteinander. Gänsehaut.

Dann ist Anpfiff. Das Halbherzige der letzten Spiele ist wie weggeblasen, 96 kämpft, läuft, spielt voller Leidenschaft. Wie um »Dankeschön an euch Fans« zu sagen oder auch: »Entschuldigung für die letzten vergeigten Spiele«. Nach einer guten halben Stunde erzielt dann Diouf endlich das Tor, das schon seit Beginn in der Luft lag. Ausgerechnet Diouf, der zum Abschied ein Tor versprochen hatte. Das Publikum tobt.

Auch in der zweiten Halbzeit ruhen sich die Roten nicht auf ihrer Führung aus. Sie wollen es uns zeigen, dass sie diesen Kampfgeist, die Spielfreude, diese Kombinationsgabe, diese Schnelligkeit, mit der sie uns zu Beginn der Saison so begeisterten und die sie im

Lauf der Saison immer mal wieder haben aufblitzen lassen, noch immer draufhaben. Bei dem teilweise tollen Zusammenspiel fehlt es oft nur am letzten Quäntchen, mal ist Ya Konan einige Zentimeter zu langsam, mal ist die letzte entscheidende Flanke zu unpräzise, mal setzt Kocka nur am knapp am Netz vorbei. Ein Spiel voller Lust und Leidenschaft.

Auch die Düsseldorfer kämpfen mit allen Mitteln, nur wirken sie leider zu verzagt und ihnen fehlt auch ein wenig Glück. Die beiden schönen Treffer von Ya Konan machen den Sack zu: Was für ein fulminanter toller Abschied!

Das Spiel ist vorbei, doch die Fans und die Spieler scheinen sich noch gar nicht voneinander trennen zu können. Die roten Kicker verabschieden sich an jeder Ecke des Stadions, machen schließlich an der Nordkurve halt, klatschen mit den unteren Rängen ab. Dann verabschieden sich die Spieler, die gehen, jeder einzeln. Eggimann, Pinte, Kocka, auch Diouf wird gefeiert. Wunderschöne Momente, nicht mit Worten zu beschreiben. Schließlich ist es doch vorbei, aber das wohlige, zufriedene Gefühl bleibt. Das Minimalziel für diese Saison ist erreicht: Top Ten, »auch wenn wir uns natürlich noch mehr gewünscht hätten«, wie Mirko Slomka in einer Pressekonferenz später sagt.

Danke, Hannover 96, für eine alles in allem tolle Saison, vor allem tolle Spiele im Europapokal. Ihr habt es so weit geschafft! Und natürlich kann es nicht immer optimal laufen. Vergessen wir dieses peinliche Spiel im DFB-Pokal gegen die Borussia, vergessen wir die Stokelei der letzten Wochen. Nehmen wir dieses Spiel als Abrundung einer Saison, in der phasenweise durchgeblitzt ist, wie gut unsere Roten sein können, wenn alles passt. Danke auch an die Spieler, die gehen: Danke an dich, Pinte, für den Kampfgeist, für dein Ackern, dafür, wie du dich immer für 96 ins Zeug gelegt hast. Wir werden dich nicht vergessen. Danke an dich, Diouf – wie du manchmal gezaubert hast, war schon toll. Danke für deine Präsenz und dein Charisma. Hau uns mit deinem neuen Verein nicht zu viele Buden rein, die kannst du dir für andere Begegnungen aufheben. Danke an dich, Eggimann, für deine phasenweise starke Abwehrleistung. Wir wünschen dir alles Gute beim 1. FC Union Berlin. Danke an dich, Kocka, unseren Joungster, es war schön, deine Entwicklung mitzuverfolgen und zu erleben, wie du dich zu einem reifen, angriffsstarken Mittelfeldspieler entwickelt hast. Wir drücken dir die Daumen für eine erfolgreiche Zeit bei den Stuttgartern.

Ja, danke, Hannover 96, für diesen versöhnlichen Abschied und einige Lichtblicke, auch wenn scheinbar bei manchen Spielen Lustlosigkeit herrschte, wer weiß, woran das gelegen hat. Ihr macht es wieder gut in der nächsten Saison. Ich bin schon gespannt auf den neuen Kader, den ihr vorm Saisonstart 2013/14 präsentieren werdet, nachdem einige langjährige Spieler gehen mussten.

Doch auf eines könnt ihr euch immer verlassen: die eine alte, rote Liebe – sie bleibt!

11. KAPITEL

WEIL DIES DAS JAHRHUNDERTTEAM DER ROTEN IST

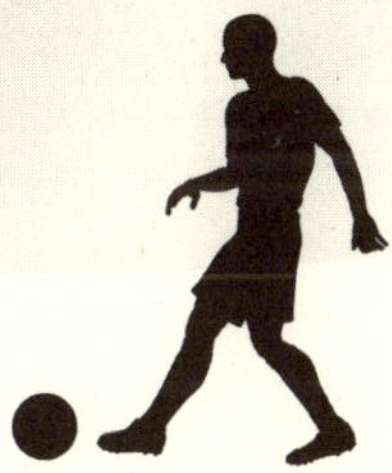

111. GRUND

Weil dieses Team die Roten zu Gewinnern macht

Robert Enke: Ein großartiger Torhüter, ein großartiger Mensch, der sich stets sozial engagiert hat. Spezialist für unhaltbare Bälle. Klare Nummer eins.
Carsten Linke: Einen Fußballgott kann jede Abwehr gebrauchen. Zuverlässiger als der Weihnachtsmann verteilt er dennoch keinerlei Geschenke. Eine Bank.
Per Mertesacker: Sichert seinen Torwart, als würde er Fort Knox bewachen. Sehr gute Spieleröffnung, kopfballstark. Ein Traumspieler in jeder Abwehr.
Steven Cherundolo: Beackert die rechte Seite, als bekäme er Kilometergeld. Gute Flanken. Fairer Sportsmann.
Martin Groth: Der Pokalheld ist defensiv ein Burner. Hart und fair. Sah in 17 Profijahren nur 17 Gelbe Karten, kein Mal Rot.
Altin Lala: Der pfiffige Albaner spielte den Sechser, bevor diese Position überhaupt erfunden wurde. Ein perfekter vorgezogener Abräumer mit Spielwitz. Willkommen im Team.
Jan Šimák: Der Mann für die genialen Momente im Mittelfeld. Hannovers Günter Netzer. Bei seinen atemberaubenden Pässen verschluckt man sich vor Staunen an der Bratwurst.
Otto Addo: Otto ist Deutschland, Otto ist Hannover, obwohl er aus Hamburg stammt. Ein filigraner Mittelfeldstratege.
Jan Schlaudraff: An guten Tagen zaubert er wie Maradona. Seine Überraschungen braucht das Spiel der Roten.
Dieter Schatzschneider: Mr Dynamit, bester Torjäger der Roten aller Zeiten.
Mame Biram Diouf: Immer präsent, immer torgefährlich. Eine Berufung in die Jahrhundertelf nach erst 30 Spielen für die Roten spricht eine deutliche Sprache.

Auswechselspieler:

Jörg Sievers: Elfmetertöter und Hannoveraner Torwartdenkmal. Hält auch unhaltbare Bälle. Dazu eine dem Verein treu ergebene Seele.

Ron-Robert Zieler: Nationaltorwart und großes Talent. Wenn auch sonst nichts läuft, steht Zieler wie die Chinesische Mauer.

Michael Tarnat: Kampfstarker Abwehrrecke mit gefürchteten Quer-übers-Spielfeld-Flanken in Perfektion.

Christian Schulz: Zuverlässig, torgefährlich, flexibel. Bis auf Torwart kann der Mann alles, und selbst da sind wir uns nicht sicher.

Sebastian Kehl: Erobert Bälle wie andere Schnäppchen im Sommerschlussverkauf. Harter Kämpfer, der ein Spiel lesen und lenken kann.

Fabian Ernst: Leistungsstark wie ein Dirt Devil saugt er alle Bälle vor Abwehr ab. Gibt eine Sauberkeitsgarantie.

Szabolcs Huszti: Im linken Mittelfeld ist Huszti die Torgefahr auf zwei Beinen. Reißt das Spiel an sich. Gleichzeitig sehr mannschaftsdienlich.

Maximilian Heidenreich: Eines der größten Talente der Roten, das fast bei den Bayern gelandet wäre. Hatte maßgeblichen Anteil am Aufstieg in die Bundesliga 1984/85.

Jan Rosenthal: Gilt als größtes Talent der Roten nach Per Mertesacker. Mannschaftsdienlicher Spieler mit Vorbereiterqualitäten.

Dieter Hecking: Ein Ackerer im offensiven Mittelfeld. Mitverantwortlich für den Wiederaufstieg 1997/98 in die 2. Bundesliga.

Jürgen Bandura: Schnürte von 1964 bis 1974 die Fußballstiefel für die Roten. Die Zuverlässigkeit in Person. War Rekordbundesligaspieler der Roten, bis er vor Kurzem von Steven Cherundolo abgelöst wurde.

Gerald Asamoah: Ein Hannoveraner Jung; mit Hecking und Addo einer der Protagonisten des Aufstieges 1997/98. Es macht uns stolz, dass mit Gerald ein Hannoveraner als erster Kicker mit afrikanischen Wurzeln deutscher Nationalspieler wurde.

12. KAPITEL

DIE BONUSGRÜNDE

WAS SEITDEM GESCHAH

BONUSGRUND 1

Weil Hannover 2015/16 (fast) genauso trostlos abstieg wie Tasmania Berlin

Der 1973 aufgelöste Neuköllner Verein Tasmania Berlin hält noch heute diverse Negativrekorde des Profifußballs. In der einzigen Bundesligasaison 1965/66 schafften es die Berliner, mit den meisten Gegentoren, wenigsten selbst geschossenen Toren und wenigsten Punkten, sich den letzten Platz der ewigen Bundesligatabelle zu sichern.

Gefühlt spielten unsere Roten 50 Jahre später genauso schlecht. Masochisten lehnten in dieser Zeit Elektroschocks ab, weil Spiele von 96 mehr Schmerz versprachen.

Doch wann hatte der Niedergang begonnen? Vermutlich bereits in der Saison 2012/13, als Sportdirektor Jörg Schmadtke den Verein verließ. Man munkelte schon lange, dass sich Schmadtke und Trainer Slomka genauso mochten wie Donald Trump Nordkoreas Staatschef Kim Jong-un. Als Nachfolger im Management wurde Dirk Dufner verpflichtet. Der hatte sich vorher in Freiburg durchaus bewiesen, in Niedersachsen war sein Erfolg eher mäßig. Nach einer unerklärlichen Auswärtsschwäche 2013/14 entließ Dufner Slomka und verpflichtete den in Bundesligakreisen eher unbekannten Tayfun Korkut. Dieser schaffte es zunächst, die Roten im gesicherten Mittelfeld zu etablieren, doch 2015 rutschte Hannover Richtung Tabellenende, und Korkut musste gehen. Für die letzten Spiele wurde Michael Frontzeck engagiert, der tatsächlich in einem Kraftakt den Klassenerhalt schaffte.

Dufner gab Frontzeck einen neuen Vertrag, verpflichtete einige äußerst mittelmäßige Kicker und verließ zu Saisonbeginn den Verein. Sein Abschied überraschte alle.

Vielen schwante jetzt Böses. Und richtig: Zum Ende der Hinserie belegten die Roten den vorletzten Platz. Frontzeck kündigte frustriert. Der neue Sportdirektor Martin Bader engagierte einen vermeintlichen Hochkaräter Thomas Schaaf. Seine Ära müssen wir noch gesondert betrachten (Bonusgrund 3). Auf dessen Wunsch hin wurden unter anderem Adam Szalai und Hugo Almeida unter Vertrag genommen, doch diese beiden erzielten zusammen ein mickriges Tor. Schaaf verlor zehn von elf Spielen und durfte sich fortan verstärkt seinen Hobbys widmen. Jetzt begann die einzig unbeschwerte Zeit der Saison. Mit Jugendtrainer Daniel Stendel bekam man eine Ahnung, dass dieser Kader doch zu wissen schien, wo das Tor stand. Unter seiner Regie holte die Truppe mit begeisterndem Fußball acht Punkte aus sechs Spielen gegen Gegner aus höheren Tabellenregionen. Am frühzeitigen Abstieg konnte dies allerdings nichts ändern. Immerhin fand eine trübe Saison durch Daniel Stendel einen halbwegs versöhnlichen Ausklang.

BONUSGRUND 2

Weil Hannover in der Saison 2016/17 direkt wieder aufstieg

Präsident Kind gab als Saisonziel den direkten Wiederaufstieg aus. Klar, in der 2. Bundesliga fließen weniger Fernsehgelder, auch die Besucherzahlen gehen in der Regel zurück. Doch viele ehemalige Bundesligisten schaffen es nicht zurück an die Futtertröge des Fußballs: VfL Bochum, Offenbacher Kickers oder Rot-Weiss Essen sind nur drei Beispiele. Das Team und Trainer Stendel standen somit gehörig unter Druck.

Nach einem 4:0 in Kaiserslautern und einem 3:1 gegen Fürth schien der Plan zu Saisonbeginn aufzugehen. Doch ein Remis in Bochum und eine Niederlage gegen Dresden dämpften die Euphorie. Hannover bewegte sich zwar in oberen Tabellenregionen, konnte die Konkurrenz aus Stuttgart, Berlin und Braunschweig aber nicht auf Distanz halten. Zudem ließ das spielerische Niveau der Stendeltruppe zu wünschen übrig.

Als Erster musste überraschenderweise Geschäftsführer Martin Bader mit Mitarbeiterstab gehen. Dem hatten viele Fans die Verpflichtungsflops in der Abstiegssaison übel genommen. Der neue Sportdirektor Horst Heldt versprach wegen seiner Erfolge als Vorstand von Schalke eine goldene Zukunft. Doch zunächst musste der Aufstieg geschafft werden. Am 20.03.2016 entließ Heldt Stendel nach einem mageren 0:0 am Hamburger Millerntor. Die 96er rumpelten nur noch durch das Unterhaus wie eine bessere Thekenmannschaft. Zumindest sah dies ein großer Teil der Fans so. André Breitenreiter übernahm den Platz auf der Trainerbank. Mit ihm gewannen die Roten gegen alle drei Aufstiegsmitkonkurrenten. Auch ein Spielkonzept war wieder zu entdecken. Die Fans waren begeistert, vergaßen aber Stendels Verdienste nicht.

Dennoch drohte der undankbare Relegationsplatz: Der Nachbar aus dem ehemaligen Zonenrandgebiet war punktgleich und hatte ein Tor mehr erzielt. Hier müssen wir uns bei den Bielefelder Freunden bedanken. Sie demontierten am vorletzten Spieltag die Braunschweiger mit 6:0, während Hannover Stuttgart durch ein Tor von Felix Klaus schlug. Die Roten hatten nun alles selbst in der Hand. Am letzten Spieltag reichte Hannover ein Remis in Sandhausen, um wieder in die Bundesliga zurückzukehren. Die Verantwortlichen hatten alles richtig gemacht. Hannover war wieder da.

BONUSGRUND 3

Weil Thomas Schaaf den Erfolg in der Leine ertränkt hat

Im Januar 2016 übernahm Thomas Schaaf das Traineramt vom zurückgetretenen Michael Frontzeck. Es dürfte kaum einen Fan der

Roten gegeben haben, der nicht vor Freude mit der Tröte in der Hand ums Niedersachsenstadion getanzt hatte. Zwar ist Bremen in Hannover nur geringfügig beliebter als Braunschweig, aber Schaaf war ein Garant für Erfolg. Der Mann hatte mit relativ bescheidenen finanziellen Mitteln drei Meisterschaften, fünf Pokalsiege und sogar 1992 den Europapokal der Pokalsieger nach Bremen geholt. Mehr geht nicht mit einer Mannschaft, die weder aus München noch aus Dortmund stammt. Schaaf schien der Sechser im Lotto für die Roten zu sein. Mit diversen Zusatzzahlen.

Leider erwies sich diese Einschätzung als falsch. Nach 14 Jahren Bremen hielt es der gebürtige Mannheimer in seinem Anschlussjob nur ein Jahr in Frankfurt aus. Das hätte alle warnen müssen. Sein Erfolgstalisman muss ihm jedenfalls bei der Ankunft in Hannover in die Leine gefallen sein. Die Bilanz von zehn Niederlagen und einem Sieg ist verheerend. Damit trug Schaaf die Hauptschuld am Abstieg zum Saisonende. Nur in Stuttgart konnte Schaaf gewinnen. Jeder war froh, als das Präsidium die Reißleine zog und alle nach 91 Tagen erlöste. Es ist für Schaaf zu hoffen, dass er den Erfolg wieder findet. Er hat lange bewiesen, dass er trainieren kann, nur nicht in Hannover.

BONUSGRUND 4

Weil Breitenreiter und Heldt eine goldene Zukunft verheißen

Es gab nicht viele Heilsbringer in der hannöverschen Fußballhistorie. Unser wunderbarer Club zieht keinen Guardiola, Mourinho oder Zidane an. Selbst deutsche Managerprominenz wie Dieter Hoeneß, Klaus Allofs oder Felix Magath lockt es eher nach Radkappencity, statt Hannover zum Bayernverfolger zu formen. Aber wer will das schon. Mit Slomka und Schmadtke besaßen wir immerhin vor einigen Jahren ein Duo, mit dem der Flug zu den Sternen möglich schien. Wer hätte nicht damit gerechnet, dass sich unsere Roten oben festsetzen und einen Champions-League-Platz anpeilen können. Doch leider kam alles wie bekannt anders.

Breitenreiter ist zwei Mal in die Bundesliga aufgestiegen (Hannover und Paderborn) und spielte mit Schalke Europa League. Zudem wurde er dort entlassen, obwohl Schalke Fünfter der Bundesliga war. Na gut, in Gelsenkirchen würde man einen Trainer entlassen, der nur deutscher und nicht zeitgleich englischer Meister würde. Mit Versagern gibt man sich an der Emscher nicht ab. Doch seine taktische Vielseitigkeit und Menschenführung geben uns Hoffnung nach einem beachtlichen Start in der Bundesliga, uns auf Dauer in der Tabelle nach oben orientieren zu können. Präsident Kind plant mittelfristig. Dies scheint vernünftig zu sein.

Auch Horst Heldts Verpflichtungen bei den Gelsenkirchenern zeugten von Sachverstand. Seine bisherigen Einkäufe wissen zu gefallen. Natürlich kann ein Sportdirektor nicht mit jeder Personalie Erfolg haben, doch unter anderem Schwegler, Jonathas oder Bebou sind vielversprechende Kicker, mit denen auch höhere Ziele als der Klassenerhalt erreicht werden können. Wir sollten optimistisch sein: Die richtigen Leute arbeiten am richtigen Ort, natürlich in Hannover.

BONUSGRUND 5

Weil 50+1 in Hannover weniger als 51 ist

Die 50+1-Regel der Deutschen Fußball Liga besagt, dass kein Kapitalanleger die Stimmmehrheit in Kapitalgesellschaften besitzen darf, in der Fußballvereine ihre Profimannschaften betreiben.[22] Der Sinn ist klar: Man will verhindern, dass Sponsoren einen Fußballverein komplett kontrollieren. Kritiker sagen, dass deutsche Clubs durch diese Beschränkung unter Wettbewerbsnachteilen gegenüber der europäischen Konkurrenz leiden. Natürlich scheinen in England, Spanien oder Paris Gelddrucker zu stehen. Aber ist Erfolg wirklich alles? Die Kluft in den Ligen zwischen Spitze und Keller vergrößert sich kontinuierlich.

Von dieser Regelung gibt es allerdings eine Ausnahme: Wenn ein Sponsor seit 20 Jahren einen Verein erheblich unterstützt, kann er die Anteilsmehrheit übernehmen.

Darauf beruft sich Hannovers Präsident Martin Kind, der den Verein übernehmen will. Offenbar gab es unterschiedliche Auffassungen über die »Erheblichkeit« der Zuwendungen, denn es hieß, der Antrag würde am 05.02.2017 abgelehnt.[23] Am 06.02. wurde überraschend verkündet, dass Kind seinen Antrag vorerst ruhen lassen würde.[24] Über die Gründe wird wild spekuliert. Es wäre möglich, dass Hannovers Präsident, der DFL Zeit zur Nachbesserung ihrer Regularien lässt, denn es ist fraglich, ob die 50+1-Regelung vor einem ordentlichem Gericht Bestand hätte.

Warten wir ab, was die Zukunft bringt.

BONUSGRUND 6

Weil die Ultras ein Schweigegelübde abgelegt haben

Das Verhältnis zwischen Vereinsführung und Fans ist bereits seit 2012 getrübt. 2014 zogen sich viele Ultras aus dem Stadion zurück. Eine Geldstrafe der DFL sollte kollektiv auf Ultras umgelegt werden.

Seit Beginn der Saison 2017/18 verweigern große Teile der Anhängerschaft den lautstarken Support der Mannschaft, um gegen Kinds Übernahme des Vereins zu protestieren.[25] Doch die Meinungen über diese Maßnahme sind geteilt: Mannschaft und Management wünschen sich Unterstützung; Teile des neutralen Publikums sind von Anti-Kind-Sprüchen im Stadion genervt. Dabei hat der

Präsident oft wenig getan, um die Diskussion zu beruhigen. Der Verein lehnte 119 Mitgliedsanträge von vermeintlichen Kind-Kritikern ohne Begründung ab. Mittlerweile sollen sie doch bearbeitet werden. Am 06.02. wurde von den Fans beschlossen, die Mannschaft bis zu einer Diskussion mit der Vereinsführung am 26.02.18 wieder zu unterstützen.[26] Doch komplett sind die Unstimmigkeiten noch nicht aus der Welt geschafft. Immerhin wollen sich die Fans mit Anti-Kind-Sprüchen vorerst zurückhalten. Immerhin gab Horst Heldt die Aussöhnung des Vereins mit den Fans als ein Ziel für 2018 aus. Das gibt Hoffnung.

BONUSGRUND 7

Weil Steven Cherundolo eine treue Seele ist

Wir Fans beklagen uns heut zu Recht über treulose Legionäre, die sofort den Verein wechseln, wenn mit einem schäbigen Millionenschein gewedelt wird. Kommt der Verein dem Wunsch nicht nach, spielt man unlustige Fußballdiva wie die Dortmunder Aubameyang und Dembélé oder reicht einen gelben Schein ein wie seinerzeit Hakan Çalhanoğlu. Lockt ein lukrativer Wechsel in die Traumstadt Leverkusen, quälen natürlich hartnäckige Depressionen, dass man im tristen Hamburg versauern muss. Klar.

Hannover beschäftigte ein erfreuliches Gegenbeispiel. Der Amerikaner Steven Cherundolo schnürte von 1999 bis 2014 für Hannover die Fußballstiefel. Damit ist er nach dem Dortmunder Dedê der ausländische Profi mit den meisten Einsätzen für einen einzigen Bundesligaverein. Treuer als ein Bernhardinerwelpe. Er schaffte mit den Roten 2002 den Aufstieg und führte ab der Saison 2010/11 die Mannschaft als Kapitän auf den Platz. In dieser Zeit nahm er mit der amerikanischen Nationalmannschaft an drei Weltmeisterschaften teil. Eine beachtliche Leistung.

Auch nach der aktiven Zeit blieb er dem Verein erhalten. Zwischenzeitlich assistierte er Michael Frontzeck, als dieser die Mannschaft 2015 zum Klassenerhalt führte. Anschließend übernahm er als Cheftrainer wieder die U15, ab 2015 die U17.

Doch auch Cherundolo strebte nach Höherem. Zum 30.01.2018 folgte er unserem ehemaligen Trainer Tayfun Korkut als Co-Trainer nach Stuttgart. Wir hoffen, dass er dort lange glücklich bleibt. In Hannover ist er immer gerne gesehen.

BONUSGRUND 8

Weil im Niedersachsenstadion wieder vielversprechende Eigengewächse sprießen

Wir Fans können uns mit Spielern aus der Region identifizieren. Sie geben uns die Illusion, dass wir selbst eine Karriere als Profifußballer geschafft hätten, wenn uns damals Trainer Dickowiak in der E-Jugend besser gefördert hätte. Und uns die Puszta-Stuben mit Salat statt Currywurst gefüttert hätten. Leider hat uns auch keiner gesagt, dass Wasser gesünder als Bier ist. Egal.

Drei Jungs aus unserer Region waren schlauer und stehen als Stützen der Mannschaft regelmäßig auf dem Platz.

Niclas Füllkrug spielt allerdings erst seit 2016 bei 96, in der Jugend trat er für die Sportfreunde Ricklingen vor den Ball. Von dort zog es ihn nach Bremen, wo er später das Fußballinternat besuchte. Ab 2012 gehörte er zu den Profis und erzielte gegen Augsburg sein erstes Bundesligator. Über die Station Fürth startete er in Nürnberg durch und erzielte 17 Tore. Der frühere Sportdirektor Bader lotste ihn an die Leine. Allerdings spielte Füllkrug unter Daniel Stendel selten. Erst unter Coach Breitenreiter blühte er auf und erzielte, Stand 05.02.2018, zwölf Scorerpunkte in dieser Saison. Eine respektable Leistung.

Waldemar Anton spielt bereits seit 2008 für die Roten. Der U-21-Nationalkicker ist Stammspieler im defensiven Bereich. 2016 verlängerte er seinen Vertrag. Dabei verkündete er, dass er keine Ausstiegsklausel brauche, weil er gerne bei 96 spiele.[27] Solche Aussagen freuen uns Fans natürlich. Noah Joel Sarenren Bazee stammt aus Stadthagen. Der Flügelflitzer fand über Celler Vereine und den TSV Havelse aus Garbsen den Weg in die Landeshauptstadt. Seit 2016 gehört er zum Profikader, ist allerdings leider häufig verletzt. Wenn sich seine Gesundheit stabilisiert, werden wir noch viel Freude an Noahs explosiven Antritten haben.

BONUSGRUND 9

Weil Hannover aktiv gegen Rassismus einsteht

Rassistisches Gedankengut wird leider immer in den Köpfen einiger Fußballfans rumspuken. Wenn Parteien mit Ideen von 1933 in Mode kommen, müssen wir Gesinnungsgenossen auch im Stadion fürchten.

Am 13.01.2018 spielte Hannover gegen Mainz. Nach dem Match berichteten die Mainzer Spieler Leon Balogun und Anthony Ujah über Affenlaute, mit denen sie von etwa sechs bis zwölf »Hannöverschen Fans« gegrüßt worden wären.[28] Eine Nachricht zum Fremdschämen. Fußball ist ein multikultureller Sport, bei dem Diskriminierung von Minderheiten nichts zu suchen hat. Erfreulicherweise distanzierte sich die Vereinsführung sofort. »Es ist eine hirnlose Aktion weniger Einzelpersonen gewesen, die wir nicht als Teil unserer 96-Gemeinschaft akzeptieren. Derartiges Gedankengut hat bei Hannover 96 absolut keinen Platz«, wurde auf der Homepage veröffentlicht. So weit, so gut.

Zwei Übeltäter wurden von der Polizei identifiziert. Sie erhielten Hausverbot, wegen Volksverhetzung wird ermittelt. Es ist erfreulich, dass der Verein klare Kante zeigt und diese Leute aus dem Stadion verbannt. Danke.

BONUSGRUND 10

Weil Hannover gegen Wolfsburg in einem Sandkasten spielte

In modernen Fußballtempeln ist alles möglich: Der Spielball wird mit einem Helikopter in den Mittelkreis befördert, mit einer Fußkamera beobachtet der Fan das Spielgeschehen in Knöchelhöhe über eine App, und der Videoschiedsrichter in Köln kann sich eine Szene aus den gängigsten 1.000 Perspektiven anschauen. Ein passabler Rasen hingegen ist leider keine Selbstverständlichkeit. Nach einer Neuverlegung war der Rasen im Niedersachsenstadion gegen Wolfsburg am 28.01.2018 bereits wieder Geschichte. Nur fünf Spiele hielten die sensiblen Halme aus. Dietmar Hamann sagte auf Sky zur Rasenpflege in der Pause: »Dafür brauchen sie keine Harken, sondern Bagger.«[29] Selbst der Experte für Vegetationstechnik Dr. Paul Baader philosophierte über den Hannöverschen Rasen: »Gut gepflegt muss der Rasen auf jeden Fall sein: sanden, lüften, lockern, schlitzen. Sind diese Maßnahmen gemacht worden? Hat der Rasen vielleicht irgendeine Krankheit gehabt? Im Herbst und Winter kommt es oft vor, dass Schneeschimmel auftritt. Es muss gar kein Schnee liegen, das passiert einfach bei niedrigen Temperaturen und feuchten Verhältnissen. Auch, wenn zu viel Stickstoff gedüngt wird, kann das Auftreten gefördert werden.«[30] Ein guter Rasen kostet laut Baader 100.000–120.000 Euro, während 96 eine Schnäppchenwiese für schlappe 89 Riesen geschossen hatte.

Manchmal ist ein schlechter Rasen ein guter. Als Hannover 2017 bei Schnee Hoffenheim schlug, spielte uns sicherlich der arktische Eskimoschnitt des Grüns beziehungsweise Weiß in die Karten. Der arabische Wüstenrasen half leider nur den Wolfsburgern (0:1). Was lehrt uns dieser Ausflug in die Botanik?

Ein guter Rasen ist eine Wissenschaft für sich und kostet ein kleines Reihenhaus. Punkte bringt er nicht immer. Um schwerwiegende Verletzungen zu verhindern, sollten wir wieder zum gepflegten Grün zurückkehren. Auf den Titel »Schlechtester Bundesligarasen« bilden wir uns nichts ein.

BONUSGRUND 11

Weil Niklas Feierabend für immer ein Roter sein wird

Nach dem tragischen Tod von Robert Enke hätten wir für die nächsten 100 Jahre von Unglücksfällen verschont bleiben müssen. Doch magisches Denken versagt in der harten Realität leider oft.

Niklas Feierabend war eines der vielversprechendsten Hannöverschen Talente. Der gebürtige Pattenser durchlief alle Jugendmannschaften bei 96 und unterschrieb im Februar 2016 seinen ersten Profivertrag. Er hatte mit vier Toren und drei Vorlagen entscheidenden Anteil, dass unsere U-19-Junioren das DFB-Pokalfinale erreichten. Das Finale erlebte Niklas leider nicht.

Am 01.05.2016 feierte er mit Freunden seinen 19. Geburtstag nach. Die Gruppe war im Auto unterwegs, als der alkoholisierte Fahrer von der Straße abkam und der Wagen gegen einen Baum prallte. Fahrer und Beifahrer überlebten, die nicht angeschnallten Insassen auf der Rückbank, darunter Niklas, verstarben leider alle.[31]

Der Sieg im Pokalfinale gegen Hertha am 21.05. wurde Niklas gewidmet. Kapitän Maurice Springfeld trug bei der Siegerehrung sein Trikot mit der Nummer 15. Niklas wird im Gedächtnis der Fans unvergessen bleiben. Mach es gut, Junge.

NACHWORT

FINALE – OHO!

Achtung, jetzt wird es schwülstig und pathetisch. Da müssen Sie jetzt durch, oder Sie halten es wie Dete Kuhlmann: »Ich bin Roter – und gut ist«. Dann können Sie jetzt das Buch zumachen. Oder Sie sind eine Neugiernase, dann lesen Sie halt weiter.

Danke an Tom Kummer für seine Kummer-Nummern, die unsere Inspirationsquelle auch für dieses Projekt waren, und es weiterhin bleiben werden. Und mal ehrlich: Wer hätte schon gerne gelesen, was Sharon Stone wirklich von sich gegeben hätte? Du machtest die Wort-Verpackung der Stars perfekt, gabst ihnen Sinn und fülltest die Hülsen, die sie sind. Wir haben gelesen, gestaunt und es uns abgeguckt. Mit manchen Menschen wie Fiffi Kronsbein oder Ferdinand Wilhelm Fricke, mit denen so offensichtlich kein Gespräch mehr geht, kann man das ja machen. Wenn man es kennzeichnet.

Danke natürlich auch an die *11 Freunde* – das beste Fußball-Magazin, das es gibt auf der Welt. Unsere Liveticker sind gegen eure einfach »Lüttje Liga«, das geben wir unumwunden zu. Wir lesen weiter fleißig und lernen dabei.

Herzlichen Dank an Hardy Grüne und an das *Notbremse*-Team für die tollen 96-Wälzer, die wir als sehr hilfreiche Recherchequellen empfunden haben. Super, auf gute Kollegialität und alles Gute und viel Erfolg für den nächsten 96-Schinken, der zeitgleich zu unserem Büchlein erscheint.

Danke an alle Menschen, die für Interviews, Rückfragen und Weiteres zur Verfügung standen: Danke an Dete Kuhlmann, auch für das Käffchen, an Pedro Prüser für das lustige Frühstück, an Annegret Becker-Baumann für den Spaß und das Sternegucken, an Joy Lohmann für die bunten Gedankenbilder, an Jasmin Arbabian-Vogel für die Einladung in den Business-Bereich und ihre unternehmerische Frische, an Wilhelm Liebhold und Heinz Mahler von der Sportsammlung Saloga. Und danke auch an jene, die Unterstützungsbereitschaft signalisiert haben – Danke an Oliver Rickhof von Hannover 96, den Fanbeauftragten Johannes Seidel, das Fanprojekt von Hannover 96, Dr. Wolf-Dieter Mechler vom Historischen Museum Hannover, der die Ausstellung zu Hannover 96 konzipiert und realisiert hat, und den *Notbremse*-Macher Dr. Jan C. Rode. Wir freuen uns über und auf einen tollen Austausch!

»Niemals allein,
wir gehen Hand in Hand
zusammen sind wir groß
und stark wie eine Wand.
Wir danken Dir, Du hast uns viel gegeben,
Du bist der Mittelpunkt in unserem Leben.«

Wer diese Zeilen kennt, weiß, für wen wir uns unseren letzten Gruß aufgehoben haben: Wir senden einen fetten Gruß und ein dickes Danke an alle (roten) Fans auf dieser Welt. Danke für eure Freude, eure Treue, eure Tränen. Danke für gemeinsames Daumendrücken und hoffnungsgetriebene Stunden – und danke, wenn wir ins Gespräch miteinander kommen, vielleicht für unseren Blog.

Widmung

Für alle Menschen, die den Fußball lieben, welcher Farbe auch immer – in den Stadien dieser Welt, beim Public Viewing, in ihrer Kneipe um die Ecke oder vor den heimischen Fernsehschirmen. Wir lieben mit!

»Fußball ist nicht alles.« Für Marten Jasper, der Eisenbahnen, Straßenbahnen und London noch viel mehr als Fußball liebt und immer noch hofft, dass Ron-Robert Zieler in seinem persönlichen »Railway« als Kellner einsteigt.

Für Dr. Robert Griesbeck, der Fußball nicht mochte, dafür aber das Schreiben umso mehr. Danke für die Besuche in deinem persönlichen »Penthouse«, die Kritik und Ermunterungen weiterzumachen. Wir senden Grüße in den Schreibhimmel. Never forget you!

Michael sendet noch spezielle Grüße an Gerald Asamoah und Otto Addo. Durch euch erstrahlten die mausgrauen Roten in diesem ganz speziellen Aufstiegsspiel gegen TB Berlin erstmals für ihn und er empfand schon damals leichte Fangefühle, auch wenn er noch gar nicht ahnen konnte, dass es ihn einmal nach Hannover verschlagen würde.

Steffi kann sich nicht entscheiden. Frauen halt. Sie sendet Grüße an Mr »Liebenswert« Moa Abdellaoue, den Manchmal-Maradona Jan Schlaudraff, Mr »Charisma« Mame Diouf, an Pinto, das Kämpferherz, Kocka unseren »Jungspund« und Ron-Robert Zieler, den Alles-Halter.

Literatur

- Gerald Asamoah: Dieser Weg wird kein leichter sein. Mein Leben und ich. München 2013
- Uli Borowka / Alex Raack: Volle Pulle. Mein Doppelleben als Fußballprofi und Alkoholiker. Hamburg 2012
- Hardy Grüne, Thorsten Schmidt, Frank Willig: 96 – Rote Liebe. Die Geschichte von Hannover 96. Göttingen 2009
- Thomas Lotz: Peter Neururer: Aus dem Leben eines Bundesligatrainers. Bielefeld 2012
- Notbremse | Hardy Grüne: Die Roten. Die Geschichte von Hannover 96. Göttingen 2006
- Ronald Reng: Robert Enke: Ein allzu kurzes Leben. München 2011
- Danyel Reiche: Verrückt nach den Roten. Aus dem Leben eines 96-Fans. Göttingen 2008
- Jan C. Rode: Vorwärts nach weit. Hannover 96 – 10 Jahre 1. Bundesliga. Hannover 2012
- Auf unserem Blog unter www.111-gruende-hannover-96-zu-lieben.de versammeln sich zahlreiche Links zu Blogs und Interviews, die wir hier im Buch zitiert und »verfußnotet« haben. Viel Spaß beim Stöbern!

Quellen

1 siehe: www.taz.de/!94233/

2 Notbremse | Hardy Grüne: Die Roten. Die Geschichte von Hannover 96., S. 59

3 Ebenda.

4 Quelle: Wikipedia, zitiert nach: Schäfer, Mike S. & Jochen Roose (2005): Begeisterte Nutzer? Jugendliche Fans und ihr Medienumgang. In: merz – Medien + Erziehung 2005/2. 49-53.

5 www.haz.de/Nachrichten/Sport/Fussball/Hannover-96/Fuer-den-Klub-sind-wir-ein-fremdes-Wesen

6 www.haz.de/Nachrichten/Sport/Fussball/Hannover-96/Rote-Kurve-e.V.-loest-sich-zum-Ende-des-Jahres-auf

7 www.leopedia.de/2013/05/17/mein-freund-ist-roter/

8 www.sueddeutsche.de/sport/dj-asamoah-ich-habe-super-lieder-1.315458

9 www.11freunde.de/interview/fabian-ernst-im-interview

10 aus: Jan C. Rode: Vorwärts nach weit, S. 24

11 www.haz.de/Hannover/Aus-der-Stadt/Uebersicht/Gerald-Asamoah-Hannover-hat-mir-Kraft-gegeben2

12 www.11freunde.de/interview/hannovers-hans-siemensmeyer-ueber-den-europapokal-1966

13 www.11freunde.de/interview/uli-borowka-ueber-seine-alkoholsucht

14 www.11freunde.de/interview/uli-borowka-ueber-die-folgen-seines-alkohol-outings

15 www.das-fanmagazin.de/forum/hannover_96/pressebereich/21028-bild_schlimmster_rosenkrieg_der_bundesliga/

16 www.zeit.de/2003/51/Sport_2fNeururer_51

17 Der komplette letzte Absatz ist an einen Beitrag von Nutzer Lounge-Mag1968 im Forum des Intro-Magazins angelehnt und wurde aus dramaturgischen Gründen leicht verändert.

18 www.11freunde.de/interview/ralf-rangnick-ueber-den-knochenjob-fussballtrainer?page=1

19 www.11freunde.de/interview/ralf-rangnick-ueber-den-knochenjob-fussballtrainer?page=1

20 www.11freunde.de/interview/dieter-hecking-im-interview

21 www.11freunde.de/artikel/hannover-96-auf-der-erfolgswelle

22 Vgl. https://de.wikipedia.org/wiki/50%2B1-Regel

23 www.ndr.de/sport/fussball/Bundesliga-Hannover-96-Kind-DFL,hannover13082.html

24 www.sportbuzzer.de/artikel/hannover-96-dfl-50-plus-1-entscheidung-bundesliga/

25 www.haz.de/Sportbuzzer/Hannover-96/Hintergruende-des-Stimmungsboykotts-bei-Hannover-96-und-Martin-Kind

26 http://96freunde.de/501-fans-setzen-96-auf-bewaehrung/

27 http://www.bild.de/sport/fussball/hannover-96/anton-interview-keine-ausstiegsklausel-54511484.bild.html

28 www.ndr.de/sport/fussball/Bundesliga-Hannover-96-Mainz-Ujah-Balogun,hannover13008.html

29 www.sportbuzzer.de/artikel/hannover-96-vfl-wolfsburg-rasen-sand-platz-verhaelnisse-hdi-arena/

30 http://www.sportbuzzer.de/artikel/hannover-96-soll-nicht-sparen-dfb-rasendoktor-paul-baader-gibt-den-roten-tipps/

31 www.spiegel.de/panorama/justiz/hannover-96-star-niklas-feierabend-unfallfahrer-verurteilt-a-1133886.html

WIR SIND DER ZWÖLFTE MANN

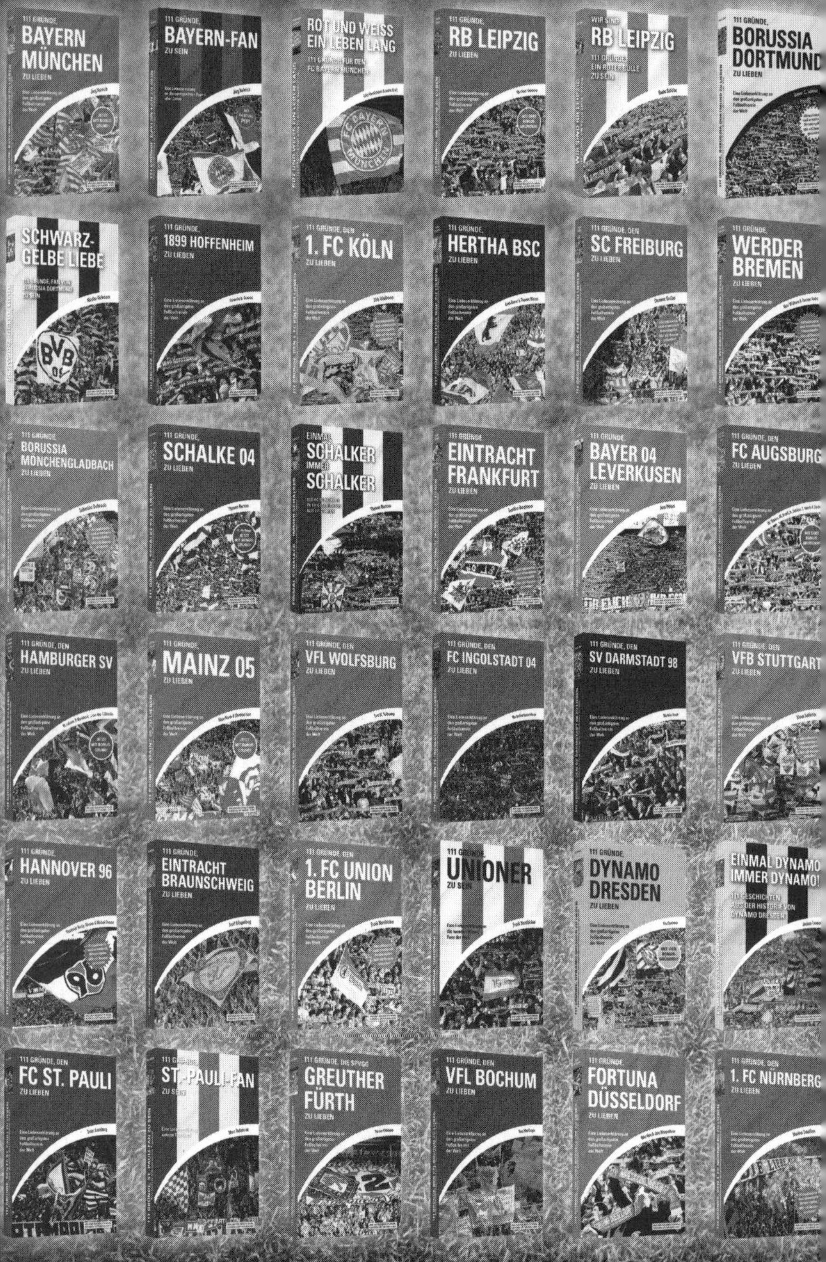

www.schwarzkopf-schwarzkopf.de

FUSSBALL IST UNSERE LIEBE

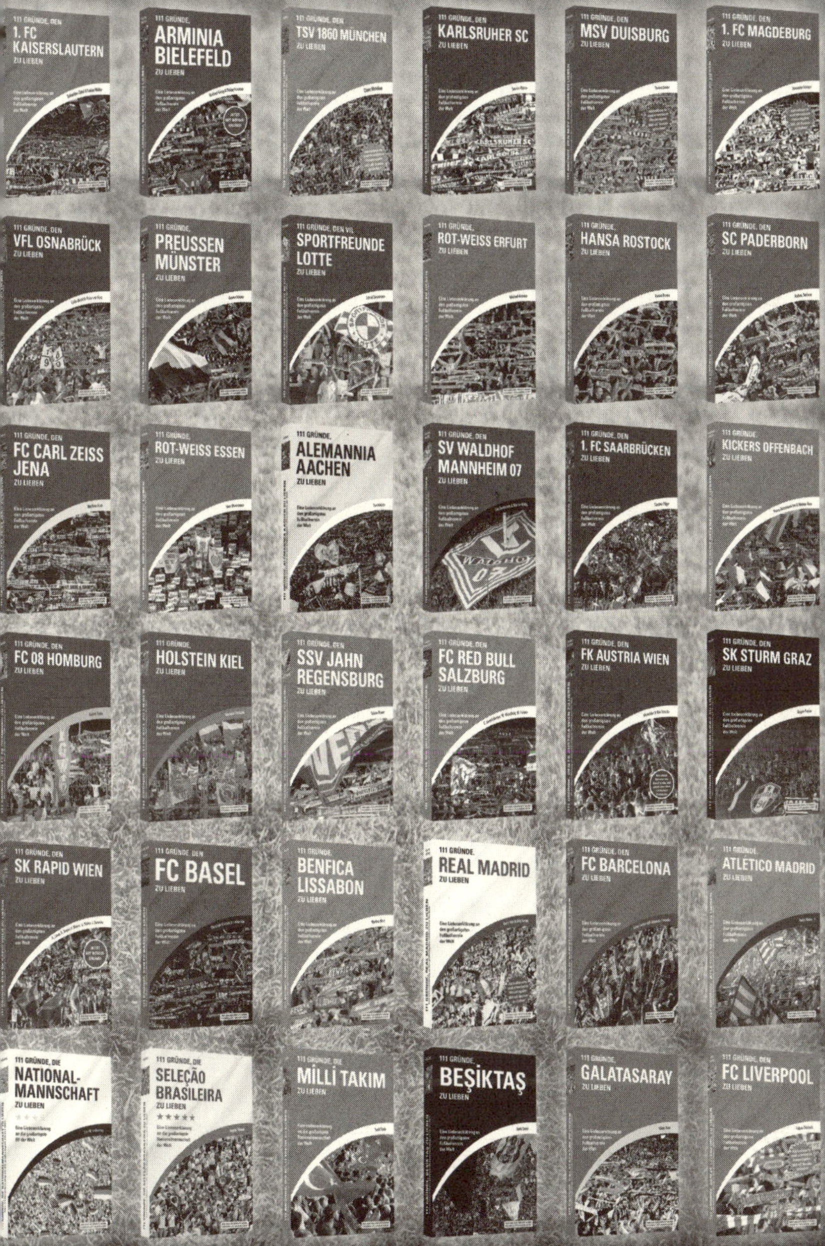

www.zwoelftermann.de

DIE AUTOREN

MICHAEL BRESSER, 1971 im Ruhrgebiet geboren, studierte die Wirtschaft des Potts in der Praxis und an der Universität. 2007 zog er nach Hannover. Dort verliebte er sich in die Stadt und ihren Fußballverein Hannover 96.

STEPHANIE RISTIG-BRESSER, 1971 in Seesen am Harz geboren, steht für praktizierte Fantoleranz. Der Papa versuchte, sie für die Braunschweiger Eintracht zu begeistern. Doch spätestens seit sie in Hannover lebt, brennt sie für die Roten.

Stephanie Ristig-Bresser und Michael Bresser
111 GRÜNDE, HANNOVER 96 ZU LIEBEN
Eine Liebeserklärung an den großartigsten Fußballverein der Welt
Aktualisierte und erweiterte Neuausgabe mit elf Bonusgründen

ISBN 978-3-86265-729-2

ZWÖLFTER MANN – Das Programm für Fußballfans von Schwarzkopf & Schwarzkopf | Aktualisierte und erweiterte Neuausgabe | © Schwarzkopf & Schwarzkopf Verlag GmbH, Berlin 2018 | Alle Rechte vorbehalten. Dieses Werk ist urheberrechtlich geschützt. Jede Verwendung, die über den Rahmen des Zitatrechtes bei korrekter und vollständiger Quellenangabe hinausgeht, ist honorarpflichtig und bedarf der schriftlichen Genehmigung des Verlages. | Illustrationen im Innenteil: © Christos Georghiou/www.shutterstock.com

VERLAG
Schwarzkopf & Schwarzkopf Verlag GmbH
Kastanienallee 32, 10435 Berlin
Telefon: 030 – 44 33 63 00
Fax: 030 – 44 33 63 044

INTERNET | E-MAIL
www.zwoelftermann.de
www.schwarzkopf-schwarzkopf.de
www.facebook.com/schwarzkopfverlag
info@schwarzkopf-schwarzkopf.de